Zu diesem Buch

Selbstverletzendes Verhalten kennt jeder: Schönheitsoperationen oder exzessives Bodybuilding zum Beispiel sind gesellschaftlich akzeptierte Formen der Selbstbeschädigung. Der Übergang zu krankhafter Auto-aggression, so wie im Zusammenhang mit Eßstörungen, ist fließend. Was treibt Menschen dazu, sich selbst zum Teil schwere, lebensbedrohliche Verletzungen beizubringen oder willentlich beibringen zu lassen? Warum sind so häufig Frauen betroffen? Wie kann die Umgebung reagieren? Welche Therapiemöglichkeiten gibt es? Anhand zahlreicher Fallbeispiele, auch aus ihrer eigenen Praxis, nähert sich die Autorin diesem heiklen und hochaktuellen Thema.

Die Autorin:
Dr. med. Annegret Eckhardt, geboren 1957 in Gießen, Psychiaterin und Psychotherapeutin, ist an der Universitätsklinik für Psychosomatische Medizin und Psychotherapie in Mainz tätig. Seit mehreren Jahren beschäftigt sie sich wissenschaftlich und klinisch mit selbstbeschädigenden Erkrankungen. Weitere Arbeitsschwerpunkte sind psychoanalytische Theorien zu Körperbild und Körpererleben, Weiblichkeit und psychoanalytische Psychosomatik.
Buchveröffentlichung: Das Münchhausen-Syndrom. Formen der selbstmanipulierten Krankheit. München / Wien / Baltimore 1989.

Annegret Eckhardt

Im Krieg
mit dem Körper

Über selbstverletzendes Verhalten

Rowohlt

rororo gesundes leben
Lektorat Heike Wilhelmi

8. – 10. Tausend Dezember 1995

Originalausgabe
Veröffentlicht im Rowohlt Taschenbuch Verlag GmbH,
Reinbek bei Hamburg, August 1994
Copyright © 1994 by Rowohlt Taschenbuch Verlag GmbH,
Reinbek bei Hamburg
Umschlaggestaltung Kai Funck
Satz Aldus (Linotronic 500)
Gesamtherstellung Clausen & Bosse, Leck
Printed in Germany
1690-ISBN 3 499 19508 9

Inhalt

Mein herzlicher Dank für hilfreiche Unterstützung und konstruktive Kritik bei der Arbeit an diesem Buch gilt Heike Wilhelmi vom Rowohlt Verlag sowie Karl-Heinz Henn, Christel Schieferstein und Frau Burgunde Heidemann.

Mein besonderer Dank gilt den betroffenen Frauen und Männern, mit denen ich psychotherapeutisch arbeiten konnte.

Frankfurt / Main, im April 1994

Annegret Eckhardt

Einleitung

Das vorliegende Buch ist in der Absicht entstanden, ein noch immer relativ unbekanntes Phänomen, die «offene» und die «heimliche» Selbstbeschädigung, darzustellen und verständlich zu machen.

Das Buch richtet sich an Betroffene, an deren Angehörige und an interessierte Laien sowie an medizinisches Personal, das mit der Behandlung von Menschen, die an Selbstbeschädigungen leiden, konfrontiert ist.

Es ist nicht als eine wissenschaftliche Abhandlung zum Thema gedacht, sondern als ein praxisorientiertes Buch, das neben sachlichen Informationen und Überlegungen zu den seelischen Hintergründen selbstbeschädigenden Verhaltens viele praxisbezogene Beispiele zu Krankheitsverlauf, Ursachen und Hintergründen, Therapiemöglichkeiten und -schwierigkeiten enthält.

Als *heimliche* Selbstbeschädigung wird eine seelische Störung bezeichnet, die darin besteht, daß die Betroffenen Krankheitssymptome vortäuschen oder künstlich hervorrufen. Das Ziel ist zunächst, die Aufnahme in Krankenhäuser und die Durchführung vielfältiger, teils sehr eingreifender (z. B. operativer) medizinischer Maßnahmen zu erreichen. Am Anfang ist den Betroffenen aufgrund komplizierter seelischer Mechanismen ihr Verhalten und dessen Ursache nicht wirklich bewußt. Sie sprechen über den Körper in einer Sprache, die von der Umgebung oft lange Zeit falsch verstanden wird. Das kann schlimme Folgen, von schweren körperlichen Schäden bis hin zum Tod, haben.

Unter der *offenen* Selbstbeschädigung versteht man selbstverletzende Verhaltensweisen, wie sich schneiden mit Rasierklingen oder anderen Gegenständen, sich selbst schlagen oder verbrennen und vieles mehr. Diese Selbstverletzungen erfolgen meist in Zuständen innerer Leere, Anspannung, Verzweiflung und Depression.

In meiner mittlerweile mehrjährigen psychotherapeutischen Arbeit mit Betroffenen habe ich von den Frauen (meist sind es Frauen) immer wieder gehört, daß sie lange Zeit dachten, sie seien ganz alleine von einer solchen «komischen, bizarren» Störung betroffen. Insbesondere bei der heimlichen Selbstbeschädigung führen das Tabu und die Scham, die mit dieser Störung verbunden sind, dazu, daß sich die Betroffenen oft nicht um Hilfe bemühen oder glauben, es gäbe gar keine Hilfe für sie.

Ich möchte daher versuchen, die komplizierten Hintergründe selbstbeschädigenden Verhaltens darzustellen und Möglichkeiten einer Behandlung zu beschreiben.

Im *ersten Kapitel* geht es um kulturelle und gesellschaftliche Aspekte selbstbeschädigenden Verhaltens. Wurzeln und Ansätze selbstbeschädigenden Verhaltens finden sich in alten und neuen Kulturen auf der ganzen Welt.

In Verbindung mit Körperkultur und der Erfüllung von Schönheitsidealen kommen vielfältige selbstbeschädigende Verhaltensweisen vor. Zu nennen sind Verformungen des Kopfes, des Gesichtes, der Zähne, der Füße. In unserer heutigen westlichen Kultur sind Schönheitsoperationen, die an ganz «normalen» Menschen erfolgen, sowie extreme Formen des Bodybuilding, des Diäthaltens und des Sporttreibens zu erwähnen.

Im *zweiten Kapitel* werden die verschiedenen Formen selbstbeschädigenden Verhaltens von ihrem Erscheinungsbild und ihrem Verlauf her ausführlich beschrieben.

Im *dritten Kapitel* werden Besonderheiten zwischenmenschlicher Verhaltensmuster dargestellt. Ausführlich wird auf die spezielle Form der Arzt-Patientinnen-Beziehung eingegangen, die für den Krankheitsverlauf der heimlichen Selbstbeschädigung von wesentlicher Bedeutung ist.

Das *vierte und fünfte Kapitel* beschäftigt sich jeweils mit den seelischen Ursachen und Hintergründen selbstbeschädigenden Verhaltens. Dabei werden im *vierten Kapitel* wichtige Ergebnisse aus der tierexperimentellen Forschung sowie biochemische Zusammenhänge kurz dargestellt. Ausführlich wird die Verbindung zwischen bestimmten traumatischen Erlebnissen in der Kindheit und dem späteren selbstbeschädigenden Verhalten beschrieben.

Im *fünften Kapitel* wird ausführlicher auf die Frage eingegangen, warum sich vorwiegend Frauen selbst beschädigen, beziehungsweise welche Zusammenhänge zwischen selbstbeschädigenden Verhaltensweisen und Besonderheiten der weiblichen psychosexuellen Entwicklung bestehen könnten.

Das *sechste Kapitel* ist den Behandlungsmöglichkeiten und -schwierigkeiten gewidmet. Hierbei liegt der Schwerpunkt auf psychoanalytisch orientierten Behandlungsansätzen.

Das *siebte und letzte Kapitel* beschäftigt sich mit anderen Erkrankungen, die mit selbstbeschädigenden Verhaltensweisen einhergehen (wie z. B. Eßstörungen); Unterschiede und Gemeinsamkeiten werden aufgezeigt.

Im *Anhang* finden sich Quellen, kommentierte Hinweise auf weiterführende Literatur zum Thema, Adressen, an die sich Betroffene zur Beratung und Therapie wenden können, sowie ein ausführliches Sachregister.

Kapitel 1

Selbstbeschädigendes Verhalten im «normalen» Leben

Selbstbeschädigendes Verhalten gehört zur Spielart menschlicher Verhaltensweisen seit die Menschheit existiert. Es ist Teil verschiedener religiöser Rituale und verschiedener Stammesriten primitiver Kulturen.

In unserer gegenwärtigen Kultur können wir es, wenngleich nicht in ritualisierter (zumindest in nicht gleich sichtbarer) Form, in unserem Alltag in vielfacher Ausprägung finden. Die Grenzen zwischen kulturell verankerter, alltäglich «akzeptierter» und krankhafter Selbstbeschädigung sind fließend. Ansätze selbstbeschädigender Verhaltensweisen sind in unterschiedlicher Form und Ausprägung in uns allen vorhanden.

Das Verständnis der «krankhaften» Formen der Selbstbeschädigung, der offenen und heimlichen Selbstbeschädigung, um die es in diesem Buch im wesentlichen geht, wird leichter, wenn wir uns das zunächst vergegenwärtigen. Im folgenden Kapitel möchte ich daher auf einige selbstbeschädigende Verhaltensweisen, die Teil verschiedener religiöser Rituale sind, eingehen und dann verschiedene Stammesriten beschreiben, die mit Selbstbeschädigung oder auch «erlaubter» Beschädigung des eigenen Körpers durch andere (indirekte Selbstbeschädigung) einhergehen.

Anschließend werden «selbstbeschädigende Moderichtungen» dargestellt – Schönheitsideale verschiedener Kulturen, insbesondere

13

auch unserer westlichen Kultur, die Schönheitsoperationen, Body-building und andere Veränderungsmethoden des Körpers nach sich ziehen. Auch alltägliche, indirekt selbstbeschädigende Verhaltens-weisen wie Extremsportarten oder extremes Diäthalten werden ange-sprochen.

Religionen, Rituale *

Selbstbeschädigende Verhaltensweisen im Rahmen von religiösen Riten dienen der Buße, der Sühne, der Entlastung von Schuld und der Befreiung des Geistes (der Seele) von «niederen weltlichen» körper-lichen Bedürfnissen und Begehren, nach dem Motto: «Der Geist ist willig, das Fleisch ist schwach und muß daher gegeißelt werden!»

Das Christentum

In der christlichen Religion nimmt Jesus durch sein Leiden, durch seine körperlichen Wunden die Sünden der Menschheit auf sich und erlöst sie von ihrer Schuld und ihrem Übel.

Christliche *Märtyrerinnen und Märtyrer* haben sich in der Identi-fizierung mit Jesus teilweise extremen körperlichen Leiden, wie Fa-sten bis hin zur völligen körperlichen Auszehrung und anderen Selbstkasteiungen, ausgesetzt. Sie wollten auf diese Weise Buße tun und sich von ihren körperlichen Bedürfnissen und Begehren befreien bzw. sich über diese hinwegsetzen. Sie glaubten und glauben, sie könnten über dieses Verhalten eine Art höhere Form des Daseins erreichen und Gott näherkommen.

---

* Ich beziehe mich hier im wesentlichen auf das eindrucksvolle Buch von A. R. Favazza: Bodies under Siege-Self-Mutilation in Culture and Psychiatry. Balti-more 1992.

Bis ins 20. Jahrhundert wurden wiederholt Fälle von Menschen beschrieben, die an ihrem Körper in bestimmten zeitlichen Abständen die Wunden Christi *(Stigmata)* entwickelten und dafür verehrt und geheiligt wurden. Insgesamt wurden zwischen dem 13. und 20. Jahrhundert etwa 300 Fälle beschrieben. 269 davon waren Frauen.

Der erste war der Heilige Franz von Assisi (1224), der nach einer langen Zeit des Fastens und der Meditation in einem Kloster eine Vision von Jesus hatte und anschließend dessen Wunden am eigenen Körper entwickelte.

Zu den bekanntesten Frauen gehören Louise Lateau (1868), ein belgisches Bauernmädchen, und Therese Neumann von Konnersreuth (Anfang des 20. Jahrhunderts), die von zahlreichen namhaften Ärzten und Psychiatern untersucht wurde. Beide gerieten von Zeit zu Zeit in «veränderte Bewußtseinszustände», während deren sie Visionen von Jesus Christus und seiner Leidensgeschichte hatten. Sie glaubten, diese Leidensgeschichte selbst zu durchleben. Die Wunden waren dafür ein Zeichen. Andere körperliche Symptome, die seelisch bedingt waren, wie vorübergehende Blindheit, Taubheit, verschiedene Lähmungen und Störungen der Menstruation, gingen mit diesen «symbolischen» Wunden einher.

Die Meinungen, ob es sich dabei um selbstzugefügte Wunden oder Ergebnisse von autosuggestiven (selbsthypnotischen) Fähigkeiten oder gar um «geheimnisvolle, verborgene Mächte» handelte, gingen auseinander. Aus heutiger Sicht versteht man diese Erscheinungen, die man «Konversionssymptome» * nennt, am ehesten als Symptome einer seelischen Störung.

---

* *Konversionssymptome:* Körperliche Symptome verschiedener Art, z. B. Lähmungen, Gefühlsstörungen, Blindheit, die seelisch verursacht sind. Sie bringen einen unbewußten seelischen Konflikt zum Ausdruck.
So kann es z. B. aufgrund unbewußter aggressiver Impulse, die sehr gefürchtet werden und nicht gespürt und schon gar nicht direkt zum Ausdruck gebracht werden dürfen, zur Ausbildung einer seelisch bedingten Armlähmung kommen. Das Symptom drückt dann einerseits den aggressiven Impuls («Zuschlagen wollen») und andererseits dessen Hemmung («nicht zuschlagen dürfen») aus.

Eine weitere wichtige Erscheinung, die in christlichen Ländern auf-
trat, waren die *Selbstgeißler oder Flagellanten* (lat.: Geißler). Die
Selbstgeißler waren Laien, also keine Priester, Nonnen oder Mönche,
die sich, um Buße zu tun, selbst öffentlich geißelten. Zum ersten Mal
traten sie 1260 in Perugia (Italien) in großer Menge auf. Während des
14. und 15. Jahrhunderts gab es sie in ganz Westeuropa.

Die Männer geißelten sich zweimal am Tag auf öffentlichen Plät-
zen, meist vor Kirchen, mit bloßem Oberkörper. Sie schlugen sich,
bis sie blutüberströmt waren und teilweise schwere Hautverletzungen hatten. Die Frauen taten es in streng verschlossenen Kirchen. Sie
beteten und sangen dabei Bußlieder und Psalmen. Anfänglich wurden sie von den Menschen verehrt, weil diese dachten, sie wendeten
durch ihre Selbstgeißelungen Plagen und Tod von ihnen ab.

Die Selbstgeißler-Bewegung ist im Zusammenhang mit den großen Pestepidemien des zwölften Jahrhunderts und den gesellschaftlich aufgewühlten Stimmungen des späten Mittelalters entstanden.
Später griffen die Selbstgeißler die Kirche und den Klerus an; die
Bewegung wurde schließlich verboten und bekämpft (1417). Immer
wieder kam es zu einem Aufflackern dieser Bewegung in verschiedenen Teilen Europas; besonders lange hielten sie sich in Thürin-
gen.*

Nicht-christliche Religionen

Auch in nicht-christlichen Religionen kommen Selbstbeschädigungen vor.

Im *Hinduismus*, der u. a. von der Vorstellung eines ewigen Kreis-
laufs der Erschaffung und der Zerstörung geprägt ist, dient das aktive
Teilnehmen an diesem Kreislauf durch Selbstbeschädigung und anschließende Heilung dem Versuch, aktiv in dieses Geschehen einzu-
greifen und so ein gewisses Maß an Kontrolle darüber zu erlangen.

---

* Aus: dtv-Lexikon, Bd. 6, München 1978

Insbesondere in Indien gibt es ja viele Männer, die Yogis, die durch asketische und andere selbstkasteiende meditative Übungen Freiheit von der körperlichen weltlichen Existenz erreichen (wollen) und damit eine höhere geistige Daseinsform anstreben.

Im *Sufismus*, einer religiösen Richtung des Islam, soll durch asketische und selbstkasteiende Übungen eine Vereinigung mit Gott erreicht werden.

Die *Hamadscha*, eine Bruderschaft in Marokko, führen heilende Rituale durch, die mit teilweise schweren selbstbeschädigenden Handlungen einhergehen. Sie trinken im Rahmen von Tanzritualen kochendes Wasser, essen stachelige Kakteen, lassen sich Schnitte und Wunden an Kopf und Rücken zufügen, und die Frauen versuchen sich manchmal auch die Brüste abzuschneiden. Sie glauben, sie seien von bösen Geistern (den Jinn-Geistern) besessen, die Krankheiten brin-

---

Exkurs: Blut

Blut wurde schon immer als Zeichen von Lebendigkeit angesehen. Dem Blut wurde Heilkraft und Macht zugeschrieben. Im Römischen Reich tranken Anfallskranke (Epileptiker) das Blut der Gladiatoren, um von ihrer Krankheit befreit zu werden. Zur Heilung der Lepra rieb man den Kranken Blut auf die Wunden. Aber auch soziale Bande sollten durch Blut und Blutopfer geknüpft werden. Am bekanntesten ist sicherlich die «Blutsbrüderschaft», die auch gelegentlich in Indianerspielen von Kindern auftaucht.

Menschen, die sich selbst beschädigen, schreiben dem Blut, wie wir noch sehen werden, eine ähnliche Wirkung und Bedeutung zu. Insbesondere epidemische (viele Menschen gleichzeitig betreffende) Selbstbeschädigungen, die bei Jugendlichen (meist in Heimen) auftreten können, erinnern an diese kulturell verankerten Vorstellungen (siehe hierzu Kapitel 2 und 5).

gen können. Um Gesundheit für sich und ihre Umgebung zu erreichen, müssen die Geister durch den Fluß ihres Blutes besänftigt werden. Kranke werden daher mit dem Blut der Tänzer eingerieben. Neben dem Erlangen von Gesundheit werden die Selbstbeschädigungen
auch durch die Unterstützung der Gruppe, durch Erlangen eines höheren sozialen Status sowie eines gestärkten Selbstbildes belohnt.

Im *skandinavischen Edda-Mythos* werden der Riese Ymir und eine
Kuh durch die Götter verstümmelt. Aus den Körperteilen Ymirs wird
die Welt gemacht. Aus seinem Blut entstehen die Seen und Meere,
aus seinen Knochen die Berge, aus seinem Fleisch die Erde, aus seinen
Kiefern und Zähnen die Felsen und Steine und aus seinem Schädel der
Himmel. Die Verstümmelung des Körpers bedeutet hier Wiederer-
schaffung und Wiedergeburt.

Eine ähnliche Bedeutung hat die Verstümmelung des Körpers im
*Schamanismus**. Um Schamane zu werden, muß der Auserwählte
zunächst eine symbolische Verstümmelung über sich ergehen lassen.
Wenn er zum Schamanen berufen wird, gerät er in eine Krise und
wird von einer Krankheit befallen. Er liegt manchmal tagelang in
einem Trancezustand darnieder. Um die Krise zu lösen, muß er ver-
schiedene mystische Ereignisse durchlaufen. Er wird symbolisch gequält, zerstückelt; das Fleisch wird bis auf das Skelett von seinem
Körper abgekratzt, und die Eingeweide und das Blut werden erneuert.
Dann wird der Körper wieder neu aufgebaut. Er muß eine Zeit in der
Hölle verbringen, wo er von Dämonen und den Geistern ehemaliger
Schamanen belehrt wird, um dann von Gott geweiht zu werden.
Wenngleich diese Dinge im Rahmen meditativer Übungen vor sich
gehen, glauben die Schamanen, daß es Realität sei und eine äußerst
gefährliche Zeit darstelle.

Später werden wirkliche Selbstbeschädigungen im Rahmen von

---

* *Schamanismus:* Naturreligion, bei der die Schamanen, eine Art Priester, durch
Rituale, Tänze u. a. mit den Dämonen und Göttern in Verbindung treten.

Ritualen durchgeführt, um Heilkraft und höhere Formen der Existenz zu erlangen. Die Schamanen glauben, daß sich durch die Zerstörung und Verstümmelung des Körpers die Persönlichkeit erneuern kann. Die Selbstbeschädigung wurde und wird von den Schamanen als Heilmittel angesehen.

Rituelle Tänze

Viele rituelle Tänze gehen mit Selbstverletzungen einher, die in tranceartigen Bewußtseinszuständen durchgeführt werden.

Beim *Sonnentanz* der nordamerikanischen Prärie-Indianer werden die Tänzer durch Hautschnitte und Einbringen von Holzstäben in die Muskulatur verletzt. An den Holzstäben werden Lederriemen mit Büffelschädeln befestigt. Die Tänzer müssen sich während des Tanzes von diesen Büffelschädeln befreien, was nur über Verletzungen der Muskulatur möglich ist. Wenn die Tänzer den Schmerz ertragen und überwinden können, bekommen sie eine Vision, die etwas über den weiteren Verlauf und den Sinn ihres Lebens aussagt.

Beim *Neujahrstanz* des Abidji-Stammes (Elfenbeinküste, Afrika) verletzen sich die Tänzer in Trance am Bauch. Das Schmerzempfinden ist während solcher Zustände vermindert oder völlig aufgehoben. Sie fügen sich teilweise schwere Verwundungen zu, die dann mit einer speziellen Heilpaste behandelt werden und erstaunlich schnell und gut heilen. Die Heilung ihrer Wunden steht symbolisch für die Heilung ihres Stammes.

Initiationsriten

Unter *Initiationsriten* werden Rituale verstanden, die in vielen Stämmen, besonders in Afrika, aber auch in Asien, für Jungen und Mädchen zu Beginn der Pubertät / Adoleszenz (frühe Erwachsenenzeit) durchgeführt werden. Sie dienen dazu, die Jugendlichen, die aufgrund der körperlichen Veränderungen, z. B. der Menstruation, geschlechtsreif werden, in die Gemeinschaft der Erwachsenen einzuführen und sie auf ihr erwachsenes Leben vorzubereiten; sie haben auch die Funktion, die notwendige Ablösung von der Mutter zu strukturieren, d. h. ihr einen klaren Rahmen zu geben.

Obwohl ich auf dieses interessante Thema nicht ausführlich eingehen kann, erscheint es mir wichtig, die Initiationsriten zumindest zu erwähnen, da es hier um eine Zeit des menschlichen Lebens geht, in der auch die krankhaften Formen der offenen und heimlichen Selbstbeschädigungen meist ihren Anfang nehmen: um die für alle Menschen schwierige Zeit der Pubertät und Adoleszenz.

Im Rahmen dieser Rituale werden häufig Verletzungen oder gar Verstümmelungen des Körpers vorgenommen, so als ob nur über die Verletzung des Körpers und seine anschließende Heilung die Ablösung von den Eltern, insbesondere von der Mutter, vollzogen werden könnte. Hier stellen die körperlichen Verletzungen auch ein Symbol der seelischen Schmerzen dar, die diese Zeit mit sich bringt.

Auch die selbstbeschädigenden Menschen, um die es in diesem Buch geht, versuchen diese und andere «seelische Schmerzen» durch die Selbstbeschädigung zu überwinden. Initiationsrituale betten diese Ablösung, diesen Übergang vom Kindes- ins Erwachsenenleben, der oft so viele verwirrende Gefühle verursacht, in eine Ordnung, eine Struktur ein. Dieser Aspekt spielt bei der Selbstbeschädigung eine wichtige Rolle: Durch einen «Einschnitt» soll irgendwie wieder Ordnung in das Chaos der Gefühle und innerseelischen Wirrnisse gebracht werden.

Auf die grausamen *Beschneidungsrituale* von Mädchen einiger afrikanischer Stämme, die (vereinfacht gesagt) die Funktion haben, die Frauen zu unterdrücken, ihnen ihre sexuelle Lust zu nehmen und sie an die Männer zu binden, kann ich hier nicht eingehen. Von Bedeutung ist allerdings, daß es immer die Frauen und nicht die Männer sind, die bei Initiationsritualen verstümmelt werden. (Die Männer werden beschnitten, das heißt die Vorhaut des Penis wird entfernt, aber sie werden nicht verstümmelt.) Das ist möglicherweise von tieferer Bedeutung, wenn wir uns überlegen, warum vorwiegend Frauen zu offenen und heimlichen Selbstbeschädigungen neigen (vgl. Kapitel 5).

Die *Menstruation*, auf die ich noch im Kapitel 5 näher eingehen werde, hat bei den Initiationsritualen nicht nur für Frauen eine wesentliche Bedeutung. Manche Stämme (z. B. die Gururumba und die Gahuka-Gana-Stämme, u. a. in Papua-Neuguinea) glauben, daß der Junge das Blut der Gebärmutter der Mutter in sich trägt und daß er erst zum richtigen Mann werden könne, wenn dieses Blut aus seinem Körper entfernt ist. Die «Entfernung des mütterlichen Blutes» steht symbolisch für die Ablösung von der Mutter.

Die Männer beneiden die Frauen um ihre Menstruation, weil sie der Menstruation die Kraft der Reinigung, der Läuterung, der persönlichen Stärkung zumessen. Daher versuchen sie die Menstruation künstlich nachzumachen. Zu diesem Zweck verletzen sie sich die Nase * oder den Penis und erzeugen damit Blutungen. Teilweise wird auch künstlich Erbrechen hervorgerufen, weil sie denken, daß der Junge eine innere Haut habe – wie das Jungfernhäutchen des Mädchens –, die durchbrochen werden müsse, damit er zum richtigen Mann werden könne.

Diese Rituale werden teilweise als Initiationsrituale durchgeführt; teilweise werden sie in zeitlichen Abständen, die dem weiblichen Zyklus entsprechen, von den erwachsenen Männern wiederholt.

---

* Der Nasenschleimhaut wird eine ähnliche Kraft wie der Schleimhaut der Gebärmutter zugewiesen; die Nase kann ja auch schwellen und Flüssigkeit bilden und wird auch unbewußt als Symbol der Sexualorgane gesehen (vgl. Kap. 7, S. 227: Dysmorphophobie).

«Wer schön sein will, muß leiden!»

Es gab bereits im Altertum und gibt bis heute willentlich herbeigeführte Beschädigungen des Körpers, die aufgrund von kulturell bedingten Schönheitsidealen durchgeführt werden. Einige davon sollen im folgenden Abschnitt dargestellt werden.

Verformungen einzelner Körperteile

Verformungen des *Kopfes* wurden insbesondere in der Adels- und Herrscherklasse des alten Ägypten vorgenommen. Die Form, die erreicht werden sollte, lehnte sich an die Kopfform eines bekannten mächtigen Königs an. Der Kopf der kleinen Kinder wurde massiert und nach einer bestimmten Methode mit Steinen und Bändern gewickelt. Überlieferungen solcher Kopfverformungen gibt es auch aus dem alten Griechenland.

Bis zur Mitte des 19. Jahrhunderts wurden sie in Europa, besonders in Holland und Frankreich, durchgeführt. Den Kindern wurden schmerzhafte Bandagen angelegt, die nur selten abgenommen wurden. Das führte zu Druckgeschwüren und zu Infektionen durch Parasiten (z. B. Läuse) und andere Krankheitserreger. Teilweise kam es zu Deformierungen des Ohres. Später wurden diese Kopfverformungen bekämpft, weil man dachte, sie seien für verschiedene seelische Erkrankungen und für Anfallsleiden verantwortlich.

Auch in Afrika und verschiedenen asiatischen Ländern führte man diese Verformungen durch. In manchen Regionen der Türkei gilt ein abgeflachter Hinterkopf noch immer als Schönheitsideal.

Teilweise wurde die *Nase* ebenfalls Verformungen unterzogen. In Polynesien wurde die Nase gebrochen und abgeflacht; die australischen Aborigines (Ureinwohner) weiten die Nase zusätzlich. In unserer westlichen Kultur ist die Nase sehr häufig das Objekt von operativen Schönheitskorrekturen (siehe Seite 26 ff).

Verformungen, Verlängerungen der *Ohren* und der Ohrläppchen sind ebenfalls sehr weit verbreitet. Die Ohrläppchen werden durchbohrt und häufig langgezogen, manchmal in Streifen geschnitten. Auch bei uns werden die Ohrläppchen durchbohrt, um Ohrschmuck anzubringen.

Die *Zähne* haben in vielen Kulturen eine wichtige Bedeutung. In verschiedenen Regionen Indonesiens lassen sich die Menschen die Schneidezähne ohne Betäubung abfeilen. Auch in unserer Kultur werden die Zähne oft durch Prothesen ersetzt, wenn sie nicht wohlgeformt oder blendend weiß sind.

Die bei uns heute sehr verbreitete Praxis, Kinderzähne mit komplizierten, weithin sichtbaren Klammervorrichtungen zu korrigieren, mag aufgrund neuerer zahnmedizinischer und kieferchirurgischer Erkenntnisse sinnvoll sein; sie wird teilweise aber auch aufgrund von Schönheitsidealen durchgeführt und bedeutet für die Kinder nicht selten eine starke Belastung und eine Störung ihres Körpererlebens.

Die Verformung, ja Verkrüppelung der *Füße* («Lotus»-Füße) ist aus China bekannt. Sie wurde ursprünglich eingeführt, um die Frauen an ihren Ehemann und ans Haus zu binden, um ihnen ihre Bewegungsmöglichkeit zu nehmen und sie daran zu hindern, zu anderen Männern zu gehen.

Chinesische Tänzer hatten mit dieser Technik begonnen und beeinflußten die Schönheitsvorstellungen. Die kleinen, verkrüppelten «Lotus»-Füße der Frauen galten bald als Zeichen besonderer Schönheit und dienten gleichzeitig ihrer Unterdrückung. Gelegentlich ordnete man von seiten der Regierung besonders festes Bandagieren der Füße in unteren sozialen Schichten an, «um die Moral der Frauen zu verbessern».

Mit dem Bandagieren der Füße wurde in der frühen Kindheit der Mädchen begonnen. Jeder Fuß wurde fest umwickelt mit dem Ziel, möglichst viele Knochen zu brechen und die Zehen zur Fußsohle hin zu biegen, so daß Sohle und Ferse so nah wie möglich zueinander kamen. Das Fußgewebe starb aufgrund der Minderdurchblutung ab. Nach einer langen, sehr schmerzhaften Zeit wurden die Füße taub.

Wenn ein Mädchen versuchte, die Bandagen zu entfernen, wurde es durch Schläge schwer bestraft. Die Füße wurden in immer kleinere Schuhe gepreßt.

Der so verkrüppelte Fuß wurde für die Männer zu einer Art Fetisch*. Er hatte eine ähnliche erotische Bedeutung wie in westlichen Kulturen die weibliche Brust. Selbst der Geruch der Füße, der unangenehm gewesen sein muß, übte eine starke erotische Anziehungskraft aus. Das Bandagieren der Füße hielt etwa 1000 Jahre an! Erst gegen Ende des 19. Jahrhunderts wurde es, ausgehend von westlichen Frauen, die in China lebten oder durch China reisten, bekämpft. Erst 1930 wurde es ganz abgeschafft.

Was mag das wohl für das Körpererleben und die Entwicklung der weiblichen Geschlechtsidentität der kleinen Mädchen bedeutet haben, daß man ihren Körper verkrüppelte und jegliche Bewegung nur unter Schmerzen möglich war. Und welche Auswirkungen hatte diese Praxis wohl auf die Seele, das Selbstbewußtsein dieser Frauen? Wie kommt es, daß sich ganze Generationen von Frauen so etwas gefallen lassen, es an ihre Töchter weitergeben, es mit ihren Töchtern machen? Warum sind es immer wieder Frauen, die solche Verstümmelungen ihres Körpers zulassen oder, wie bei den selbstbeschädigenden Frauen, um die es in diesem Buch geht, an sich selbst durchführen? Diese Frage wird im fünften Kapitel ausführlicher aufgegriffen.

---

* *Fetisch:* In bestimmten Naturreligionen ist ein Fetisch ein beliebiger Gegenstand (Holzfigur, Lederstück, Fellstück u. a.), dem bestimmte Mächte zugesprochen werden und der daher verehrt wird.
Unter *Fetischismus* wird eine sexuelle Abweichung verstanden, bei der es durch den Besitz und das Betasten, Anschauen etc. eines Gegenstandes einer begehrten Person zur sexuellen Erregung kommt.

Narben als Symbol des Lebens

Unter der Bezeichnung *Skarifikation* (*scar*, engl.: Narbe) versteht man das bewußte, willentliche Erzeugen von Hautnarben durch Verletzungen. Dies geschieht aus sozialen und aus Schönheitsgründen, meist bei farbigen Menschen, die sich aufgrund ihrer Hautfarbe z. B. nicht gut tätowieren können. Farbige Menschen neigen zu besonders starken Narbenbildungen (Keloid). In Afrika ist die Skarifikation heute verboten, wird aber dennoch weiterhin aus verschiedenen Gründen in manchen Regionen ausgeführt.

Neben dem Schönheitsideal dienen die Narben dem Hinweis auf einen höheren sozialen Status. Skarifikationen werden auch, wie ich selbst auf einer Reise durch Togo (Westafrika) beobachten konnte, zu medizinischen Zwecken durchgeführt und um böse Geister und böse Mächte fernzuhalten: Viele Schnitte und später Narben am Körper könnten böse Geister, die Krankheiten hervorrufen, zum Austreten aus dem Körper bewegen. Ein Stern auf der Haut über der Leber sollte z. B. Leberkrankheiten verhindern. *

Bei den Tiv in Nigeria werden Skarifikationen auch durchgeführt, um zu zeigen, daß der Betroffene Schmerz ertragen will und kann.

Narben haben vielfältige Bedeutungen: So repräsentieren sie u. a. Erbe, Familie, Land, Traditionen, Mythen. Sie haben auch eine besondere Bedeutung für die Fruchtbarkeit der Frau. Bei verschiedenen Stämmen werden Skarifikationen im Rahmen von Initiationsritualen vorgenommen. Sie stehen für Wiedergeburt (Kagoro, Papua-Neuguinea), die Kontinuität des Lebenszyklus, und sie symbolisieren die Ordnung der Welt (Guyaki [Ache], Südamerika).

---

* Favazza 1992

Schönheitsoperationen

In diesem Abschnitt geht es *nicht* um chirurgische Eingriffe bei Menschen, die entstellende Verletzungen durch Unfälle erlitten haben oder an entstellenden Mißbildungen leiden. Für diese Menschen ist die plastische Chirurgie eine große Hilfe!

Hier geht es um Menschen, die bestenfalls sehr geringgradige «Schönheitsfehler» oder gar keine haben, häufig sogar sehr attraktiv aussehen, die allerdings, wie alle Menschen, normalen Alterungsprozessen unterworfen sind. Menschen, die meinen, daß an ihrem Gesicht oder an ihrem Körper «irgend etwas nicht stimmt», die sich, d. h. ihr Leben, verändern wollen und die das Älterwerden nicht akzeptieren können. Sie möchten sich Stirn, Wangen oder Bauch straffen, Tränensäcke wegmachen, das ganze Gesicht liften, die Nase verkleinern, vergrößern, verfeinern, die Pölsterchen absaugen, die Brust vergrößern oder verkleinern lassen!

Der größte Anteil derer, die sich einer sogenannten Schönheitsoperation unterziehen, sind Frauen.* Der größte Anteil derer, die die Operationen ausführen, d. h. die Chirurgen, sind hingegen Männer.

Die «Schönheitschirurgie» ist in unserer westlichen Kultur ausgesprochen verbreitet und erfreut sich eines immer größeren Zulaufs. Nach einem Bericht der *American Society of Plastic and Reconstructive Surgeons* (amerikanische Gesellschaft plastischer und rekonstruktiver / wiederherstellender Chirurgen) wurden 1984 in den USA etwa 150.000 Eingriffe durchgeführt. 1986 waren es bereits 600.000!** In Deutschland lassen sich nach Schätzungen etwa 100.000 Frauen und Männer pro Jahr operieren. Die Operationen werden nicht offiziell registriert, und daher existieren auch keine

---

* Der Anteil der Männer, die sich «schönheitschirurgischen» Eingriffen unterziehen, nimmt zu.
** Kaplan 1991

genauen Zahlen. Die plastische Chirurgie ist derzeit das wachstumsintensivste medizinische Fachgebiet! *

Das alles spielt sich vor dem Hintergrund eines *Schönheitsideals* ab, das sehr viele Frauen und Männer stark unter Druck setzt. Ein Ideal, das sich an einem makellosen jungen, straffen, wohlgeformten, niemals alternden Frauenkörper und einem entsprechenden muskulösen, athletischen Männerkörper orientiert – synthetische Einheitsmenschen aus der Zahnpasta-, Parfum-, Unterwäschen- und Bikinireklame. Um das Unerreichbare zu erreichen, joggen, shapen, bodybuilden und bodystylen sich viele Frauen und etliche Männer fieberhaft durch ihren Alltag, durch den Dschungel unserer Plastik- oder Designer-Kultur.

Ich meine nicht, man dürfe oder wolle nicht als Frau oder als Mann den Wunsch haben, schön und attraktiv zu sein! Ganz und gar nicht. Es geht mir hier um «schönheitschirurgische» Eingriffe an «ganz normalen» Menschen, die «ganz normale» persönliche Eigenheiten und Unterschiede aufweisen, um Altersveränderungen, die zum Leben gehören und meiner Meinung nach Frauen und Männer interessant und attraktiv machen, weil sie ihre Persönlichkeit unterstreichen. Ein Gesicht sagt etwas aus über das persönliche Leben, erzählt eine Geschichte; gerade die Eigenheiten und Unterschiede machen das Leben ja lebendig und reich.

Hierzu ein kleines Zitat aus einem erfrischend geschriebenen Artikel von Rosvita Krausz**, einer Journalistin, die sich im Rahmen einer Recherche auf eine Reise durch die Praxen deutscher Schönheitschirurgen begeben hatte:

«Er scheint etwas zu entdecken. Prüfend geht er seinem Verdacht nach. ‹Wie alt sind Sie?› Die Frage kommt wie ein Vorwurf. Verfall durch vorsätzliches Altern. Ich gebe zu: Ich habe gelebt. Ich habe

---

*   *stern* 28/93
**   «Die Stirn viel zu hoch!» in: *Brigitte* 5/93

gelacht, ich habe geweint. Und ich habe mich in meiner Haut wohl gefühlt.»

Nun sind Frauen, die sich der Schönheit wegen unters Messer begeben, keine Frauen, die sich in ihrer Haut wohl fühlen. Es sind häufig Frauen, die in eine Lebenskrise geraten sind, für deren Lösung sie das Skalpell des Chirurgen suchen, was ihnen möglicherweise gar nicht bewußt ist. Die Vorstellung, durch äußerliche Korrekturen – mit Messer, Wunderpille oder Liposomengel – Lebenskrisen zu lösen, ist ja auch verlockender, als der Gedanke, sich in längeren Psychotherapien mit schwierigen, schmerzlichen, ängstigenden Problemen auseinanderzusetzen. Seelische Probleme sind unangenehm, man möchte sie am liebsten gar nicht sehen. Außerdem sind sie noch immer mit gesellschaftlichen Vorurteilen behaftet und passen nicht in unsere schnelle, aktive Welt der chromblitzenden, computergesteuerten Apparate, die voller Allmachtsphantasien steckt.

Frauen, die geringfügige «Fehler» oder normale Alterserscheinungen operativ korrigieren lassen und sich häufig mehrfach unters Messer begeben, müssen ein sehr negatives Bild von ihrer Weiblichkeit, ihrem Frausein haben. Sie verbinden ihr Frausein im wesentlichen mit ihrem Äußeren, und dieses unterliegt einer «Einheitsnorm». Ihre Individualität, ihre Persönlichkeit wird eingeordnet, untergeordnet, eingepaßt in diese meistens männliche Norm.

Frauen lassen sich verstümmeln, malträtieren, gehen in wenig liebevoller Weise mit ihrem Körper um. Der Körper wird wie ein Gegenstand, ein Ding empfunden, nicht wie etwas, das zum eigenen Selbst, zur eigenen Persönlichkeit gehört. Er wird wie ein Auto zur «Runderneuerung» in die Reparatur gegeben.

Eine 32jährige Frau*:
Ich war durchaus nicht häßlich. Ich hatte auch keinen Unfall.
Aber ich hatte ein Idee im Kopf: Ich wollte mich neu er-

---

* Aus: Schönheitsoperation: Der große Eingriff, *Brigitte* 5/93

schaffen... Immer wieder habe ich mich unters Messer gelegt.
Zwei Jahre bin ich kaum aus dem Haus gegangen. Ich war ja
meistens bandagiert und angeschwollen.
(Insgesamt hat sich diese Frau 17 «Schönheitsoperationen» un-
terzogen!)

Eine andere 47jährige Betroffene*:
Wenn eine Frau Falten hat, sieht sie nicht interessant aus, son-
dern alt. Deshalb habe ich mir so einiges vorgenommen. Die
Schwellung um meine Augen stammt vom Stirnlifting, das ich
vor vier Tagen bekommen habe. Nächstes Jahr will ich eine
Bauchstraffung. Und der Busen kommt auch dran. Ich nehme
das Immer-älter-Werden einfach nicht so ohne weiteres hin. Ich
möchte weiter Spaß an meinem Leben haben.

Wer anders sollte da die Rettung bringen, als der mächtige Mann, der
Chirurg, der mit ein paar Schnitten, mit einem «sanften Lifting», alle
Probleme lösen bzw. «einfach absaugen» und bei der Verleugnung des
Alterns und anderer Schwierigkeiten und Ängste scheinbar helfen
kann. Der Schönheitschirurg ist eine Art «moderner Schamane».

Schönheitsoperationen – Initiationsrituale unserer Zeit?

Die meisten Frauen, die zum Schönheitschirurgen gehen, tun dies
während der Adoleszenz/Pubertät oder in der Menopause (den
Wechseljahren). In Zeiten also, in denen es entweder um die begin-
nende Geschlechtsreife, um den Eintritt ins Erwachsenenalter und die
Ablösung von den Eltern, oder ums Älterwerden, um das Aufleben
bislang unerfüllter Wünsche, um Ängste vor dem Verlust der körperlichen Attraktivität, der weiblichen Fähigkeit (Potenz) des Gebärens
geht (siehe hierzu auch Kapitel 5).

Auslöser aber sind meist andere Lebensprobleme wie Ehekrise,
Scheidung, persönliche Unzufriedenheit und Unerfülltheit, depres-

---

* Aus: Schönheitsoperation: Der große Eingriff, *Brigitte* 5/93

sive Krisen. Nicht selten geht es auch um schwerwiegende seelische Störungen wie bei der Dysmorphophobie, der wahnhaften Angst, körperlich mißgestaltet zu sein (siehe Seite 227), oder um Ängste vor seelischem Auseinanderbrechen (Fragmentation), um schlimme Zustände innerer Leere und Depression. Das Messer kann hier wie eine «Plombe» wirken! Unbewußte masochistische (selbstquälerische) Tendenzen und Selbstbestrafungswünsche, die der Entlastung von Schuldgefühlen dienen, spielen ebenso oft eine wichtige Rolle.

Diese Operationen erinnern mich sehr an die oben beschriebenen Initiationsrituale afrikanischer und anderer Stämme. Sie sollen wie diese Ordnung in ein innerseelisches Chaos bringen. Sind Schönheitsoperationen vielleicht die Initiationsrituale unserer Kultur?

Frauen richten die Aggressionen eher gegen den eigenen Körper, gegen das eigene Selbst als Männer. Das hat etwas mit der Entwicklung der weiblichen Identität und auch mit gesellschaftlichen Faktoren zu tun. Näheres dazu im fünften Kapitel.

Wichtig ist bei der Schönheitschirurgie auch die *Beziehung zwischen Arzt und Patientin*. Hier spielen sich von der zwischenmenschlichen Dynamik her ähnliche Prozesse ab, wie zwischen Arzt und heimlich selbstbeschädigender Frau (siehe Kapitel 3). Neben der Arzt-Patientinnen-Beziehung geht es dabei natürlich um die Beziehung zwischen Männern und Frauen. Jede Aussage über Weibliches enthält immer eine Aussage über Männliches; die Begriffe «Weiblichkeit» oder «Männlichkeit» enthalten Aspekte der Beziehung zwischen Mann und Frau, Mutter und Sohn, Tochter und Vater, Bruder und Schwester.

Schönheitschirurgen sind, ebenso wie Frauenärzte, meistens Männer. Es geht hier allerdings nicht um Frauenärzte und Schönheitschirurgen generell, sondern um diejenigen unter ihnen, die Frauen aus unerheblichen Gründen operieren, ihnen z. B. frühzeitig die Gebärmutter entfernen, ihnen ihre normalen Brüste verkleinern, vergrößern etc. Welche Einstellung haben diese Männer zum weiblichen Körper, zur Weiblichkeit?

Eine *sadomasochistische Beziehungskonstellation*, die hier eine Rolle spielt, beinhaltet Erniedrigung und sich erniedrigen lassen, Verstümmelung, Verletzung, Quälen und sich verstümmeln, verletzen und quälen lassen! (Näheres zu diesem Thema in Kapitel 3, Seite 86.)

In erster Linie verdienen diese Männer an den Frauen ihr Geld. So weiß man, daß sich unter den niedergelassenen privaten (d. h. nicht durch die Krankenkasse bezahlten) Schönheitschirurgen viele unzureichend ausgebildete Chirurgen befinden, die nicht unbedingt über eine Spezialausbildung verfügen; sie verlangen hohe Preise für ihre Arbeit, die die Betroffenen selbst bezahlen müssen, weil die Kassen nur bestimmte, aus medizinischen oder psychischen Gründen wirklich notwendige Eingriffe tragen.

Die Frauen werden über die nicht unerheblichen möglichen Komplikationen (z. B. Nachblutungen, Vernarbungen, Gefühlsstörungen, Störungen der Stillfähigkeit, Gesichtsnervlähmungen u. v. a.) oft unzureichend aufgeklärt und nach der Operation manchmal sehr schlecht versorgt.

> *Eine Frau, die sich einer «Fettabsaugung» unterzogen hatte, berichtet:*
> *Als ich aus der Narkose aufwachte, ging es mir ziemlich dreckig. Ich war von den Knien bis zur Brust in ein Spezialmieder verpackt. Es tat so weh, daß ich dachte, ich könnte mein Lebtag nicht mehr laufen. Das hatte ich nicht erwartet. Die erste Nacht verbrachte ich auf der OP-Liege. Es war stockfinster. Keine Klingel, kein Telefon, keine Schwester. Mir war das unheimlich, denn ich konnte mich ja kaum bewegen. Als ich wahnsinnigen Durst bekam, habe ich bestimmt eine halbe Stunde laut geschrien.*

Durch entsprechende psychologische/psychosomatische Voruntersuchungen (Gespräche) sollte mit jeder Betroffenen vor dem chirurgischen Eingriff geklärt werden, ob eine seelische Störung hinter dem Wunsch nach operativer Veränderung steckt. Dann erst sollten

Schönheitschirurg und Psychosomatiker/Psychiater gemeinsam entscheiden, ob ein schönheitschirurgischer Eingriff unbedenklich durchgeführt werden kann oder ob der/die Betreffende zu einer psychotherapeutischen Behandlung motiviert werden müßte.

Bodybuilding – der Körper als Statue

Angeregt, mich mit dem Thema «Bodybuilding» zu beschäftigen, wurde ich durch einen jungen Mann, der an einer schweren paranoid-halluzinatorischen Psychose (Schizophrenie mit Verfolgungswahn) litt. Ich lernte ihn kennen, als er, gequält von furchtbaren, ängstigenden Wahnvorstellungen, zur stationären Behandlung in die psychiatrische Klinik kam, an der ich damals tätig war. Zu diesem Zeitpunkt war er völlig abgemagert, und obwohl groß von Statur, wirkte er sehr zerbrechlich. Er hatte eine extreme Diät durchgeführt, weil er Angst hatte, er könne, wie zuvor sein Vater, an den Folgen einer Zuckerkrankheit sterben. Als er mir von vorangegangenen, erschreckenden Selbstmordversuchen erzählte – er hatte sich mit einem Messer schwere Verletzungen an Bauch und Hals zugefügt und war nach komplizierter Operation mit dem Leben davongekommen –, war er in wahnhafter Weise davon überzeugt, daß er nur deshalb nicht gestorben sei, weil jemand auf seinen Körper eingewirkt habe, so daß er nun von einem undurchdringlichen, eisenharten Muskelpanzer umgeben sei; das sei geschehen, damit er sich nicht umbringen könne und die Folterqualen auf unbestimmte Zeit ertragen müsse. Eine Art Selbstschutz vor den eigenen selbstzerstörerischen Impulsen? dachte ich bei mir.

Als sich der junge Mann von der akuten Krankheitsphase erholt hatte – die Wahnvorstellungen waren völlig abgeklungen –, wurde er aus der Klinik entlassen und kam von da an weiter regelmäßig zur ambulanten Behandlung. Er begann mit Bodybuilding, und ich konnte förmlich zusehen, wie sich sein Körper von Besuch zu Besuch veränderte. Jedesmal schien sein Körper muskulöser und wuchtiger

zu werden. Er baute sich nun selbst einen «eisenharten Muskelpanzer» auf. Aus dem zerbrechlichen, verängstigten jungen Mann wurde
allmählich ein athletischer, kraftstrotzender Typ, dem die Welt offensichtlich zunehmend nichts mehr anhaben zu können schien. Ich
erlebte das Trainieren und Modellieren seines Körpers wie einen ver-
zweifelten Versuch, seinen Körper zu einer Art «Bollwerk» auszuge-
stalten, um damit seine innnere Zerbrechlichkeit, die ständige Bedro-
hung des Auseinanderbrechens seiner Seele, seines Selbst in Bann zu
halten.

Es ist sicher nötig, zwischen zwei Gruppen von Bodybuildern zu unterscheiden: Jene Bodybuilder, die nach ihrem eigenen Verständnis
Bodybuilding als Mittel zu einem anderen Zweck einsetzen, wie Fit-
neß- und Freizeitsportler sowie Sportler, die Bodybuilding zur Lei-
stungsverbesserung in anderen Sportarten betreiben, einerseits, und
andererseits die «echten» Bodybuilder, die trainieren, um bestimmte
Leistungsziele (welche festgelegt sind) zu erreichen, um an Wettbe-
werben teilzunehmen. Sie trainieren drei- bis viermal pro Woche jeweils zwei bis zweieinhalb Stunden und leben nach speziellen Eiweiß-
Diäten. Das Training gilt nur dann als sinnvoll und nützlich, wenn es
voll konzentriert, im richtigen Rhythmus, mit der richtigen inneren
Einstellung durchgeführt wird. Dabei wird Bodybuilding als eine Art
Arbeit verstanden, die das Ziel hat, aus einem naturgegebenen, sozial
deformierten Körper einen neuen idealen Körper zu machen. Der
Körper ist zugleich Werkzeug, Rohmaterial und Endprodukt der Arbeit*.

Ein sehr verdinglichtes, instrumentelles Körperverständnis
herrscht hier sowohl bei Frauen als auch bei Männern vor. Der Körper ist wie eine Art Modellmasse, an der mit Maschinen und Werk-
zeugen gemeißelt, geformt wird. Training bedeutet hier Vergewaltigung, Überwältigung, Folterung des eigenen Körpers, Kampf gegen

---

* Honer 1985

das «schwache Fleisch». Es geht um die vollständige Kontrolle über den Körper und seine als negativ, als verboten erlebten Bedürfnisse und Begehren. Das erinnert an die oben beschriebenen Selbstgeißelungen der christlichen Märtyrer.

Hierzu ein Zitat aus der Biographie des bekannten Bodybuilders Arnold Schwarzenegger [*]:

An mein erstes richtiges Gewichtstraining erinnere ich mich noch gut… Ich trainierte mit Langhanteln, Kurzhanteln und Maschinen. Die anderen warnten mich vor einem Muskelkater, aber das konnte mich nicht abschrecken. Darüber glaubte ich längst hinweg zu sein. Als ich nach dem Training aufs Rad stieg, um nach Hause zu fahren, fiel ich gleich wieder herunter. Ich war so geschwächt, daß ich es einfach nicht festhalten konnte. Meine Beine waren vollkommen gefühllos. Ich war wie benommen, mein ganzer Körper dröhnte… Bei jedem Versuch, den Arm zu heben, schoß mir ein stechender Schmerz durch die Arm- und Schultermuskeln… Ich wollte eine Tasse Kaffee trinken und verschüttete ihn über den ganzen Tisch. Ich war völlig hilflos… Ich fand es aber ungeheuer aufregend, diese neuen Veränderungen in meinem Körper zu spüren und zu beobachten. Es war das erste Mal, daß ich jeden einzelnen Muskel meines Körpers spürte. Das erste Mal, daß mein Gehirn diese Empfindungen registrierte und mir bewußt wurde, daß meine Oberschenkel, Waden und Unterarme mehr waren als nur Gliedmaßen. Die Muskeln waren nun alle in meinem Gehirn registriert, mit kleinen scharfen Schmerzstichen hineingeschrieben. Ich erkannte, daß dieser Schmerz Fortschritt bedeutete…

Die Lust am und mit dem eigenen Körper, eine gewisse Autoerotik, welche aber eng mit körperlichem Schmerz und dessen Überwindung verbunden ist, wird hier deutlich. Das erinnert an manche selbstbeschädigende Menschen, die beschreiben, wie sie den Schmerz über-

---

[*] Schwarzenegger, A.: Karriere eines Bodybuilders. München 1986

winden und mit der Folter ihres Körpers weitermachen. Es erzeugt bei ihnen, ähnlich wie hier beschrieben, ein Gefühl von Euphorie und Triumph, Macht und Überlegenheit.

Die Parallele wird noch deutlicher, wenn Bodybuilder zu gefährlichen Medikamenten greifen wie Anabolika und Hormone, die die Muskeln noch schneller und besser aufbauen sollen. Viele spritzen sich Insulin (körpereigenes Hormon, das den Blutzuckerspiegel reguliert), um einen schnelleren Fettabbau zu erreichen. Sie bringen sich dabei wiederholt in schwere, teils lebensbedrohliche Unterzuckerungszustände. Nicht zuletzt sind Gelenk- und Muskelschäden bei übertriebenem und unsachgemäßem Training zu nennen.

Neben einem sehr instrumentellen Körperverständnis liegt diesen «Aktivitäten» ein Schönheitsideal zugrunde, das von athletischen, muskulösen, kraftstrotzenden Männerkörpern und männlichen/knabenhaften Frauenkörpern geprägt ist. Insbesondere bei Frauen, die Bodybuilding betreiben, um ihrem Körper alle weiblichen Merkmale abzutrainieren, müssen Störungen der weiblichen Identität und des weiblichen Körperbildes angenommen werden, so wie bei den selbstbeschädigenden Frauen (siehe hierzu Kapitel 5). Das, was den weiblichen Körper vom männlichen unterscheidet – die weicheren Rundungen, die geringere Muskelmasse, die Brüste –, wird wegtrainiert; der Körper wird dem männlichen Körper immer ähnlicher. Viele Frauen entwickeln Zyklusstörungen, oder die Menstruation bleibt völlig aus.

Hierzu eine Bodybuilderin:
Ich habe durch das Training die Schmerzgrenze überwinden gelernt. Hart zu sich selbst sein, ist auch sonst im Leben gut...
Daß die Periode ausbleibt, stört mich gar nicht. Das ist doch eh nur lästig und Kinder will ich sowieso keine.

Der Bodybuilder ersetzt oft die Beziehung zu den Menschen durch die Beziehung zu seinem Körper. Noch einmal Arnold Schwarzenegger[*]:

Ich konnte mich einfach nicht von Freundinnen ablenken lassen. Ich war ganz auf das Training fixiert, und es störte mich, wenn mich jemand davon abhielt... Ich ließ es einfach nicht zu, daß ich mich verliebte. Es war kein Entschluß, den ich gefaßt hatte; es ergab sich einfach so, weil es notwendig war.

Er beguckt sich oft im Spiegel; mit sich selbst alleine hält er Zwiesprache über seine Muskeln. Er scheint sich durch den Blick in den Spiegel, durch die ständig wachsenden Muskeln, seiner eigenen Existenz, seiner eigenen Wirklichkeit versichern zu müssen. Dabei ist er dennoch ständig vom Verschwinden, vom Abbau, von dem Zerfall seiner Muskelmasse bedroht. Er muß dauernd dafür schwitzen, sich foltern, sich überwinden, um das Erreichte aufrechtzuerhalten.

Hier sind wir wieder am Beginn dieses Abschnitts angelangt: Es ist, als könnte er durch die ständige Beschäftigung mit seinem Körper der Angst vor dem inneren Zerfall, vor der inneren Leere und Einsamkeit entgehen. Das regelmäßige Training bietet auch einen Lebensinhalt und eine Strukturierung des Tagesablaufes. Gleichermaßen schützt er sich durch seinen Muskelpanzer vor der Umwelt, vor dem Kontakt, den er fürchtet. Erfahrungsberichte von Bodybuildern verweisen auf nichtalltägliche Bewußtseinszustände. Bodybuilding wird zum Tor zu einer inneren Welt, die dem Unkundigen verschlossen bleibt. Bodybuilder erleben sich oft als unabhängig, besser als Normale, grandios und göttlich.

---

[*] Aus: Schwarzenegger, A.: Karriere eines Bodybuilders. München 1986

Andere alltägliche Verhaltensweisen, die mit selbstbeschädigenden Tendenzen einhergehen können, sind Sportarten bzw. sportliches Training, wenn es in extremer Form, bis zur körperlichen Erschöpfung oder bis zur Entwicklung körperlicher Schäden durchgeführt wird.

Auch sportliche Aktivitäten, die mit größeren Gefahren verbunden sein können, zählen dazu. Wenn die Gefahr herausgefordert wird, mag neben dem bewußt empfundenen Reiz daran immer auch eine unbewußte selbstzerstörerische Neigung eine Rolle spielen. Diese kann sich in einer mangelnden Selbstfürsorge ausdrücken, indem sich ein Mensch wissentlich in gefährliche Situationen begibt und es dann gewissermaßen «dem Schicksal» überläßt, ob ihm etwas passiert oder nicht: z. B. Bergsteiger, die sich in unvernünftiger Weise in solche Extremsituationen begeben, oder «Brückenspringer» (bungee jumper), Menschen, die sich an Gummibändern von hohen Brücken herunterfallen lassen.

Sie alle beschreiben ein euphorisches, rauschartiges Gefühl, ein «Glücksgefühl». Dieser «Rauschzustand» wird mit einer möglichen Ausschüttung von körpereigenen Hormonen, z. B. Endorphinen (siehe Seite 99 ff) erklärt. Außerdem treibt sicherlich die Faszination der Gefahr, der Nervenkitzel sowie das besondere Körpergefühl, das z. B. durch das Springen in die Tiefe ausgelöst wird, Menschen zu derartigen Dingen. Verharmlost wird dabei die Gefahr schwerer körperlicher Verletzungen, wie Verletzungen innerer Organe, Verletzungen von Blutgefäßen mit folgenden Blutungen, Wirbelsäulenverletzungen oder Knochenbrüche.

Solchen Phänomenen liegt neben dem Spaß und der Lust möglicherweise eine unbewußte Selbstbestrafungstendenz zugrunde. Daneben muß von einem «kontraphobischen» Verhalten ausgegangen werden. Hierunter versteht man das aktive Aufsuchen und Hervorrufen von Situationen, die eigentlich sehr ängstigend sind. Man tut also genau das Gegenteil von dem, was man eigentlich fürchtet.

Beispiel: Jemand, der sehr große Angst vor Verletzungen oder vor dem Sterben hat, begibt sich immer wieder in besonders gefahrvolle Situationen und verhält sich besonders waghalsig.

Bei Menschen, die sich in Extremsituationen begeben, gewissermaßen das Leben herausfordern, spielen *unbewußte Motive* wie Wünsche nach Kontrolle, nach Unabhängigkeit, nach Macht eine bedeutende Rolle. Diese unbewußten Wünsche werden zusätzlich durch gesellschaftliche Anerkennung und Bewunderung («Held»), besondere Aufmerksamkeit und oft auch finanzielle Vorteile belohnt.

 ## Zusammenfassung:

Sowohl in religiösen Ritualen als auch in verschiedenen Ritualen primitiver Stammeskulturen dienen selbstbeschädigende Handlungen der Befreiung des Geistes von körperlichen Bedürfnissen und Begehren. In der Religion folgt ihnen eine stärkere Verbindung mit Gott und das Erreichen einer höheren Daseinsstufe, außerdem die Hoffnung auf ein besseres Leben nach dem Tod.

Die Selbstbeschädigung dient der Kontrolle körperlicher und seelischer Gefühle, zum Beispiel auch der Kontrolle von aggressiven Gefühlen und Wünschen: Ein Opfer bewahrt stellvertretend die gesamte Gruppe vor ihrer eigenen Gewalt.

Die Selbstbeschädigung geschieht meist in veränderten, tranceartigen Bewußtseinszuständen, die durch eine Art Spaltung zwischen Seele und Körper charakterisiert sind; sie gehen mit einer Verminderung oder einem völligem Verschwinden des Schmerzempfindens einher.

Die Selbstbeschädigung dient der Entlastung von Schuldgefühlen und der Besänftigung der Götter, welche die Funktion eines nach außen verlagerten «schlechten Gewissens» haben.

Sie wird eingesetzt, um geistige Läuterung, Linderung von innerer Spannung und so eine Art seelische Befreiung zu erreichen: Es folgt ihr meist ein Zustand von Euphorie, von Entspannung und schließlich Stärkung (neues Selbstgefühl). Sie wird eingesetzt, um Struktur in ein Chaos zu bringen, hier soziales, dort innerseelisches Chaos. Sie dient der Stärkung der Gemeinschaft, der zwischenmenschlichen Bande und kann auch bewirken, daß der Betroffene in die Gemeinschaft aufgenommen wird.

Selbstbeschädigende Verhaltensweisen kommen auch in Verbindung mit der Erfüllung von Schönheitsidealen vor. In verschiedenen Kulturen und Zeiten, bis in die Gegenwart hinein, wurden und werden Verformungen des Kopfes, der Nase, der Ohren, der Zähne und der Füße vorgenommen, die teilweise mit schweren körperlichen Beschädigungen einhergingen und -gehen.
In unserer heutigen westlichen Kultur sind Schönheitsoperationen, die bei ganz «normalen» Menschen vorgenommen werden, zu nennen. Ebenso müssen extreme Formen des Bodybuildings und Extremsportarten als selbstbeschädigende Verhaltensweisen angesehen werden, die der Abwendung unbewußter Ängste und der Erfüllung teils unbewußter / teils bewußter seelischer Wünsche (z. B. Wünsche nach Selbstkontrolle, Selbstbestrafung, Macht) dienen.
Die Grenzen zwischen diesen alltäglichen, gesellschaftlich «akzeptierten» Formen der Selbstbeschädigung und den krankhaften Formen der Selbstbeschädigung sind fließend.

Kapitel 2

Krankhafte Formen der Selbstbeschädigung

Im folgenden Kapitel werden die krankhaften Formen der Selbstbeschädigung dargestellt. Diese werden grob* in die *offene* und in die *heimliche* Selbstbeschädigung unterteilt.

Bei der *offenen Selbstbeschädigung* gibt es leichte und schwere Formen.

Die *heimlichen Formen der Selbstbeschädigung* unterteilen sich in:
- die heimliche Selbstbeschädigung oder artifizielle Krankheit oder selbstmanipulierte Krankheit,
- das Münchhausen-Syndrom und
- das erweiterte Münchhausen-Syndrom oder Münchhausen-Stellvertreter-Syndrom.

Das klinische Erscheinungsbild der verschiedenen Selbstbeschädigungsformen wird in diesem Kapitel beschrieben. Der Schwerpunkt liegt dabei auf der heimlichen Selbstbeschädigung, deren unterschiedliche Krankheitssymptome dargestellt werden. Abschließend wird auf das Münchhausen-Syndrom und das erweiterte Münchhausen-Syndrom eingegangen. Bei letzterem wird auch die Psychodyna-

---

* Diese «grobe» Einteilung entspricht dem gegenwärtigen Forschungsstand; sie bedarf weiterer Entwicklung und Verfeinerung.

mik, d. h. die unbewußten seelischen Hintergründe, die zu diesem Verhalten führen, und die zwischenmenschliche Umgangsweise, die durch diese spezielle seelische Erkrankung in besonderer Form beeinflußt wird, dargestellt.

Da bei den offenen und heimlichen Selbstbeschädigungen, ausgenommen beim Münchhausen-Syndrom, zu 80 Prozent Frauen betroffen sind, werde ich immer in weiblicher Form von den Betroffenen sprechen.

Die offene Selbstbeschädigung

Unter der Bezeichnung *offene* Selbstbeschädigung versteht man eine Erkrankung, bei der das wiederholte Verletzen des eigenen Körpers, ohne die bewußte Absicht des Selbstmordes, im Vordergrund steht. Diese Erkrankung wird als *offene* Selbstbeschädigung bezeichnet, weil die Betroffenen die Selbstverletzung nicht verheimlichen, wie es bei der *heimlichen* Selbstbeschädigung der Fall ist. Anders als bei der heimlichen Selbstbeschädigung geht es nicht darum, die Patientenrolle einzunehmen und die Ärzte zu täuschen, sondern die Selbstverletzung steht im Mittelpunkt.

Die Frauen, die an einer *leichten* Form (engl.: *delicate self cutting*) der offenen Selbstbeschädigung leiden, fügen sich meist oberflächliche Hautverletzungen zu, welche in der Regel keiner chirurgischen Wundversorgung bedürfen. Bei der *schweren* Form (engl.: *deliberate self harm syndrome, DSHS*) der offenen Selbstbeschädigung kommt es zu tieferen, teils schwerwiegenden Hautverletzungen, welche nicht immer, aber gelegentlich chirurgisch versorgt werden müssen und meist sichtbare Narben hinterlassen. Zwischen beiden Formen sind die Übergänge fließend.

Die häufigsten Selbstverletzungen sind Schnittwunden der Haut. Dabei wird die Haut an Armen, Beinen, Bauch oder Brust durch Schneiden mit Rasierklingen, Messern, Scherben, Scheren und anderen spitzen Gegenständen verletzt.

Seltener werden Nadeln in die Haut eingebracht, Wunden offen gehalten und / oder verschmutzt.

Häufig verbrennen sich die Betroffenen mit Zigarettenstummeln oder verätzen sich die Haut, indem sie Säuren oder Laugen auftragen. Auch Schlagen und Quetschen der Haut kommt vor. In seltenen Fällen werden willentlich Knochenbrüche verursacht.

Die Selbstverletzung erfolgt meist in einem Zustand starker innerer Anspannung, der unterschiedliche Ursachen haben kann. Meist wird die Selbstverletzung impulshaft, d. h. ganz plötzlich, durchgeführt. Wenn der Impuls oder der Gedanke an die Selbstverletzung aufkommt, muß diesem Impuls meist in Kürze (innerhalb der ersten Stunde) nachgegeben werden. Der seelische Spannungszustand kann mit einer Art «Rauschzustand» verglichen werden, während dessen die Betroffene teilweise die Kontrolle über ihre Ich-Funktionen* verliert. Man könnte es auch als eine Art «veränderten Bewußtseinszustand» beschreiben. Meistens bleibt aber die Kontrolle so weit erhalten, daß es nicht zu lebensgefährlichen Verletzungen kommt.

Aufgrund einer großen amerikanischen Untersuchung** fand man heraus, daß sich von 100.000 Personen 750 pro Jahr selbst verletzen.

---

* *Ich-Funktion:* Nach psychoanalytischer Theorie gibt es ein sogenanntes strukturelles Modell der Persönlichkeit des Menschen. Diese psychischen Strukturen, die auch als Instanzen bezeichnet werden, sind das «Ich», das «Über-Ich» und das «Es».
Dem «Ich» kommt eine Vermittlerfunktion zwischen den grundlegenden menschlichen Bedürfnissen wie Haß, Liebe, Selbstwertschätzung und anderen und den normativen Werten (soziokulturell vermittelten Normen und Idealen des «Über-Ich») zu.
Das «Ich» muß als eine Art Schalt- und Funktionsinstanz zwischen den gefühlsmäßigen Grundbedürfnissen des Menschen («Es»), dem, was sich der Mensch von seiner inneren Moral («Über-Ich») her gestalten kann und den Erfordernissen und Bedingungen der äußeren Wirklichkeit (soziale und materielle Umwelt) einen Kompromiß herstellen (Hoffmann / Hochapfel: Einführung in die Neurosenlehre und Psychosomatische Medizin. Stuttgart 1991).
** Favazza et al. 1989

In 83 Prozent der Fälle handelt es sich um Frauen zwischen dem 20. und 30. Lebensjahr. Die erste Selbstverletzung erfolgt durchschnittlich mit 14 Jahren und fällt häufig mit dem Beginn der Pubertät zusammen. In den meisten Fällen erfolgen die Selbstverletzungen wiederholt und gehen in ein chronisches Verhalten über, das in Konfliktsituationen, Spannungszuständen verschiedener Ursache zum Ausbruch kommt. Die Betroffenen beschreiben es oft als «suchtartig». Während der Selbstverletzung wird von den meisten Betroffenen eine verminderte Schmerzwahrnehmung beschrieben. Nach der Selbstverletzung tritt dann wieder ein Schmerzgefühl auf. Durch die Selbstverletzung und wahrscheinlich auch durch die folgenden Schmerzen kommt es zur Entspannung, zur inneren Entlastung (siehe hierzu auch Seite 116).

Bei einer Fernsehumfrage in den USA * gaben von 240 Betroffenen 91 Prozent an, daß die erste Selbstverletzung «einfach so passierte». Nur sechs Prozent kannten andere Menschen, die sich selbst verletzten, bzw. hatten darüber gelesen. In Einzelfällen wurde beschrieben, daß Selbstverletzungen «epidemisch», d. h. in Gruppen von Jugendlichen (Schulen, Internaten etc.) auftraten. Hierbei handelte es sich um oberflächliches Schneiden oder Ritzen der Haut. Selbstverletzungen können auch im Rahmen verschiedener seelischer und hirnorganischer Erkrankungen vorkommen (siehe Kapitel 7).

Die seelische Störung, die den offenen und heimlichen Selbstbeschädigungen zugrunde liegt, und die psychodynamischen Hintergründe sind sehr ähnlich; oft gibt es fließende Übergänge zwischen diesen beiden Formen. Damit ist gemeint, daß z. B. heimliche Selbstverletzungen in offene Selbstverletzungen übergehen können und daß auch beide Formen zeitgleich vorkommen können. Auf die seelischen und psychodynamischen Hintergründe der offenen und heimlichen Selbstverletzung wird in Kapitel 4 ausführlich eingegangen.

---

* Favazza et al. 1989

Die heimliche Selbstbeschädigung

Unter dem Begriff *heimliche* Selbstbeschädigung versteht man Erkrankungen, deren zentrales und wesentliches Symptom darin besteht, daß Menschen körperliche und/oder seelische Krankheitssymptome künstlich erzeugen oder vortäuschen, um sich damit als Patienten darzustellen und sich in Krankenhäuser aufnehmen zu lassen. Dieses Verhalten erscheint zunächst völlig unverständlich und hat nichts mit dem Verhalten von Simulanten* zu tun.

Von der heimlichen Selbstbeschädigung sind zu 80 Prozent *Frauen* betroffen; etwa ein Drittel sind Angehörige medizinischer Berufe wie Krankenschwestern, medizinisch-technische Assistentinnen, Röntgenassistentinnen u. a.

Wenn diese Frauen einmal in der Klinik aufgenommen sind, gelingt es ihnen, die Ärzte zu eingreifenden medizinischen Maßnahmen wie komplizierten Untersuchungsmethoden und Operationen zu verführen. Sie überlegen sich zwar bewußt, wie sie bestimmte Krankheitssymptome künstlich erzeugen oder vortäuschen können, dennoch können sie ihr Verhalten nicht wirklich kontrollieren. Sie müssen, fast als ob sie unter einer Art Zwang stünden, in immer kürzeren Abständen neue Krankenhausaufnahmen und neue medizinische Maßnahmen provozieren.

Aufgrund einer komplizierten seelischen Erkrankung, die noch näher erklärt wird, können diese Frauen nicht anders handeln und nehmen in Kauf, daß sie ihren Körper durch die unnötigen medizinischen Eingriffe nach und nach schwer beschädigen und eventuell sogar an den Folgen ihres Verhaltens sterben. Sie scheinen die Selbstbeschädigung, nachdem sie sie vollzogen haben, zu *verleugnen*** und

---

* *Simulanten:* Menschen, die Krankheitssymptome bewußt vortäuschen, um finanzielle oder anderweitige Vorteile für sich zu erreichen.
** *Verleugnung:* Abwehrmechanismus, bei dem von *außen* kommende Reize und Sinneseindrücke, wenn sie als ängstigend oder bedrohlich erlebt werden, so behandelt werden, als wären sie gar nicht vorhanden. *Abwehr:* Versuche zur

glauben dann offenbar selbst, daß sie an einer komplizierten Erkrankung leiden. Nur so ist es erklärbar, daß es ihnen gelingt, in solch überzeugender Weise den Ärzten ihre Krankheitssymptome zu präsentieren, daß es meistens erst nach mehrmonatigem bis mehrjährigem Krankheitsverlauf zur richtigen Diagnosestellung kommt.

Die Krankheitssymptome

Die Betroffenen sind in der Lage, Krankheitssymptome, die prinzipiell alle Körperteile und -bereiche betreffen, vorzutäuschen oder aber künstlich zu erzeugen. Häufig verfügen sie über ein ausgeprägtes medizinisches Fachwissen, was ihnen die Darstellung ihrer Krankheitssymptome erleichtert. Außerdem geben sie falsche Daten zu ihrer Krankheitsgeschichte an oder fälschen manchmal die Krankenunterlagen und Untersuchungsbefunde, um damit die Glaubwürdigkeit ihrer Krankheitssymptome zu verstärken.

Magen-Darm-Trakt

Am häufigsten werden neben neurologischen Symptomen und Symptomen, die die Nieren und die ableitenden Harnwegsorgane (Harnleiter und Blase) betreffen, Symptome, die den Magen-Darm-Trakt betreffen, präsentiert.

Die Betroffenen klagen über Bauchschmerzen und Übelkeit und erzählen, daß sie wiederholt erbrochen hätten. Bei der Untersuchung spannen sie dann die Bauchdecken an, und klagen über starke Schmer-

---

Vermeidung aller für das «Ich» unlustvollen Vorgänge wie Angst, aber auch Trauer, Depression, Kränkung u. a. Grundsätzlich kann jeder seelische Vorgang und jedes Verhalten zur Abwehr eingesetzt werden. Bestimmte seelische Mechanismen finden sich aber regelmäßig bei allen Menschen immer wieder. Sie werden als Abwehrmechanismen bezeichnet (Hoffmann/Hochapfel: Einführung in die Neurosenlehre und Psychosomatische Medizin. Stuttgart 1991).

zen, wenn der Arzt auf den Bauch drückt. Zusätzlich täuschen sie Fieber vor, indem sie Fieberthermometer fälschen. Sie können Schmerzen, die für bestimmte Erkrankungen typisch sind, genau schildern. Die Ärzte haben dann den Verdacht, daß es sich um eine akute Entzündung, zum Beispiel eine Blinddarm- oder Gallenblasenentzündung, handelt.

Auch Blutungen des Magens oder der Speiseröhre können vorgetäuscht werden. Die Frauen schlucken Tierblut oder Blut, welches sie sich selber abgenommen haben. Andere fügen sich Verletzungen im Mund, zum Beispiel durch Kauen auf der Wangenschleimhaut, zu und schlucken dann das Blut. Anschließend erbrechen sie es oder mischen ihrem Stuhl Tier- oder Eigenblut bei. Die Ärzte sind sich dann sicher, daß es sich um eine Blutung im Magen-Darm-Bereich handelt, und führen komplizierte medizinische Untersuchungen wie Magen- und Darmspiegelungen oder gar operative Eingriffe (zum Beispiel eine Laparotomie, d. h. eine diagnostische operative Eröffnung der Bauchhöhle) durch. Manche Frauen rufen auch gefährliche Blutungen des Magen-Darm-Traktes durch Schlucken von Fremdkörpern wie Sicherheitsnadeln, Nägeln oder Rasierklingen hervor. Nicht selten kommt es in der Folge zu einer Verletzung der Magen- oder Darmwand, welche dann eine Operation notwendig macht.

Eine Frau band sich eine Nadel an eine Schnur, die sie anschließend schluckte, und manipulierte so lange durch Ziehen an der Schnur, bis sie die Magenwand verletzt hatte und Blut erbrach.*

Eine andere Frau führte sich Rasierklingen, Glasscherben und Nadeln in ihren Enddarm ein und verletzte dadurch die Darmwand, so daß es zu starken Blutungen kam.*

---

* Barker und Lucas 1965

Manche Frauen täuschen einen Darmverschluß vor, indem sie über starke Schmerzen klagen und angeben, schon seit langer Zeit keinen Stuhlgang mehr gehabt zu haben. Nicht selten kommt es, selbst wenn aufgrund röntgenologischer Untersuchungen kein sicherer krankhafter Befund festzustellen ist, zu einer Operation.

Ein weiteres Symptom des Magen-Darm-Traktes sind immer wiederkehrende Durchfälle, die die Frauen durch Einnahme von Abführmitteln oder giftigen Stoffen erzeugen. Oft kommt es zu einer sogenannten «unspezifischen» (d. h. nicht durch einen bestimmten Krankheitserreger verursachten) Entzündungsreaktion, die dann in der Darmschleimhaut feingeweblich nachweisbar ist. Die Ärzte nehmen an, daß es sich um eine Erkrankung des Darmes handelt, und leiten entsprechende Maßnahmen ein. Durch die vielfachen Operationen kommt es zu narbigen Verwachsungen im Bauchraum, welche dann ihrerseits zu Beschwerden, bis hin zum sogenannten mechanischen Darmverschluß führen können und weitere operative Eingriffe zur Folge haben.

Niere und ableitende Harnwege

Krankheitssymptome, die die ableitenden Harnwege und die Nieren betreffen, gehören zu den häufig vorkommenden Symptomen. Nierenkoliken werden durch Angabe von Schmerzen in der Lendengegend, die in die Leiste ausstrahlen, vorgetäuscht. Häufig geben die Betroffenen ihrem Urin Steine bei oder führen sich kleine Steine durch die Harnröhre in die Harnblase ein und täuschen somit ein Nierensteinleiden vor. Viele Frauen mischen ihrem Urin Blut bei oder nehmen sich selber Blut ab, spritzen sich dann dieses Blut durch die Bauchdecke in die Harnblase oder durch die Harnröhre in die Harnblase ein und täuschen damit eine Blutung der ableitenden Harnwege vor. Hier wird manchmal auch Tierblut verwendet.

Manche Frauen verletzen mit Stricknadeln oder anderen spitzen Gegenständen die Harnröhre, so daß es zu Blutungen kommt. In vereinzelten Fällen kann dies zu einer Vernarbung und folgenden Verengung der Harnröhre führen, die dann eine langwierige, komplizierte Behandlung erforderlich macht. Eine Infektion der Harnwege kann durch Beigabe verschmutzter Lösungen oder Kot zum Urin oder wiederum durch Selbsteinspritzung solcher Lösungen durch die Harnröhre in die Blase erzeugt werden. Zusätzlich wird dann Fieber vorgetäuscht, und Schmerzen werden angegeben. Die Ärztinnen glauben dann, daß die Betroffenen an einer schweren Nierenbecken- oder Blasenentzündung leiden, und führen entsprechende medizinische Maßnahmen durch.

Blutbildende Organe und Blutzellen

Ein sehr verbreitetes Krankheitssymptom ist die Blutarmut (Anämie). Die meisten Frauen erzeugen eine Blutarmut, indem sie sich selbst sehr viel Blut abnehmen oder aber, wie bereits beschrieben, Blutungen erzeugen, die zu schweren Blutverlusten führen. Nicht selten kommt es dabei zu schweren Komplikationen bis hin zum Tod.

Eine Frau wurde jahrelang in hämatologischen Spezialabteilungen verschiedener Universitätskliniken unter der Diagnose «unklare Eisenmangelanämie» betreut. Als sie in die Klinik kam, litt sie an einer gefährlichen Blutarmut. Es konnte keine Ursache für die Blutarmut, wie z. B. eine Störung des Eisenstoffwechsels, eine Blutungsquelle oder eine andere Erkrankung der blutbildenden Organe, gefunden werden. Diese Frau erhielt im Verlauf ihrer Erkrankung etwa 800 Bluttransfusionen. Sie verstarb nach mehrjährigem Krankheitsverlauf an den Folgen eines schweren Blutverlustes. [*]

Eine junge Medizinstudentin mußte wiederholt wegen einer schweren Blutarmut, die durch eine Zerstörung der roten Blutkörperchen bedingt war, aufgenommen werden. Nach aufwendiger medizinischer Diagnostik konnte man keine Ursache für die Er-

---

[*] Plassmann 1987

*krankung finden. Schließlich wurden Phenolderivate (Bestand-
teile eines Desinfektionsmittels) in ihrem Urin nachgewiesen. Sie
hatte dieses Desinfektionsmittel getrunken, um die Symptome
hervorzurufen, und wissentlich eine schwere Beschädigung ihres
Körpers mit möglichen tödlichen Folgen in Kauf genommen.**

Eine sehr häufige Manipulationsmethode ist die Einnahme von Medikamenten, die die Blutgerinnung vermindern und in der Folge zu
diffusen Blutungen mit folgender Blutarmut, bis hin zum sogenannten hämorrhagischen Schock (Schockzustand des Körpers infolge
Blutmangels), führen.

*Eine 29jährige Arzthelferin hatte durch die Einnahme solcher
Medikamente über viele Jahre immer wiederkehrende diffuse
Blutungen erzeugt. Sie mußte zahllose Blutübertragungen erhalten und starb dann an den Folgen einer Komplikation. Es
war durch eine verunreinigte Blutkonserve zu einer schweren
tödlichen Gelbsucht (Hepatitis) gekommen.**

Herz

Auch Herzerkrankungen werden vorgetäuscht. Die Betroffenen geben zum Beispiel an, sie hätten starke Schmerzen hinter dem Brustbein mit Ausstrahlung in den linken Arm, würden keine Luft bekommen, manchmal würde das Herz stolpern, und manchmal wären die
Beine dick. Viele erzählen zusätzlich, daß innerhalb ihrer Familie
Herzerkrankungen aufgetreten seien, daß zum Beispiel der Vater an
einem Herzinfarkt verstorben sei, die Mutter einen Bluthochdruck
gehabt habe. Manchmal täuschen sie einen akuten Anfall vor, indem
sie Luftnot angeben und eine Tachykardie (sehr schnelle Herzfre-
quenz) erzeugen, zum Beispiel mit Medikamenten. Häufig kommt es
dann zu eingreifenden Untersuchungen wie Herzkatheteruntersu-
chungen oder Kontrastmitteldarstellungen der Herzkranzgefäße.

---

* Bock und Overkamp 1986

Ein 41jähriger Mann wurde wegen solcher vorgetäuschter Symptome auf der Intensivstation aufgenommen. Um die Ursache seiner Beschwerden zu finden, wurden mehrere Herzkatheter- und Gefäßuntersuchungen durchgeführt. Als Komplikation dieser Untersuchungen kam es zur Verstopfung mehrerer Blutgefäße, so daß er operiert werden mußte. Zusätzlich kam es zu einer allergischen Reaktion, die ihn vorübergehend in akute Lebensgefahr brachte. *

In der Literatur sind sogar Männer und Frauen beschrieben, bei denen dann Bypass-Operationen (operativer Eingriff an den Herzkranzgefäßen) durchgeführt wurden. Besonders kompliziert kann es sich gestalten, wenn solche Menschen geringgradige krankhafte Befunde im EKG (Elektrokardiogramm: elektrische Ableitung der Herzstromkurve) haben, die eigentlich keiner weiteren Beachtung bedürfen. Aufgrund der klinischen Symptome werden solche EKG-Befunde dann überbewertet und fälschlicherweise als krankhaft eingeschätzt.

Lunge

Erkrankungen an der Lunge können durch Vortäuschen plötzlicher Luftnot mit atemabhängigen Schmerzen imitiert werden. Die Betroffenen geben an, sie hätten kurze Zeit zuvor eine Beinvenenthrombose (Verschluß der Beinvenen) gehabt, und täuschen zusätzlich Bluthusten vor. Sie bringen sich dazu Blut, das sie sich selber abgenommen haben, in die Mundhöhle ein und husten es anschließend in Anwesenheit der Ärzte wieder aus. Andere verletzen sich und täuschen damit Blutungen vor. Die Symptome einer Beinvenenthrombose (Schwellung, Rötung und Erwärmung) werden durch Abbinden, Reiben und Kneten des Unterschenkels künstlich hervorgerufen.

---

* Shah und Mitchell 1982

Haut

Sehr häufig kommen auch selbsterzeugte Hauterkrankungen vor. Man nimmt an, daß zwischen 0,05 und 0,5 Prozent aller Menschen mit Hauterkrankungen an selbsterzeugten Symptomen leiden.

Die häufigsten Symptome sind mechanische Schäden der Haut, die durch Reiben, Scheuern, Kratzen, Quetschen und Schlagen hervorgerufen werden. Schwere Hautreaktionen werden durch Aufbringen von Säuren und Laugen oder durch Verbrühungen und Verbrennungen verursacht. Viele Frauen binden sich einzelne Körperteile ab oder halten Arme und Beine so lange – manchmal auch über die Bettkante – nach unten, daß es zu teilweise schweren Schwellungen kommt und die Ärzte fälschlicherweise eine Abflußstörung der Lymphgefäße oder eine Störung anderer Art annehmen.

Andere bringen manchmal Stoffe, von denen sie wissen, daß sie allergisch darauf reagieren, bewußt auf die Haut auf, um eine entsprechende Reaktion hervorzurufen. Ebenso verbreitet ist das Einbringen verschiedener Fremdkörper und giftiger Substanzen in und unter die Haut. Häufig werden auch körpereigene Substanzen wie Speichel, Urin, aber auch verunreinigtes Wasser unter die Haut gespritzt und auf diese Weise schwere Geschwüre und Abszesse hervorgerufen.

Eine 20jährige Frau wurde in verschiedenen chirurgischen und orthopädischen Kliniken und bei verschiedenen niedergelassenen Ärzten immer wieder wegen einer massiven Schwellung des rechten Armes behandelt. Die Schwellung war so ausgeprägt, daß sie im akuten Stadium die Finger nicht mehr zusammendrücken konnte. Teilweise war die Haut aufgrund dieser schweren chronischen Schwellung schon beschädigt. Als die junge Frau in unserer Klinik behandelt wurde, fiel der Nachtschwester auf, daß sie nachts ihren Arm über die Bettkante nach unten hängen ließ und ihn zusätzlich in der Achselhöhle mit einem Gummiband abgebunden hatte. Auf diese Weise hatte sie die schwere Schwellung hervorgerufen. Der Arm war zeitweise zwei- bis dreimal so dick wie der gesunde Arm!

Die Verhinderung der Heilung von Operationsnarben oder kleineren Verletzungen ist ebenfalls sehr verbreitet. Die Frauen reißen sich die Operationsnarben immer wieder auf, pulen mit den Fingern an den Wunden herum und verschmutzen die Wunden, so daß es zusätzlich zu Entzündungen und Wundheilungsstörungen kommt.

Eine 32jährige Krankenpflegehelferin wurde insgesamt 16mal an einer Narbe am Kniegelenk operiert. Über etwa fünf Jahre hatte sie die Heilung dieser Narbe verhindert bzw. die Narbe, wenn sie verheilt war, immer wieder eröffnet. Obwohl es eigentlich offensichtlich war, daß sie an dieser Narbe herummanipulierte, fand sie immer wieder Ärzte, die sich die ausgefallensten Ursachen für diese Wundheilungsstörungen einfallen ließen, um erneute chirurgische Eingriffe an der Narbe zu begründen.

Fieber

Vorgetäuschtes und selbsterzeugtes Fieber gehört ebenfalls zu den häufigen Symptomen. Es kann als ein Symptom verschiedener vorgetäuschter oder hervorgerufener Erkrankungen vorkommen oder aber als einziges artifizielles Symptom.

Viele Menschen täuschen das Fieber vor, indem sie am Fieberthermometer reiben. Aber auch das aktive Erzeugen erhöhter Fiebertemperaturen kommt vor. Die Patienten nehmen Medikamente oder Chemikalien ein, die zur Fieberbildung führen, oder bringen sich verschmutzte Lösungen in die Blutbahn ein und erzeugen auf diese Weise schwere fieberhafte Infektionen.

Eine 22jährige Krankenschwester erzeugte immer wieder hohes Fieber, indem sie sich selber verschmutztes Wasser durch den Infusionsschlauch in die Blutbahn einspritzte. Es kam zu Fiebertemperaturen von 41 Grad Celsius und höher. Sie geriet wiederholt in akute Gefahr und mußte antibiotisch (mit antibakteriell wirksamen Medikamenten) behandelt werden. Erst nach etwa zweieinhalbjährigem Krankheitsverlauf wurde deutlich, daß diese Frau die Symptome selbst erzeugt hatte. Wahr-

scheinlich war es aufgrund der wiederholten schweren bakteriellen Infektionen zu einer Entzündung der Herzklappen (Endokarditis) mit Folgeschäden gekommen.

Die 27jährige Krankenschwester Erna M. wurde wiederholt in einem Zeitraum von sieben Jahren wegen stark erhöhter Fiebertemperaturen, Schmerzen in der Lendengegend und unspezifischer Lymphknotenschwellungen stationär behandelt. Es wurden aufwendige Untersuchungen durchgeführt, und man nahm schließlich an, daß sie an einer sehr seltenen bösartigen Erkrankung der weißen Blutzellen litt. Wiederholt wurden diagnostische Eröffnungen der Bauchhöhle vorgenommen, und schließlich wurde die Milz entfernt. Als Komplikation kam es nach der Operation zu einer schweren Pilzinfektion.
Erst nach siebenjährigem Krankheitsverlauf wurde der Verdacht auf eine artifizielle Erkrankung gestellt, und die Patientin gab schließlich zu, daß sie sich wiederholt ihren eigenen Urin in die Blutbahn eingespritzt hatte.

Stoffwechsel

Komplizierte Stoffwechselerkrankungen können ebenfalls künstlich erzeugt oder vorgetäuscht werden. Sehr häufig kommen Störungen der Elektrolyte (Blutsalze) vor.

Die Betroffenen nehmen zum Beispiel Kalziumtabletten ein und erzeugen eine Erhöhung des Blutkalziumspiegels, welche die Ärzte annehmen läßt, daß sie an einer komplizierten Erkrankung der Nebenschilddrüse leiden. Manche Frauen erzeugen eine Erniedrigung des Kaliumspiegels, indem sie zum Beispiel Abführmittel einnehmen, die zu einer vermehrten Ausscheidung von Kalium führen.

Viele Frauen erzeugen teilweise lebensbedrohliche Erniedrigungen des Blutzuckers, indem sie sich Insulin (körpereigener Stoff, der den Blutzuckerspiegel senkt) spritzen. Nicht selten kommt es dabei zu gefährlichen Komplikationen, wie Bewußtseinseintrübungen oder Koma-Zuständen. Meist werden die Betroffenen dann notfallmäßig in der Klinik aufgenommen und es werden aufwendige diagnostische Untersuchungen durchgeführt.

Die 27jährige Krankenschwesternschülerin Anna L. wurde wegen Unterzuckerungszuständen, die teilweise lebensbedrohliches Ausmaß hatten, wiederholt notfallmäßig in Kliniken eingeliefert. Es wurden aufwendige diagnostische Maßnahmen durchgeführt; unter anderem wurde auch an eine heimliche Selbstbeschädigung gedacht.
Schließlich fand man anläßlich einer Computertomographie (spezielle Röntgenuntersuchung) einen unklaren Befund im Bereich der Bauchspeicheldrüse. Man nahm daraufhin an, daß Anna L. an einem Tumor der Bauchspeicheldrüse leide, der zu einer erhöhten Produktion von Insulin führe und die Unterzuckerungszustände verursache. Daraufhin wurde ein Teil der Bauchspeicheldrüse operativ entfernt. Bei der feingeweblichen Untersuchung ließ sich kein krankhafter Befund nachweisen.
Drei Wochen nach der Operation kam es erneut zu einem schweren Unterzuckerungszustand. Nach erneuter ausführlicher Diagnostik nahm man nun an, daß Anna L. einen seltenen Tumor im Bereich des noch nicht entfernten Bauchspeicheldrüsengewebes habe. Nachdem medikamentöse Behandlungsversuche fehlschlugen, wurde eine zweite Operation mit weiterer Entfernung von Bauchspeicheldrüsengewebe durchgeführt, und schließlich verblieb nur noch etwa fünf Prozent des Bauchspeicheldrüsengewebes im Bauch. Wiederum konnte man keinen krankhaften Befund bei der feingeweblichen Untersuchung nachweisen. Nach einer Operation kam es zu Wundheilungsstörungen im Bereich der Operationsnarbe.
Bei einer späteren Untersuchung des Urins von Anna L. fand man Abbauprodukte eines Medikamentes, welches bei einer Störung des Blutzuckerstoffwechsels (Diabetes mellitus) eingesetzt wird. Daraufhin hörten die Unterzuckerungszustände auf. Wenige Monate später wurde Anna L. erneut wegen einer Störung des Kaliumstoffwechsels im Krankenhaus aufgenommen und wiederum viele Wochen stationär behandelt, ohne daß man eine Ursache hätte finden können.
Trotz der Vorgeschichte dachten die Ärzte nicht daran, daß Anna L. an einer selbstinduzierten Krankheit leidet und daß sie dringend psychotherapeutisch behandelt werden müßte.*

---

* Knisel et al. 1988

Schilddrüse

Auch Störungen der Schilddrüsenfunktion werden vorgetäuscht. Die Betroffenen nehmen Medikamente, die Schilddrüsenhormone enthalten, ein und erzeugen dadurch die Symptome einer Schilddrüsenüberfunktion: Herzbeschwerden, Gewichtsverlust und Nervositätszustände.

Auch sehr seltene Stoffwechselerkrankungen wie zum Beispiel eine akute Porphyrie (eine Störung des Stoffwechsels des Blutfarbstoffes) oder Störungen des Kortisonstoffwechsels (durch Einnahme von kortisonhaltigen Medikamenten) werden vorgetäuscht.

Gelenke und Muskeln

Rheumatische Erkrankungen, insbesondere fieberhafte Gelenkbeschwerden und Muskelschmerzen, kommen vor. Die Betroffenen geben an, daß sie an wiederkehrenden Gelenkbeschwerden leiden. Manchmal spritzen sie sich verschmutztes Material in den Gelenkspalt ein, was dann zu einer akuten schweren Entzündung des Gelenkes führen kann. Manchmal geben sie Schmerzen im Bereich des Gelenkes an und täuschen zusätzlich durch Thermometermanipulation erhöhte Fiebertemperaturen vor.

Bei einer jungen Frau, die durch Angabe starker Kniegelenksschmerzen eine akute Entzündung des Kniegelenkes vorgetäuscht hatte und deshalb wiederholt Kortison in das Kniegelenk eingespritzt bekam, war es schließlich zu einer schweren Entzündung mit anschließender Versteifung des Gelenkes gekommen. Die Entzündung war durch eine Verschmutzung, die bei einer Kortisonbehandlung entstanden war, aufgetreten. Sie mußte frühzeitig berentet werden.

Zwei Männer gaben an, daß sie früher an einer Gicht gelitten hätten und jetzt erneut starke Gelenkbeschwerden aufgetreten seien. Dies führte zu einer medikamentösen Behandlung.

Die weiblichen Geschlechtsorgane

Gynäkologische Symptome sind ebenfalls sehr häufig. Die meisten Frauen täuschen *vaginale Blutungen* – Zwischenblutungen oder verstärkte Regelblutungen – vor. Sie nehmen sich Blut ab und spritzen sich das Blut in die Vagina ein. Häufig mischen sie es ihrem Urin bei und beflecken damit ihre Unterwäsche. Durch die Selbstabnahme von Blut kann es zusätzlich zu einer Blutarmut kommen. Unter dem Verdacht auf eine akute schwere vaginale Blutung werden sie dann notfallmäßig in der Klinik eingeliefert.

Einige der Frauen fügen sich selber Verletzungen der Vagina oder sogar des Gebärmuttermundes zu, so daß es zu schweren Blutungen und bedrohlichen schockartigen Zuständen kommen kann. Nicht selten wird die Gebärmutter in der Folge entfernt. Häufig werden unklare chronische Schmerzzustände im Bereich des Unterbauches angegeben, und die Frauen werden dann unter dem Verdacht auf eine Eileiterentzündung, auf eine Bauchhöhlenschwangerschaft oder auf einen Tumor im Bereich der Geschlechtsorgane in die Klinik eingeliefert. Meistens kommt es zu einer ausführlichen Untersuchung, welcher häufig eine operative Eröffnung der Bauchhöhle und nicht selten wiederum eine Entfernung der Gebärmutter folgt.

Die 22jährige Olga L. wurde wiederholt unter dem Verdacht auf Eileiterentzündung stationär in verschiedenen Frauenkliniken behandelt. Es wurden mehrere diagnostische Operationen im Bereich des Bauches durchgeführt. Zweimal wurde eine Teilentfernung der Eierstöcke vorgenommen. Mit 23 Jahren wurde Olga L. die Gebärmutter entfernt.
Kurze Zeit nach Durchführung dieser Operation kam es wiederholt zu Abszessen im Bereich der Bauchdecke, die mehrere Male chirurgisch behandelt werden mußten. Schließlich wurde sie unter dem Verdacht auf eine akute Bauchfellentzündung in

*eine chirurgische Klinik eingeliefert, und es wurde eine «radi-
kale Bauchdeckenplastik» durchgeführt. Erst als es danach erneut zur Ausbildung von Abszessen kam, wurde Olga L. unter
dem Verdacht auf eine Artefaktkrankheit in die psychiatrische
Klinik überwiesen.*

Nicht selten werden Erkrankungen der *Brust* künstlich erzeugt oder
vorgetäuscht. Die Frauen spritzen sich verschmutzte Lösungen in die
Brust ein und erzeugen dadurch schwere Entzündungen. Vereinzelt
wurden auch Fälle berichtet, wo es auf Drängen der Frauen zur Am-
putation der Brüste kam.

Auch *Schwangerschaftskomplikationen* werden vorgetäuscht:

*Eine junge Frau wurde unter dem Verdacht «drohende Fehlge-
burt» ins Krankenhaus eingewiesen. Sie berichtete, daß sie seit
20 Wochen keine Periode mehr habe und nun seit drei Tagen
unter starken Blutungen mit wehenartigen Schmerzen leide. Außerdem gab sie an, daß sie bereits zweimal einen Kaiserschnitt
mit Totgeburt hinter sich habe.*
*Bei der klinischen Untersuchung wurde aufgrund des gynäko-
logischen Tastbefundes eine Schwangerschaft in der 22sten
Woche diagnostiziert. Später kam heraus, daß sie den Tastbe-
fund durch Zurückhaltung des Urins provoziert hatte. Durch
ständige Manipulation an den Brüsten (Reiben und Quetschen)
hatte sie eine Sekretion der Brustwarzen hervorgerufen, welche
den Verdacht auf eine bestehende Schwangerschaft er-
härtete.* *

---

* Daw 1973

Psychiatrische Krankheitssymptome

Neben körperlichen Krankheitssymptomen werden auch seelische (psychiatrische) Krankheitssymptome, z. B. Wahnvorstellungen und Halluzinationen, vorgetäuscht oder künstlich hervorgerufen. Häufig geben die Betroffenen an, Stimmen zu hören, oder täuschen akute Selbstmordgefahr vor. Manchmal nehmen sie Medikamente zu Hilfe, um die Symptome einer psychiatrischen Erkrankung zu erzeugen.

Frau X. ließ sich mit den Symptomen einer akuten Schizophrenie* notfallmäßig in die psychiatrische Klinik einweisen. Bei der Aufnahme wirkte sie äußerst unruhig, angespannt, schaute den Arzt mit wirrem Blick an, sah sich immer wieder um, so als ob sie von jemandem verfolgt würde, versuchte manchmal plötzlich wegzulaufen. Sie berichtete, daß sie seit mehreren Wochen bestrahlt würde, es seien in ihrer Wohnung Bestrahlungsapparate, die winzig klein seien, angebracht worden. Sie leide seither unter Kopfschmerzen, was sie als Beweis für die Bestrahlung deutete. Wahrscheinlich handele es sich hierbei um Wesen von einem anderen Stern, die sie wegen ihrer großen Macht fürchteten. Sie gab sich selbst als «Freifrau von Honolulu» aus und gab an, daß sie Herrscherin über ein großes Reich sei und sich zur Zeit nur vorübergehend auf dem Erdball befände.
Ihre Stimmungslage war äußerst wechselhaft; teilweise bekam

---

* Die *Schizophrenie* gehört zu den psychiatrischen Erkrankungen (alte Bezeichnung: Geisteskrankheiten). Es kommt dabei zu Störungen des Fühlens und des Denkens. Es können Wahnvorstellungen und halluzinative Erlebnisse vorkommen. Der Betroffene kann z. B. wahnhaft davon überzeugt sein, daß er verfolgt wird; er kann Stimmen hören, die, obwohl sie objektiv nicht zu hören sind, für ihn wirklich sind. Die Denkvorgänge können gestört, die Gedanken können blokkiert sein, abreißen, immer wieder von neuen Gedanken unterbrochen werden, und vieles mehr.
Weiteres ist in einem für Laien sehr gut verständlichen Buch von Silvano Arieti: Schizophrenie (München 1986) nachzulesen.

sie aggressive Ausbrüche, schrie laut herum, beschimpfte den aufnehmenden Arzt und die begleitende Schwester, dann wieder fing sie heftig an zu schluchzen. Sie wurde auf der Station aufgenommen.

In den folgenden Tagen fiel auf, daß sie offenbar keine Kontrolle über ihre Ausscheidungsfunktionen hatte. Sie näßte ein und kotete auf den Stationsflur. Ständig sprach sie vor sich hin und redete die Mitpatienten als Graf P. oder als Baronin von M. etc. an. In einer Urinprobe fanden sich Abbauprodukte eines Psychopharmakons. Vom Hausarzt war schließlich zu erfahren, daß sich Frau X. wegen vielfältiger körperlicher Beschwerden schon häufig in Krankenhausbehandlung befunden und sich bereits mehrfach operativen Eingriffen unterzogen hatte.

Nach mehreren Wochen wurde deutlich, daß die Symptome, die Frau X. immer wieder produzierte, eigentlich für keine bekannte seelische Erkrankung typisch waren. Es fiel dann auch auf, daß sich die Symptomatik bei Frau X. verstärkte, wenn sie entsprechende Aufmerksamkeit erhielt. So saß sie mehrfach morgens, wenn die behandelnde Ärztin die Station betrat, vor deren Zimmer, in heftigen Zitteranfällen befangen und demonstrativ vor sich hin phantasierend.

Als sie von der Ärztin vorsichtig damit konfrontiert wurde, daß es sich wohl eigentlich um eine andere seelische Problematik handeln müsse, als die Erkrankung, die sie vorgebe, zeigte sich Frau X. deutlich entlastet. Jetzt konnte sie über eine ausgesprochen schwierige Familienkonstellation berichten, aus der sie kein Entkommen gesehen hatte, als die Verrückte zu spielen und sich im Krankenhaus aufnehmen zu lassen. Die Symptome hörten von da an auf, und es war möglich, mit der Patientin ihre Problematik in der folgenden psychotherapeutischen Behandlung zu bearbeiten.

Dieser Verlauf ist nicht typisch. Häufig können die Frauen eine Konfrontation damit, daß sie ihre Symptome selbst verursachen, zunächst nicht ertragen und brechen in der Folge oft die Beziehung zu dem betreuenden medizinischen Personal ab. Später wird noch näher auf diese Problematik eingegangen (siehe Kapitel 7).

Es ist sicher grundsätzlich problematisch, von einer «vorgetäuschten seelischen Erkrankung» zu sprechen. Die Betroffenen leiden natürlich an einer «wirklichen» seelischen Erkrankung, die sie aber nicht direkt zum Ausdruck bringen können. Sie müssen versuchen, über die Vortäuschung künstlicher Symptome auf sich aufmerksam zu machen, um auf diese Weise Hilfe zu bekommen. Ausgeprägte Selbstwertprobleme spielen hier ebenfalls eine Rolle, und die Betroffenen versuchen nicht selten, über die Vortäuschung dieser exotischen Symptomatik entsprechende Aufmerksamkeit zu erhalten und ihre Mitmenschen zu beeindrucken. Wichtig ist, daß neben dieser Dynamik auch hier die Selbstbeschädigung eine wichtige Rolle spielt. Häufig kommt es nämlich im weiteren Verlauf zu einer eingreifenden Behandlung mit Psychopharmaka, welche entsprechende Nebenwirkungen nach sich ziehen können, oder sogar zur Elektrokrampftherapie.

Manche der Betroffenen versuchen, über die Vortäuschung seelischer Krankheitssymptome auch Beruhigungsmittel zu erhalten. Hier liegt aber als grundlegende Erkrankung meist eine Suchterkrankung und weniger eine typische Artefaktkrankheit vor.

Häufige «Methoden» der heimlichen Selbstbeschädigung *

Aufbringen von Säuren, Laugen oder anderen schädlichen Stoffen auf der Haut; Kneten, Reiben, Quetschen der Haut; Abbinden von Armen oder Beinen, um Schwellungen zu erzeugen; Einspritzen von verschmutzten Lösungen, Speichel, Urin, Milch u. a.;

künstliches Erzeugen von Fieber durch Einnahme entsprechender Substanzen oder Medikamente; Erzeugen von schweren Infektionen durch Selbstinjektion verschmutzter Lösungen;

---

* Aus: A. Eckhardt: Artifizielle Krankheiten, *Nervenarzt* 63 (7) 92: 409–415

künstliches Erzeugen einer Blutarmut durch Selbstabnahme von Blut oder durch Provokation von Blutungen; Blutgerinnungsstörungen durch Einnahme von entsprechenden Medikamenten;

künstliches Erzeugen von Stoffwechselerkrankungen: Schilddrüsenstörungen durch Einnahme von künstlichem Schilddrüsenhormon; Unterzuckerungszustände durch Einnahme oder Selbstinjektion von Medikamenten; Störungen der Mineralsalze durch künstliches Erbrechen oder Einnahme von Abführmitteln oder anderen Medikamenten;

Vortäuschung von Bluthusten oder Bluterbrechen durch Schlucken von Eigen- oder Tierblut;

Erkrankungen des Magen-Darm-Traktes durch die Vortäuschung von Bauchschmerzen und Angabe bestimmter typischer Krankheitssymptome;

Verätzungen und Verletzungen der Vagina und des Muttermundes;

künstliches Erzeugen von Geschwüren und Abszessen durch die Erzeugung und Verschmutzung von Wunden;

Vortäuschung und Erzeugung von Harnwegsinfektionen durch Verschmutzung des Urins oder Einbringen von verschmutzten Lösungen in die Blase;

Vortäuschung oder Erzeugung von epileptischen Anfällen, manchmal unter Zuhilfenahme von Medikamenten.

Das Münchhausen-Syndrom

1951 beschrieb der englische Arzt Richard Asher zum ersten Mal eine sehr seltsame Erkrankung, die er nach dem berühmten Lügenbaron Karl-Friedrich Hieronymus Freiherr von Münchhausen «Münchhausen-Syndrom» benannte.

Er beschrieb Menschen, die fälschlicherweise angeben, an körperlichen Krankheitserscheinungen zu leiden, um sich auf diese Weise in Krankenhäusern aufnehmen zu lassen und die Ärzte zu vielfältigen medizinischen und operativen Eingriffen zu verführen. Meist erzählen sie zusätzlich phantastische Geschichten über ihr Leben, ihre Herkunft, ihren Beruf, die teilweise wahre Begebenheiten und teilweise erlogene Dinge enthalten. Sie reisen von Stadt zu Stadt, von Land zu Land, ja manchmal sogar von Kontinent zu Kontinent, um sich immer wieder erneut in Krankenhäuser aufnehmen zu lassen, aber auch, um ständig auf Wanderschaft zu sein. Aus den Krankenhäusern entlassen sie sich in vielen Fällen plötzlich selbst, oft bevor die eigentliche Diagnose gestellt werden kann. Meist führen sie eine ganze Tasche voller Arztberichte, Krankenhausadressen, Namenslisten bekannter Ärzte mit sich, die sie fast wie Trophäen herumzeigen.

Dieses Verhalten wurde im englischen Sprachraum als *Doctor-Shopping* und deutsch als *Krankenhauswandern* bezeichnet. Ihr Verhalten erscheint zunächst völlig unverständlich und hat, ebenso wie bei den bereits beschriebenen Frauen, die an einer heimlichen Selbstbeschädigung leiden, nichts mit dem Verhalten von Simulanten zu tun.

Erst in den letzten fünf bis zehn Jahren beginnt man, dieses eigentümliche Verhalten besser zu verstehen und zu erkennen, daß sich dahinter eine schwerwiegende seelische Erkrankung verbirgt. Bis heute ist es schwierig, diesen Menschen zu helfen, weil sie sich nur ungern auf psychotherapeutische Behandlungen einlassen. Sie haben keinen *Leidensdruck*, das heißt, es ist ihnen selbst nicht bewußt, daß sie an einer schweren seelischen Krankheit leiden, und sie können meist nicht erklären, warum sie sich so verhalten müssen. Sie scheinen von einer Art Zwang getrieben zu sein, gegen den sie sich kaum wehren können. Im Verlauf der Erkrankung werden die Abstände zwischen den Krankenhausaufenthalten immer kürzer, bis sie schließlich die meiste Zeit des Jahres in Krankenhäusern verbringen und die übrige Zeit ständig auf Reisen sind. Durch dieses Verhalten verlieren sie im Verlauf der Krankheit ihre beruflichen und sozialen Beziehungen und erscheinen schließlich sozial völlig entwurzelt.

Im folgenden wird ein typischer Fall einer Frau* mit einem Münchhausen-Syndrom geschildert:

Die 27jährige Rosa K. kam während der Nachtdienstzeit im Rollstuhl in die Klinik. Auf den aufnehmenden Arzt machte sie einen «schwerkranken, moribunden» Eindruck. Sie erzählte ihm, daß sie unter starken Schmerzen in der Wirbelsäule leide und fast nicht mehr laufen könne. Weiter berichtete sie, daß diese Schmerzen von Metastasen (Tochtergeschwülsten einer Krebserkrankung) in den Knochen herrühren, die von einer seit nunmehr etwa drei Jahre bestehenden Leukämie (bösartige Erkrankung der weißen Blutzellen, Blutkrebs) kämen. Sie konnte dem Arzt genau verschiedene komplizierte Behandlungsmethoden und Medikamente, die bei ihr bisher angewendet worden waren, beschreiben und nennen. Ebenso konnte sie namhafte Professoren und Spezialisten nennen und angeben, in welchen Spezialkliniken sie sich bisher schon befunden habe. Sie wisse, daß kaum noch eine Chance auf Heilung bestünde, und sei darüber so deprimiert, daß sie jetzt an starken Selbstmordimpulsen leide.

Zudem stecke sie massiv in Schwierigkeiten, da sie noch bis vor kurzem als Prostituierte gearbeitet habe und jetzt wegen Geldgeschichten von ehemaligen Zuhältern bedroht und verfolgt werde. Sie bat den aufnehmenden Arzt, die Klinik, solange sie sich dort befinde, unter Polizeibewachung zu stellen.

Bei der Untersuchung klagte die Frau über heftige Schmerzen, so daß es dem Arzt kaum möglich war, die Untersuchung bis zum Ende durchzuführen. Unter dem Verdacht auf eine akute schwere Depression mit akuter Selbstmordgefahr wurde sie notfallmäßig stationär aufgenommen.

Im weiteren Verlauf wurde dann deutlich, daß Rosa K. ganz

---

* Männer sind vom Münchhausen-Syndrom im Verhältnis zwei Drittel zu ein Drittel häufiger betroffen als Frauen. Darum wird in diesem Abschnitt mehr von Männern die Rede sein.

verschiedene Geschichten über ihre berufliche Situation und ihre Herkunft erzählt hatte und es nicht möglich war, eine zusammenhängende, stimmige Geschichte über ihr Leben und ihre Krankheit zu erhalten. Die Nachforschungen ergaben, daß sie nicht an einer Leukämie litt. Es wurde ihr aber dennoch das Angebot einer stationären psychiatrischen Behandlung gemacht, und Rosa K. blieb drei Wochen in der Klinik.
Während dieser Zeit sorgte sie für einigen Aufruhr. Es gelang ihr während des Aufenthaltes mehrfach, von der Klinik aus per Telefon den Notarztwagen auf das Klinikgelände zu bestellen. Sie gab sich als diensthabende Ärztin aus (dabei gab sie den Namen ihrer behandelnden Ärztin an!).
An einem Wochenende rief sie auf gleiche Weise verschiedene psychiatrische Kliniken im ganzen Land an und teilte mit, daß in Kürze die Tochter eines namhaften Psychiatrieprofessors, die wegen einer schweren Leukämie akut suizidal sei und dringend stationär behandelt werden müsse, ankomme. Diese Angaben seien selbstverständlich mit Diskretion zu behandeln. Von verschiedenen Kliniken wurde daraufhin in der Klinik angerufen; die Ärzte, die mit ihr telefoniert hatten, waren davon überzeugt, daß sich in Kürze die Tochter des Psychiatrieprofessors bei ihnen einfände.
Rosa K. dachte sich ständig neue phantastische Geschichten aus, mit denen sie die Mitpatienten faszinierte und unterhielt. Sie ließ sich zunächst auf das Angebot einer weiterführenden Behandlung ein, brach dann aber plötzlich ohne Ankündigung die Beziehung ab, verließ die Klinik und ward zunächst nicht mehr gesehen. Wenige Wochen später war von einer anderen Klinik zu erfahren, daß sie sich mit der gleichen Symptomatik und einer ähnlichen Geschichte erneut hatte aufnehmen lassen.
Weitere Nachforschungen ergaben, daß sie bereits seit etwa zwei Jahren auf diese Weise von Klinik zu Klinik reiste, ohne sich jemals auf eine längerfristige Behandlung einzulassen. Die Eltern der Patientin berichteten in einem Gespräch mit dem behandelnden Arzt, daß sie den Kontakt zu ihrer Tochter völlig abgebrochen hätten, weil sie überhaupt nicht mehr mit ihr zurechtkämen. Ihr Verhalten sei einfach nicht zu unterbrechen, und sie wüßten sich keinen Rat mehr. Möglicherweise reist Rosa K. bis heute von Krankenhaus zu Krankenhaus.

Ein anderer Fall von Münchhausen-Syndrom: Otto F. *

Der 55jährige Otto F. wurde nach einem längeren Aufenthalt in einer neurologischen Klinik unter dem Verdacht auf akute Selbstmordgefahr und vorgetäuschter «epileptischer Anfälle» zur stationären Behandlung in die psychiatrische Klinik verlegt. Bei Aufnahme zeigte er stolz zahlreiche Arztbriefe von vorangegangenen Krankenhausaufenthalten, von denen er einige selber «zensiert» hatte. Als er nach dem Grund gefragt wurde, gab er an, daß da etwas «Unfreundliches» über ihn dringestanden habe, was niemand zu lesen brauche.

Otto F. kam aus sehr schwierigen familiären Verhältnissen. Er war das jüngste von insgesamt neun Kindern. Seine frühen Kindheitsjahre waren von elterlicher Vernachlässigung geprägt. Seine Mutter litt an einer chronischen Depression und an einer Medikamentenabhängigkeit und konnte sich deswegen nur wenig um die Kinder kümmern. Sein Vater hatte Alkoholprobleme und geriet häufig in aggressive Zustände, in denen er Otto F. und seine Geschwister körperlich mißhandelte.

Den ersten Kontakt mit dem Krankenhaus hatte Otto F. mit zehn Jahren. Damals wurde eine Mandeloperation durchgeführt. Begeistert erzählt er von der Umgebung des Operationssaales, wo er von Lichtern, Lampen, glitzernden Geräten und Maschinen umgeben war. Die Schwestern hätten sich liebevoll um ihn gekümmert, und er habe im Gegensatz zu seiner häuslichen Situation hier völlig im Mittelpunkt gestanden. Der Patient gab weiterhin an, daß er anläßlich eines Unfalls in seiner Kindheit einmal eine Kopfverletzung erlitten habe und daß es seither zu immer wiederkehrenden epileptischen Anfällen gekommen sei. Er sei deshalb auch wiederholt mit Medikamenten behandelt worden.

Zu seiner schulischen und beruflichen Entwicklung machte er ganz unterschiedliche Angaben. Er berichtete, daß er nach der Grund- und Hauptschule eine Lehre als Chemiekaufmann absolviert und später an sehr verschiedenen Arbeitsstellen gear-

---

* Eckhardt 1989

beitet habe. *Er sei Pförtner, Wächter und Portier gewesen, manchmal sei er als Verkäufer und Vertreter verschiedener Waren durch die Lande gezogen.*

Er sei verheiratet gewesen, habe aus dieser ersten Ehe eine Tochter, die nach Amerika ausgewandert sei und nun als berühmte Staatsanwältin dort arbeite. Seine erste Frau sei an einer schweren körperlichen Krankheit verstorben. Nun lebe er mit einer anderen Frau zusammen. In den letzten Jahren habe er sich allerdings meistens in Krankenhäusern aufgehalten, da er immer wieder wegen seiner epileptischen Anfälle, eines Magen-Darm-Leidens und verschiedener Erkrankungen der Gelenke habe behandelt werden müssen. Stolz berichtete er, daß er schon vielfach operiert worden sei und daß er sich auch in psychiatrischen Kliniken gut auskenne. Er konnte die Namen zahlreicher namhafter Professoren nennen und gab an, eigentlich fast ein persönliches Verhältnis zu ihnen zu unterhalten.

Otto F. befand sich etwa vier Wochen in der Klinik. Während dieser Zeit zog er in Kürze den Ärger der Mitpatienten auf sich. Er versuchte ständig, auf aggressiv fordernde Weise ein hohes Maß an Zuwendung zu erlangen. Er beharrte darauf, daß er zahlreiche physiotherapeutische Anwendungen (Massagen, Krankengymnastik), eine besondere Diät etc. erhalten müsse. Neben den Klagen über niedergedrückte Stimmung und Gedanken an Selbstmord, die aber im Kontrast zu seinem Verhalten standen, gab er ständig neue körperliche Beschwerden an, unter anderem heftige Schmerzen im Bereich des Kniegelenkes, kolik-artige Unterleibsbeschwerden, heftige Kopfschmerzen, plötzlich auftretende Schmerzen hinter dem Brustbein mit Ausstrahlung in den linken Arm. Er forderte jeweils sofortige und eindringliche medizinische Untersuchungen. Es gelang ihm auf diese Weise, wiederholt von der diensthabenden Ärztin zu weiterführenden Untersuchungen in andere Kliniken geschickt zu werden.

Während des ganzen Aufenthaltes fiel bei Otto F. ein tickartiges Zucken im Bereich des Gesichtes auf, das sich manchmal zu regelrechten Zitteranfällen ausweiten konnte, die dann den ganzen Körper ergriffen. Wenn er unbeobachtet war, traten diese Anfälle nicht auf.

Otto F. hatte ein außerordentliches Geschick, verschiedene Vorteile für sich zu erlangen: Mehrfach ließ er sich von Spaziergängen in die Stadt per Krankenwagen zurückbringen. Er war zum Beispiel «plötzlich» an der Pforte einer nahe gelegenen Klinik zusammengebrochen, einmal räumte er anfallartig den Ladentisch einer Apotheke leer und erzählte, daß er sich in psychiatrischer Behandlung befände. Er erreichte damit, daß er von einem Mitarbeiter der Apotheke in die Klinik zurückgebracht wurde.

Auffallend waren seine schnell wechselnden Stimmungen. In einem Moment noch freundlich und gut gelaunt, konnte er im nächsten Moment weinend dasitzen oder sehr impulsiv in aggressiver Weise reagieren. Wenn es zu Auseinandersetzungen mit anderen Patienten oder mit dem Pflegepersonal kam, reagierte er nicht selten, in dem er sich mit einem Messer oder Rasierklingen oberflächliche Hautwunden an Armen und Beinen beibrachte. Manchmal forderte er sogar in fast provozierender Weise, daß man ihm neue Rasierklingen oder eine Schere aushändigen möge, damit er «ein bißchen» an seiner Hand herumschneiden könne. Wenn man ihn auf dieses Verhalten ansprach, reagierte er ausweichend oder aber mit aggressiven Ausbrüchen und erneuten Selbstverletzungen.

Die zwischenmenschlichen Beziehungen, die Beziehungen zu Ärzten eingeschlossen, waren bei Otto F. von einem Wechsel aus Idealisierung und Entwertung geprägt. In einem Moment konnte er zum Beispiel von einem Arzt schwärmen, ihm das Gefühl vermitteln, daß er der einzige fähige Arzt sei, der ihm helfen könne, um nach kurzer Zeit, wenn es zu geringfügigen Konflikten kam, über den Arzt zu schimpfen und ihn als völlig unfähig darzustellen.

Nach diesem Muster verliefen seine gesamten zwischenmenschlichen Beziehungen, und er hatte sich zu diesem Zeitpunkt mit sämtlichen Familienangehörigen und Freunden völlig überworfen. Zu seinen Geschwistern und seiner Tochter unterhielt er einerseits ganz anklammernde Beziehungen, verhielt sich wie ein kleines, völlig hilfloses Kind, was auf deren Hilfe angewiesen ist. Im nächsten Moment erschienen diese Beziehungen wiederum völlig unwichtig, austauschbar und oberflächlich. Auch in den Beziehungen zu den Mitpatienten während des vierwöchigen stationären Aufenthaltes kam dieses

Verhalten zum Ausdruck. Er konnte schnell enge Freundschaften schließen und sich im nächsten Moment gleichgültig abwenden.

Eines Tages verließ er ganz plötzlich die Klinik, ohne eine Spur zu hinterlassen.

Die Nachforschungen über Otto F. ergaben, daß er sich in einer Zeitspanne von insgesamt 20 Jahren (1970 bis 1990) nachgewiesenermaßen 50mal in stationärer Behandlung befunden hatte. Insgesamt war er 1234 Tage in Krankenhäusern behandelt worden. Er hatte sich mehr als 30mal operieren lassen, darunter mehrere Leisten- und Nabelbruchoperationen, mehrere Hämorrhoidenoperationen, mehrere Operationen im Bereich der Kniegelenke, zahllose Entfernungen von Warzen, Pigmentflecken der Haut, zwei Operationen der Vorsteherdrüse (Prostata), mehrere Augenoperationen, mehrere operative Entfernungen von Fettgewebsgeschwülsten, zwei Operationen am Hoden und mehrere diagnostische Eröffnungen der Bauchhöhle wegen unklarer heftiger Bauchschmerzen. Neben den operativen Eingriffen wurden zahllose komplizierte medizinische Eingriffe wie Magenspiegelungen, Darmspiegelungen, Gelenkspiegelungen, komplizierte und teure Röntgenuntersuchungen, Blasenspiegelungen, Untersuchungen mit Kontrastmittel an den Nieren, Nervenwasserentnahmen (Liquorpunktionen), Darstellungen der Blutgefäße mit Kontrastmittel und anderes durchgeführt.

Otto F. war quer durch Deutschland gereist, von Klinik zu Klinik und hatte sich sogar einmal in eine amerikanische Klinik aufnehmen lassen. Einmal war er vom Flughafen unter dramatischen Umständen im Rollstuhl in die nächste Klinik transportiert worden. Auffallend ist bei ihm, daß er sich auch häufig in den gleichen Kliniken hatte aufnehmen lassen und es ihm gelang, jedesmal die Ärzte, trotz völlig unklarer Operationsindikationen (Notwendigkeit einer Operation) zu neuen Operationen zu bewegen.

Aufgrund der vielfältigen Operationen war es bereits zu Beschädigungen des Körpers gekommen. So litt er «wirklich» an einer Harninkontinenz (Schwäche des Blasenschließmuskels) und an narbigen Verwachsungen im Bereich des Bauches, die Schmerzen oder einen mechanischen Darmverschluß verursachen können.

Bei Menschen, die an einem Münchhausen-Syndrom leiden, liegt eine schwere seelische Störung im Sinne einer Persönlichkeitsstörung zugrunde. Neben der Tendenz, sich selbst zu beschädigen, entweder durch das aktive Erzeugen künstlicher Krankheitssymptome oder aber, indem sie die Ärzte zu eingreifenden operativen und anderen medizinischen Maßnahmen bewegen, stehen die sogenannte Pseudologia phantastica (krankhaftes und zwanghaftes Erzählen von phantastischen Geschichten und Lügen) und das ständige Umherreisen im Vordergrund. Zusätzlich weisen einzelne Münchhausen-Patienten delinquente Verhaltensformen auf (Stehlen, Drogenmißbrauch, impulsives Verhalten, das zu körperlichen Auseinandersetzungen führt). Diese verschiedenen Züge weisen auf eine zugrundeliegende schwere Persönlichkeitsstörung hin.

Die *Täuschung*, die sich in der Täuschung der Ärzte und des Pflegepersonals und in dem Symptom der Pseudologia phantastica ausdrückt, kann als ein Versuch verstanden werden, eine Störung im Bereich des Selbsterlebens und des Selbstwertgefühls zu kompensieren. Die Patienten leiden aufgrund einer sehr komplizierten Kindheitsentwicklung, die häufig von Mißhandlungen und Vernachlässigungen innerhalb ihrer Familien geprägt ist, meist an einer Störung ihres Selbstwertgefühls. Sie haben das Gefühl, selbst eigentlich nichts wert, minderwertig, anderen Menschen völlig unterlegen zu sein. Dies versuchen sie durch das Erzählen von phantastischen Geschichten über ihr Leben, ihre Herkunft und ihre berufliche Entwicklung zu kompensieren. Es ist eine Art Zwang, die eigene Identität ständig zu verleugnen und zu wechseln, um sich nicht ständig mit dem als minderwertig erlebten Selbstbild konfrontieren zu müssen, sondern dieses verleugnen zu können. Die pseudologischen Phantasien scheinen, ähnlich wie das bei Träumen der Fall ist, aus psychodynamischer, psychoanalytischer Sicht Material des unbewußten Teils der Seele zu enthalten, das etwas mit der Erfüllung von Wünschen zu tun und das Abwehr- und Wiederholungscharakter hat.

In diesem Punkt gibt es Ähnlichkeiten mit Menschen, die betrügerisches Verhalten zeigen. In der psychoanalytischen Literatur wurde bereits vor vielen Jahren beschrieben, daß solche Menschen ihr Selbstbild als minderwertig und schuldbeladen erleben und versuchen, dieses durch den Betrug zu überbrücken. Durch eine falsche Identität beim Münchhausen-Patienten, also auch die falsche Identität Patient, versuchen diese Menschen, vor sich selbst und vor ihrer Umgebung das Bild eines stark überhöhten Ich-Ideals*, d. h. einer Idealvorstellung von sich selbst, aufrechtzuerhalten. Eine große Angst entsteht bei ihnen in dem Moment, wo der Betrug entdeckt und damit die wahre Identität offenkundig wird.

Hier wird auch verständlich, warum Münchhausen-Patienten, wenn sie mit der eigentlichen Ursache ihres Verhaltens konfrontiert werden, meistens sofort die Beziehung abbrechen und sich selbst aus Krankenhäusern entlassen, manchmal sogar, wenn die Infusionen noch laufen und Operationsnarben noch nicht verheilt sind. Durch die Täuschung der Ärzte sollen Gefühle von Unterlegenheit und Hilflosigkeit beherrscht werden. Da der Münchhausen-Patient in gewisser Weise weiß, daß er die Ärzte täuscht, kann er die Kontrolle über die Situation behalten. Die Täuschung der Ärzte und der anderen, ihn umgebenden Menschen lassen ihn Macht und Überlegenheit in bezug auf diese Menschen erleben. Durch die Vorgabe seiner falschen idealisierten Identität, hier der Identität Patient, versucht er, die Bewunderung und die Zuwendung der Ärzte und der Mitmenschen zu erhalten.

Allerdings täuscht er sich auch selbst, indem er sich an eine völlig überhöhte idealisierte Vorstellung klammert und sich nicht mit seinen Minderwertigkeits- und Unterlegenheitsgefühlen, mit seinen Gefühlen von Unvollständigkeit konfrontieren und auseinandersetzen kann und möchte.

---

* *Ich-Ideal:* Vorstellung, wie das «Ich» in bezug auf den Bereich der Wert- und Zielvorstellungen idealerweise sein sollte.

Ein Betroffener sagte hierzu einmal:
Ich habe eine Krankheitskarriere gemacht, wie andere den
Himalaja erklommen oder den Ozean überquert haben.

Auf diese Zusammenhänge sowie auf die psychodynamischen Hintergründe der Selbstverletzung, Selbstentwertung etc. wird im vierten Kapitel noch ausführlicher eingegangen.

Das erweiterte Münchhausen-Syndrom

Das sogenannte erweiterte Münchhausen-Syndrom (engl.: *Munchausen by proxy-syndrome*) ist eine seltene Erkrankung, die insbesondere im englischsprachigen Raum (GB, USA) von Kinderärzten beschrieben wurde. Bisher wurde über etwa 130 Fälle berichtet.

Es handelt sich hierbei um eine schwere Störung, bei der Mütter an ihren Kindern Krankheitssymptome vortäuschen, künstlich erzeugen oder aber vorhandene Krankheitssymptome aggravieren (verstärken), das heißt sehr viel schlimmer darstellen, als sie eigentlich sind. Ihr Ziel ist es, die Krankenhausaufnahme der Kinder zu erreichen und in der Folge zahllose komplizierte medizinische Eingriffe, Operationen eingeschlossen, herbeizuführen. Die eigentlichen Patientinnen sind also die Mütter, wenngleich sie ihre Kinder zu Patienten machen.

Die «Methoden», deren sich diese Frauen bedienen, sind im Grunde die gleichen, wie sie schon bei den Münchhausen-Patienten selbst und bei den anderen Patientinnen mit heimlichen Selbstschädigungen beschrieben wurden. Die Mütter geben zum Beispiel falsche Daten und Informationen über die Krankheitszustände ihrer Kinder an und fälschen auch manchmal die Krankenakten.

Die häufigsten Erkrankungen, mit denen diese Kinder in Kliniken vorgestellt wurden, sind neurologische Erkrankungen (*Neurologie*: Nervenheilkunde), darunter besonders oft hirnorganische Krampfanfälle (epileptische Anfälle). Vorgetäuschte oder erzeugte Erkrankungen anderer Bereiche waren am häufigsten immer wiederkehrende Durchfälle, Erbrechen, unklare Fieberzustände, Hautausschläge, Abszesse und anderes. Die Mütter geben den Kindern Medikamente wie Abführmittel und Brechmittel und erzeugen so bei den Kindern chronische Durchfälle und chronisches Erbrechen. Sie geben dem Urin ihrer Kinder ihr eigenes Blut oder Kot bei, manchmal fügen sie dem Urin auch Speichel, Salz oder Zucker zu und täuschen somit verschiedene Erkrankungen wie Entzündungen oder Stoffwechselerkrankungen vor.

Eine andere verbreitete Methode ist das Aufbringen von ätzenden Lösungen auf die Haut der Kinder, die wissentliche Gabe von Medikamenten oder Stoffen, auf die die Kinder allergisch (*Allergie:* Überempfindlichkeitsreaktion) reagieren, sowie die Manipulation von Fieberthermometern. Epileptische Anfälle werden erzeugt, indem die Mütter den Kindern die Luft mit der Hand abdrücken oder ihnen eine Plastiktüte überstülpen und Ähnliches.

Von allen bisher bekanntgewordenen Fällen waren die Krankheitssymptome der Kinder in 25 Prozent vorgetäuscht und in 75 Prozent aktiv erzeugt. Im Grunde handelt es sich um eine *Sonderform der schweren Kindesmißhandlung*, die in hohem Maße schädigend für die Kinder ist und die nicht selten sogar zu tödlichen Komplikationen führt.

Wie bei erwachsenen Menschen mit Münchhausen-Syndrom wird die eigentliche Ursache der Erkrankung meistens erst nach einem langwierigen Krankheitsverlauf erkannt. Häufig haben die Kinder dann bereits Schäden davongetragen.

Die Mütter sind nach außen hin auffällig unauffällig. Sie lassen sich fast in allen Fällen mit in die Klinik aufnehmen, was heute in Kinderkliniken üblich geworden ist und eigentlich ja dem Wohle der Kinder dient. Beim Pflegepersonal fallen diese Mütter als besonders nett, besorgt und bemüht auf. Sie verstehen sich oft sehr gut mit dem Pflegepersonal und schließen nicht selten Freundschaften mit den Schwestern. Auffallend ist auch bei ihnen ein ausgeprägtes medizinisches Wissen.

Im weiteren Krankheitsverlauf fällt dann allerdings eine Diskrepanz zwischen der Schwere der Krankheitssymptome der Kinder und der Besorgtheit der Mütter auf. Die Behandlungen helfen nicht, und es entwickeln sich immer wieder neue Symptome. Irgendwann bemerkt das Pflegepersonal, daß die Symptome der Kinder sich bessern, wenn die Mütter nicht anwesend sind. Im nachhinein wurde festgestellt, daß die Mütter ihren Kindern oft während des Klinikaufenthalts Schäden zufügen, zum Beispiel, indem sie in unbeobachteten Momenten den Kindern irgendwelche Lösungen oder Medikamente in die Infusionsschläuche einspritzen oder ihnen die Luft abdrücken, um damit epileptische Anfälle zu provozieren und Ähnliches.

Wenn man die Mütter mit dem Verdacht der Manipulation konfrontiert, verleugnen sie dies und streiten es vehement ab. Meistens brechen sie die Beziehung sofort ab, nehmen das Kind aus der Klinik – um sich in Kürze in einer anderen Klinik erneut aufnehmen zu lassen. Die Väter reagieren in gleicher Weise.

Immer wieder wurden Fälle beschrieben, in denen Kinder auch nach Konfrontation der Eltern und nach dem Versuch, den Vater zum Schutz des Kindes aktiv einzubeziehen, in der weiteren Folge starben. Daher plädieren die meisten Kinderärzte, die diese Erkrankung beschreiben, dafür, die Kinder unbedingt aus diesen Familien herauszunehmen und Entsprechendes auch für vorhandene Geschwister, die als hochgefährdet angesehen werden müssen, zu überlegen. In einigen Fällen wurden Familien beschrieben, bei denen mehrere Kinder gleichzeitig betroffen waren.

Auch dem erweiterten Münchhausen-Syndrom liegt eine komplizierte seelische Erkrankung zugrunde: Die Mütter, die daran leiden, sind nach außen hin zunächst einmal sehr unauffällig. Zu einem Drittel gehören sie medizinischen oder paramedizinischen Berufen an, das heißt, sie sind Krankenschwestern, medizinisch-technische Assistentinnen oder Röntgenassistentinnen. Sie erscheinen zunächst völlig normal und fallen durch ihre besondere Fürsorge und Freundlichkeit auf.

Sie haben eine Tendenz, bestimmte Gefühle völlig zu verneinen und abzuspalten, das heißt, diese Gefühle werden so behandelt, als ob sie überhaupt nicht vorhanden wären. Nur so kann man sich erklären, daß diese Mütter an ihren Kindern derart aggressive, beschädigende Handlungen vornehmen und gleichzeitig überaus fürsorglich und freundlich mit ihnen umgehen; so als ob zwei seelische Zustände nebeneinander existieren würden, ohne miteinander in Bezug zu treten und zu stehen.

Diese Tatsache macht die Erkrankung so schwerwiegend, weil den Müttern, ähnlich wie den Münchhausen-Patienten, nicht bewußt ist, wie krank sie sind, und sie dementsprechend kaum für eine psychotherapeutische Behandlung zugänglich sind. Wenngleich diese Frauen ihre Kinder zwar bewußt mißhandeln, muß man davon ausgehen, daß sie ihr Tun im Anschluß völlig verleugnen und verdrängen* und selber glauben, daß sie diese Handlungen eigentlich nicht durchgeführt haben. Es ist, als ob sie zu einem bestimmten Bereich ihrer Seele keinen Zugang hätten.

Zehn Prozent dieser Frauen leiden selbst an einer heimlichen Selbstbeschädigung. In ihrer Vorgeschichte haben sie häufig selber körperliche oder seelische Mißhandlungen erlitten, und in Einzelfällen kommen auch in ihren Ehen körperliche Mißhandlungen durch den Ehepartner vor.

Mütter, die am erweiterten Münchhausen-Syndrom leiden, scheinen über die Erzeugung von Krankheitssymptomen an ihren Kindern eigene Bedürfnisse nach Zuwendung und Geborgenheit auszudrücken. Durch die Mitaufnahme in den Kliniken kommen sie ja ebenfalls in den Genuß ärztlicher und pflegerischer Zuwendung und Hilfe, also in

---

* *Verdrängung:* Abwehrmechanismus, bei dem bestimmte Gedanken, Bilder, Vorstellungen, die konflikthaft und daher als ängstigend erlebt werden, aus dem Bewußtsein abgedrängt und auch weiter daran gehindert werden, wieder ins Bewußtsein zu treten.

den Genuß einer Art mütterlicher Atmosphäre des Krankenhauses. Gleichzeitig können sie sich als besonders gute, fürsorgliche Mütter präsentieren, was ihnen möglicherweise eine Bestätigung ihres Selbstwertgefühls einbringt. Ähnlich wie bei Münchhausen-Patienten beschrieben, nimmt man eine Störung des Selbstwertgefühls im Sinne eines minderwertigen Selbstwertgefühls bei diesen Frauen an.

Häufig wird dieses erweiterte Münchhausen-Verhalten durch Verlassenheitssituationen ausgelöst. Man nimmt an, daß durch solche Situationen frühe aggressive Impulse, die im Zusammenhang mit Zurückweisung oder Mißhandlungen der eigenen Eltern erlebt wurden, erneut aktiv und am Kind ausgelebt werden. Mit anderen Worten: Die betroffenen Frauen konnten und durften Reaktionen von intensiver Wut, die durch Mißhandlungs- und Verlassenheitssituationen ausgelöst wurden, nicht zeigen und ausleben. Dadurch sind ihre Möglichkeiten, aggressive Gefühle und Impulse auszudrücken, gestört. Wenn es nun im Erwachsenenalter zu ähnlichen Situationen kommt, können solche ehemals verdrängten Gefühle wieder aktiv werden. Aber auch jetzt werden sie nicht direkt, sondern über die Mißhandlungen an den Kindern ausgeführt. Dadurch werden unbewußt diese frühen traumatischen Erlebnisse inszeniert, das heißt, wie eine Art Theaterstück dargestellt, was als ein *Bewältigungsversuch* dieser Erlebnisse angesehen werden kann. Die Mütter fügen ihren Kindern das zu, was ihnen selbst geschehen ist, und drücken damit unbewußt ihre eigenen traumatischen Erlebnisse aus.

Häufig besteht zwischen diesen Frauen und ihren Kindern eine sehr enge Beziehung. Die Mütter können es nicht ertragen, wenn sich ihre Kinder aus dieser engen Beziehung lösen wollen. Umgekehrt erzählen die Kinder den Ärzten in den meisten Fällen nicht, daß die Mütter an ihnen beschädigende Handlungen vornehmen. Selbst ältere Kinder, denen schmerzhafte (!) Verletzungen zugefügt werden, verheimlichen dieses Verhalten ihrer Mütter und decken es.

Man nimmt an, daß es sich hier um eine krankhaft enge Beziehung zwischen Mutter und Kind handelt. Die Mütter erleben ihr Kind so, als wenn es Teil ihres Selbst wäre und nicht als eigenständigen, von ihnen getrennten Menschen. Das Kind wird, obwohl es ein Eigen-leben hat, wie eine Art Ding benutzt. Sie gebrauchen das Kind, um ihr eigenes psychisches Gleichgewicht aufrechtzuerhalten. Das er-klärt auch, daß die Mütter, wenn sie mit ihrem Verhalten konfron-tiert werden und nicht mehr mit Beziehungsabbruch reagieren kön-nen, nicht selten mit einem schweren seelischen Zusammenbruch, mit Depressionen und mit akuten Selbstmordimpulsen reagieren.

Die *Väter* der mißhandelten Kinder bzw. die Männer der mißhan-delnden Frauen sind oft abwesend, zum Beispiel durch berufliche Rei-sen etc. Nur in Einzelfällen sind sie aktiv an der Mißhandlung des Kindes beteiligt. In den meisten Fällen bleiben sie im Hintergrund, unterstützen ihre Frauen aber passiv in ihrem Verhalten durch ein auffallendes «Nicht-Merken».

Deshalb setzt sich das erweiterte Münchhausen-Verhalten in die-sen Familien auch fort, wenn die Väter eindringlich von den Ärzten über das Verhalten ihrer Ehefrauen und die damit verbundene ernst-hafte Gefahr für ihre Kinder aufgeklärt worden sind. Die Väter sind also an der krankhaften Dynamik, an dem krankhaften Verleugnen beteiligt. Genaue psychologische Untersuchungen dieser Familien fehlen bislang.

Folgen für die Kinder

Zahlreiche seelische Störungen wurden bei derart mißhandelten Kin-dern beschrieben. Häufig leiden sie an Eßstörungen, an Niederge-schlagenheit, depressivem Rückzug, auch an einer Art Hyperaktivität oder an vielfältigen körperlichen Beschwerden.

Direkte Folgen sind natürlich zunächst die körperlichen Schäden, die durch die Beschädigungen entstehen und die durch die eigentlich ja nicht notwendigen ärztlichen Maßnahmen verursacht werden. Die Kinder können in zehn Prozent an den körperlichen Schäden sterben.

Außerdem haben diese Kinder aufgrund ihrer langen Kranken-

hausaufenthalte entsprechende Fehlzeiten in der Schule mit Folge-
problemen und sind von einem normalen sozialen Leben häufig
isoliert. Im weiteren Verlauf kommt es zu Störungen des Körpererlebens und des Körperbildes*. Die Kinder haben nur mangelndes Vertrauen in ihre körperlichen Funktionen, später lehnen sie ihren
eigenen Körper oft ab, ähnlich wie man das auch bei anderweitig mißhandelten Kindern beobachten kann. Nicht selten treten später Störungen im Bereich des Sexuallebens auf.

Die Kinder erleben ihren Körper so, als ob er ihnen selbst eigentlich
nicht wirklich gehört, sondern als ob er Eigentum der Mutter, der
Erwachsenen und der Ärzte ist, von denen er in aggressiver Weise
manipuliert werden kann.

 ## Zusammenfassung:

Unter *offener Selbstbeschädigung* versteht man eine
Erkrankung, bei der Betroffene sich wiederholt selbst
verletzen. Die leichten Formen der offenen Selbstbeschädigung äußern sich in meist oberflächlichen Hautverletzungen. Tiefere, teils schwerwiegende Hautverletzungen, die gelegentlich chirurgisch versorgt werden
müssen, kennzeichnen die schwere Form der offenen
Selbstbeschädigung.
Die Selbstverletzung steht im Vordergrund. Zu mehr als
80 Prozent sind Frauen betroffen.
Bei der *heimlichen Selbstbeschädigung* werden Krankheitssymptome vorgetäuscht oder willentlich hervorgerufen. Das Ziel ist zunächst, die Patientenrolle zu übernehmen und die Ärzte zu eingreifenden, teilweise verstüm-
melnden Maßnahmen zu verführen. In 80 Prozent der
Fälle sind Frauen betroffen.
Es können Krankheitssymptome, die alle Körperteile und

---

* *Körperbild:* Das innerseelische Bild des eigenen Körpers.

Körperorgane betreffen, vorgetäuscht und künstlich erzeugt werden. Häufig kommt es zu schweren, teils lebensbedrohlichen körperlichen Komplikationen, wie z. B. schweren Stoffwechselentgleisungen, Blutverlusten, Blutvergiftungen.

Die Erkrankung wird meist erst nach längerem Krankheitsverlauf erkannt, wenn es bereits zu körperlichen Folgeschäden gekommen ist.

Das *Münchhausen-Syndrom* stellt eine Sonderform der heimlichen Selbstbeschädigung dar. Im Gegensatz zur größeren Gruppe der heimlichen Selbstbeschädigung sind hier meist Männer betroffen. Neben der Vortäuschung und dem willentlichen Erzeugen von Krankheitssymptomen leiden diese Menschen an einer schwerwiegenden Störung der zwischenmenschlichen Beziehungen. Sie brechen Beziehungen immer wieder ab und befinden sich auf ständiger Wanderschaft. Die Pseudologia phantastica, ein Zwang, erfundene, phantastische Geschichten zu erzählen, spielt ebenfalls eine wesentliche Rolle. Die Betroffenen sind einer psychotherapeutischen Behandlung kaum zugänglich.

Das «*erweiterte*» *Münchhausen-Syndrom* ist eine schwere seelische Störung, bei der Mütter an ihren Kindern Krankheiten vortäuschen oder willentlich erzeugen. Die Kinder tragen neben körperlichen Beschwerden schwere seelische Störungen davon. Ähnlich wie Münchhausen-Patienten stehen die betroffenen Frauen einer psychotherapeutischen Behandlung meist ablehnend gegenüber.

Kapitel 3

Zwischenmenschliche Beziehungen

Im folgenden Kapitel geht es um die zwischenmenschlichen Beziehungen von Menschen, die an einer heimlichen Selbstbeschädigung leiden. Charakteristisch für viele Beziehungen von Menschen, die sowohl an heimlichen wie an offenen Selbstbeschädigungen leiden, ist ein zwischenmenschlicher Umgang, der von sadomasochistischen Strukturen* geprägt ist. Besonders deutlich wird das an der Arzt-Patienten-Beziehung. Die komplizierten psychodynamischen Hintergründe sagen etwas über die zugrundeliegende unbewußte seelische Störung aus und sollen daher etwas näher beleuchtet werden.

---

* *Sadismus:* Eine Störung, die darin besteht, daß der Betroffene Lust und Befriedigung durch das Quälen eines anderen Menschen erhält.
Handelt es sich um direkte sexuelle Befriedigung, wird der Sadismus als Perversion angesehen.
Masochismus: Eine Störung, die darin besteht, daß der Betroffene Lust und Befriedigung empfindet, wenn er von einem anderen gequält und mißhandelt wird.
Perversion: Sexuelle Befriedigung, bei der gewohnheitsmäßig auf andere Weise als durch «normalen» Geschlechtsverkehr sexuelle Befriedigung erlangt wird. Hierher gehört nicht die Variante der Norm, die moralischen gesellschaftlichen Anschauungen mißfällt.

Die Beziehung zwischen Arzt und Patientin

Bei Menschen die an heimlicher Selbstbeschädigung leiden, spielt eine ganz spezielle, auffällige Beziehung zwischen Arzt und Patientin eine wesentliche Rolle für den Krankheitsverlauf. Wie bereits dargestellt, gelingt es diesen Menschen, auf fast unerklärliche Weise, die Ärzte immer wieder zu gefährlichen und abenteuerlichen medizinischen Eingriffen zu veranlassen. Dabei verläuft der Arzt-Patient-Kontakt regelhaft nach einem bestimmten Muster:

Mit Hilfe vorgetäuschter oder künstlich erzeugter Krankheitssymptome läßt sich die Betroffene in der Klinik aufnehmen. Nicht selten geschieht diese Aufnahme unter dramatischen Umständen. Manchmal kommen die Betroffenen zur Nachtdienstzeit oder am Wochenende in die Klinik, wenn Personal und Ärzte nur auf Notfallsituationen eingestellt sind. Diese Menschen haben die Fähigkeit, ihre Krankheitssymptome auf sehr glaubhafte Weise darzustellen. Wie bereits beschrieben, führen sie nicht selten Arztberichte und Befunde aus vorherigen Krankenhausaufenthalten mit sich und können den Ärzten Krankenhäuser und Kollegen nennen, von denen sie vorher behandelt wurden.

In der ersten Phase der Beziehung neigen diese Frauen dazu, den Arzt zu idealisieren, und vermitteln ihm das Gefühl, daß er der allmächtige Helfer sei, der ihnen alleine aus ihrer bedrohlichen Krankheitssituation heraushelfen könne. Sie lösen auf diese Weise im Arzt Allmachtsphantasien aus, die ihn zu einer auffälligen Aktivität in bezug auf seine medizinischen Bemühungen drängen. Der Arzt seinerseits wird hierdurch in seinen Größenphantasien angeregt und in der Illusion bestärkt, daß er im Gegensatz zu vielen Vorgängern die Heilung herbeiführen könne. Diese Größenphantasien führen zu einer Minderung der kritischen Einstellung zu sich und seinem Handeln. Er läßt sich dazu hinreißen, sehr viel leichter als sonst eingreifende und teilweise gefährliche medizinische inclusive chirurgische Maßnahmen durchzuführen, vor denen er bei anderen Patienten eher zurückschrecken würde.

Diese Frauen üben auf die Ärzte eine eigentümliche Faszination aus, was sich unter anderem auch in einer ganzen Reihe von blumenreichen, phantastischen Bezeichnungen für die Erkrankung ausdrückt. So wird die heimliche Selbstbeschädigung u. a. genannt:

Artefaktkrankheit, Selbstmanipulierte Krankheit, Münchhausen-Syndrom, Mimikry-Patienten, Chirurgomanie, Skalpellophilie, Laparatomophilia migrans, Haemorrhagica histrionica, Neurologica diabolica, Hyperpyrexia figmentatica, Dermatitis factitia, Cardiopathia fantastica, Ahasverus-Syndrom, Krankenhauswanderer.

Im weiteren Verlauf eines Krankenhausaufenthaltes wirken die meisten Frauen zunächst überangepaßt und kooperativ, verstehen es aber, im Gegensatz zu ihren Mitpatienten, von Ärzten und Personal sehr viel Aufmerksamkeit und Zuwendung zu erhalten. Nach anfänglicher Euphorie der Ärzte wird bald deutlich, daß die zahlreichen Untersuchungen keine eindeutigen Ergebnisse zeigen und die therapeutischen Bemühungen erfolglos bleiben. Dennoch folgen regelhaft ständig neue eingreifende und aggressive medizinische Maßnahmen, welche die Frauen in auffälliger Weise klaglos über sich ergehen lassen und sich sogar befriedigt zeigen, wenn möglichst viele Eingriffe durchgeführt werden. Wenngleich sich mit der Zeit ein Mißtrauen auf der Seite des Arztes und des Pflegepersonals einstellt, kommt es oft lange Zeit nicht zur richtigen Diagnosestellung. Es ist so, als ob die Ärzte gemeinsam mit der Betroffenen die heimliche Selbstbeschädigung verleugnen und unbewußten seelischen Abwehrmechanismen unterliegen.

Wenn der Verdacht auf eine Selbstbeschädigung aufkommt, führt das in den meisten Fällen zu kriminalistisch-detektivistischen Aktivitäten des Pflegepersonals und der Ärzte. Die Betroffene soll überführt werden, man möchte ihre Selbstbeschädigung nachweisen. Man wird neugierig und möchte unbedingt wissen, «wie sie es denn nun macht». Dabei kann sich beim medizinischen und pflegerischen Personal eine regelrechte Sensationslust einstellen. Wenn sich der Verdacht auf eine heimliche Selbstbeschädigung bestätigt, reagieren die Ärzte in den meisten Fällen mit Wut und Ärger und konfrontieren die Betroffene in beschuldigender Weise mit ihrem heimlichen selbstbeschädigenden Verhalten. Dies hat unter anderem damit zu tun, daß die Erkrankung bis zum gegenwärtigen Zeitpunkt bei den meisten Ärzten noch relativ unbekannt ist und es psychodynamisch-psychotherapeutisch nicht geschulten Ärzten schwerfällt, sich vorzustellen, daß die Betroffene an einer schwerwiegenden seelischen Erkrankung leidet, welche sie zu ihrem Verhalten veranlaßt. Die meisten Ärzte denken fälschlicherweise, daß es sich bei Artefakt-patientinnen um Simulantinnen handelt, und fühlen sich von ihnen hintergangen, getäuscht und mißbraucht.

Die Betroffenen ihrerseits reagieren auf die Konfrontation der Ärzte meist mit einer enormen Wut, sie streiten vehement ab, daß sie ihre Symptome selber verursacht haben. In den meisten Fällen brechen sie die Beziehung ab, häufig auch gegen den Rat der Ärzte, um sich kurze Zeit später in einem anderen Krankenhaus erneut aufnehmen zu lassen. In einigen Fällen kann es nach einer solchen Konfrontation durch die Ärzte aber auch zu erneuten heimlichen selbstbeschädigenden Handlungen bis hin zu Selbstmordversuchen kommen.

Die Ärzte wiederum reagieren mit einer ausgeprägten Kränkung und dem Impuls, sich vor diesen Menschen wie vor Übeltätern und Verbrechern schützen zu müssen. Ihre Reaktion kann in Einzelfällen nahezu paranoide (*Paranoia:* Verfolgungswahn) Ausmaße annehmen. Dies drückt sich zum Beispiel in Forderungen nach «schwarzen Listen mit Fingerabdrücken und Personalien der Betroffenen» aus, die man dann in den verschiedenen Kliniken und bei den verschiedenen niedergelassenen Ärzten kursieren lassen möchte. Ein englischer Arzt ließ sich sogar dazu hinreißen, in einem Artikel zu fordern, man möge solchen Menschen die Diagnose «Münchhausen» auf den Bauch tätowieren lassen, um die Kollegen vor diesen «Übeltätern» zu schützen.

Die betroffene Frau drückt ihr Problem auf sehr verschlüsselte Weise aus. Sie präsentiert sich dem Arzt gewissermaßen «unter falschen Vorzeichen», ohne sich dessen selber bewußt zu sein. Dennoch spielt das Moment der Täuschung des Arztes in der Dynamik dieser Beziehung eine wichtige Rolle, wie noch näher auszuführen sein wird.

Die Artefaktpatientin nimmt eine falsche Identität – eine Scheinidentität –, die Identität «Patientin», ein. Münchhausen-Patienten nehmen zusätzlich häufig andere Scheinidentitäten an: Sie erzählen phantastische Geschichten über ihre Herkunft, ihre Berufe und scheinen diese selbst zu glauben, was erklärt, daß es ihnen auf beeindruckende Weise gelingt, ihre Umgebung von diesen Scheinidentitäten zu überzeugen. Die Betroffenen machen nicht nur den Ärzten, sondern auch sich selbst etwas vor.

Wie bereits ausgeführt (siehe Seite 69 ff), kann ein Grund für diese Täuschung und Selbsttäuschung in einer ausgeprägten Selbstwertproblematik liegen. Die Menschen erleben sich selbst als minderwertig, schuldbeladen und nichtsnutzig. Durch die Identität «Patient» sind sie plötzlich etwas, können sich selbst zugestehen, für sich etwas zu fordern, nämlich Aufmerksamkeit und Zuwendung. Häufig präsentieren sie sehr exotische Symptome und erleben nun, daß sie die Aufmerksamkeit vieler Ärzte erregen können, daß sie mit ihrer Krankheit interessant gefunden werden, daß sie bei den Ärzten eine enorme Aktivität auslösen können und daß sie im Zentrum der Aufmerksamkeit stehen. Vorübergehend gelingt es ihnen hierdurch, Gefühle von Unterlegenheit und Hilflosigkeit zu beherrschen. Wenngleich sie sich eigentlich auch selber betrügen, wissen sie doch «irgendwie», daß sie die Situation kontrollieren und beherrschen. Sie können sich vorübergehend mächtig und überlegen in bezug auf ihre Umgebung fühlen und hierdurch Ohnmacht und Minderwertigkeitsgefühle verdrängen. Indem sie schließlich selbst teilweise an diese angenommene Identität «Patient» glauben, können sie vorübergehend das Gefühl, liebenswert und interessant zu sein, aufrechterhalten.

Gleichermaßen bauen die Betroffenen aber die Bestrafung / Selbstbestrafung mit ein. Sie inszenieren nicht selten die Aufdeckung ihrer Täuschung und provozieren hierdurch den Ärger und die Bestrafung der Ärzte. Dabei spielt eine zugrundeliegende sadomasochistische Störung (siehe Kapitel 5) eine wichtige Rolle.

Die Ärzte verstehen diese zugrundeliegende Beziehungsdynamik meistens nicht und reagieren direkt mit enormer Wut und mit Bestrafungsaktionen auf diese Menschen.

An der folgenden Situation, die ich wiederholt während der Behandlung selbstverletzender Menschen beobachten konnte, wird das ganz deutlich:

Eine junge Frau wird, nachdem sie sich mehrere Schnitte an Armen und Beinen zugefügt hatte, zur chirurgischen Wundversorgung in die entsprechende Klinik geschickt. Nachdem der dortige behandelnde Arzt erfahren hatte, daß sie sich die Verletzungen selbst zugefügt hatte, erklärt er ihr, daß er die Wundversorgung (Nähen der Hand) ohne Betäubung durchführen werde. Sie habe sich ja selbst so zugerichtet, nun könne sie auch die Schmerzen beim Nähen ertragen!

Besonders schlimme Folgen kann es haben, wenn solche Menschen auf Ärzte treffen, deren unbewußte neurotische Bedürfnisse in diese Arzt-Patient-Beziehung mit eingehen. Der berühmte französische Neurologe Jean Martin Charcot beschrieb dies bereits im Rahmen seiner Untersuchungen zur Hysterie*. Er bezeichnete es als «Mania operativa passiva» (passive Operationssuchtmanie) der Patienten und

---

* *Hysterie:* Der Begriff «Hysterie» wurde schon im Altertum zur Bezeichnung bestimmter seelischer Störungen verwendet. Als Ursache der Störungen nahm man ein Wandern der Gebärmutter im Körper und ein starkes sexuelles Unbefriedigtsein an. Lange Zeit und teilweise bis in die Gegenwart wurde und wird der Begriff in klischeehafter und diskriminierender Weise benutzt. In den 70er Jahren erfuhr der Begriff eine konzeptuelle Änderung; seither wird die Hysterie nicht mehr als einheitliches Krankheitsbild angesehen. Heute teilt man die hysterischen Erkrankungen in verschiedene Formen ein:
Somatisierungsstörung: Rasch wechselnde, flüchtige, körperliche Symptome (die seelisch bedingt sind) stehen im Vordergrund; besonders junge Frauen sind davon betroffen.

als «Mania operativa activa» (aktive Operationssuchtmanie) der Chirurgen. Gemeint ist damit, daß bestimmte Chirurgen einem neurotischen Wiederholungszwang* unterliegen, der sie veranlaßt, vorschnell Indikationen zu ständig neuen Operationen zu stellen. Es handelt sich hier um Einzelfälle, die aber fatale Auswirkungen haben können.

Die aggressiven Reaktionen der Ärzte dienen diesen Menschen im Rahmen einer sadomasochistischen Beziehungsstruktur dazu, *unbewußte Selbstbestrafungsbedürfnisse* (masochistische Bedürfnisse) zu befriedigen. Die wütende Zurückweisung und die moralische Verurteilung, die ihnen bis zum gegenwärtigen Zeitpunkt immer noch häufig entgegengebracht wird, dient somit nur einer Aufrechterhaltung des Krankheitsverlaufes.

Ein weiterer Hintergrund dieser Beziehungsstrukturen ist die Unfähigkeit der Menschen, die an selbstbeschädigendem Verhalten leiden, sich Wünsche nach Versorgung und Abhängigkeit auf «normalem» Wege zu erfüllen. Aufgrund bestimmter Störungen ihrer Kindheitsentwicklung (siehe Kapitel 5) ist der Wunsch nach Versorgung, Abhängigkeit und Zuwendung bei ihnen häufig mit Schuldgefühlen verbunden. Das Krankenhaus bietet ihnen Möglichkeiten, diese Wünsche zu befriedigen. Die Betroffene kann sich gewissermaßen

---

Konversionsstörung (siehe Seite 15): «Quasi» neurologische Störungen: besonders Anfälle, Gefühlsstörungen, Wahrnehmungsstörungen.
Dissoziative Störungen: Charakteristische Bewußtseinsstörung.
Histrionische (früher hysterische) Persönlichkeitsstörung: Dramatisierende, expressive «schauspielerische» Verhaltensweisen stehen im Vordergrund.
Bei allen Formen werden die verschiedenen Symptome meist auf dramatisierende, schauspielerisch anmutende Weise präsentiert (Hoffmann / Hochapfel: Einführung in die Neurosenlehre und Psychosomatische Medizin. Stuttgart 1991).
* Sigmund Freud benannte als *Wiederholungszwang* das Phänomen, daß ein Mensch immer wieder genau das tut, die Situation herstellt, die ihm eigentlich schadet. Heute wird der «Wiederholungszwang» als ein, wenn auch objektiv sehr unzureichender, oft krankhafter Lösungsversuch angesehen, der eingesetzt wird, weil der Betroffene aufgrund seiner psychischen Konflikte keine bessere Lösungsmöglichkeit hat.

auf «legalem Weg» versorgen lassen, weil durch die Patientinnen-rolle Wünsche nach Zuwendung, Hilfe und Geborgenheit legitimiert sind. Gleichzeitig werden aber auch unbewußte Bedürfnisse nach Unterwerfung und Bestrafung im Krankenhaus befriedigt. Die Patientin muß sich zum Beispiel einer bestimmten Stationsroutine und Regeln anpassen und sich schmerzhaften Eingriffen unterziehen. Diese Mischung aus Zuwendung und Schmerz, aus Zurückweisung, Versorgung und Abhängigkeit spiegelt die Situation, der diese Menschen in ihren frühen Familienbeziehungen ausgesetzt waren, wider.

Zur Verdeutlichung sei kurz und zusammenfassend die Geschichte von Hermann S. dargestellt:

Hermann S. war wegen einer schweren, von ihm selbst herbei-geführten Säureverätzung an Armen und Beinen immer wieder in verschiedenen Universitätskliniken behandelt worden; schließlich kam er zur psychotherapeutischen Behandlung in unsere Klinik. Er berichtete:
... ich wuchs zusammen mit vier Schwestern auf. Schon als kleiner Junge wurde mir von meiner Mutter mitgeteilt, daß ich als Sohn völlig unerwünscht sei, weil sie sich eigentlich nur Töchter gewünscht hatte. Ich war das schwarze Schaf der Familie und mußte als Prügelknabe die Strafen für die Fehler meiner Schwestern einstecken. Täglich wurde ich von meinem Vater verprügelt, teilweise auch von meiner Mutter. Manchmal konnte ich überhaupt nicht abschätzen, was die Gründe dafür waren. Es konnte geschehen, daß mein Vater plötzlich einen Zornesausbruch bekam, weil ihm mein Gesichtsausdruck nicht gefiel, und wild und wüst auf mich einschlug. Einmal wurde mir dabei das Nasenbein gebrochen, und einmal mußte ich wegen eines Armbruches im Krankenhaus behandelt werden. Dem Arzt erzählte ich, daß ich beim Fahrradfahren hingefallen sei und deswegen auch mehrere blaue Flecken hätte. Nur einmal traute ich mich, mich gegen den Vater zur Wehr zu setzen, worauf er mich so schlug, daß ich mehrere Tage im Bett verbringen mußte und mich von da an nie mehr wehrte... Als ich volljährig war, zog ich gegen den Willen meiner Eltern von zu Hause aus

und brach den Kontakt zu ihnen vollständig ab. Heute weiß ich nicht, ob sie noch leben...

In den folgenden Jahren nach dem Auszug kam es wiederholt zu Beziehungen mit Frauen, die allesamt scheiterten. Immer wieder geriet Hermann S. an Frauen, die ihn hintergingen, enttäuschten und bestraften. Im Kontakt zu anderen Menschen hatte Hermann S. immer wieder Schwierigkeiten, weil er sich sehr schnell bedroht fühlte und dann mit aggressiven Wutausbrüchen, was er früher nie gewagt hatte, reagierte. Schließlich hatte er immer mehr das Gefühl, dem Umgang mit Menschen nicht gewachsen zu sein, und zog sich zunehmend zurück. Er geriet in eine völlige Isolation, obwohl er sich sehnlichst Kontakt zu anderen Menschen wünschte.

Nachdem es an seiner Arbeitsstelle zu einem Unfall gekommen war, bei dem er sich eine Verletzung zuzog, die eine Krankenhausbehandlung erforderlich machte, traten kurze Zeit darauf erste Säureverätzungen an Armen und Beinen auf. Schließlich verbrachte Hermann S. fast zwei Drittel des Jahres in Kliniken. Die Haut an Armen und Beinen war aufgrund der wiederholten schweren Verätzungen völlig vernarbt. In den Kliniken kam es immer wieder zu Zwischenfällen, weil Hermann S. sich ungerecht behandelt fühlte. Er konnte seine Bedürfnisse nach Zuwendung in Form von Gesprächen etc. nicht direkt ausdrücken, und sie waren ihm zu diesem Zeitpunkt eventuell gar nicht wirklich bewußt. Er zettelte Streitereien an wegen verschiedener Kleinigkeiten. Und wenn er aus der Klinik mit abgeheilter Haut entlassen wurde, traten wenige Tage später erneut schwere Hauterscheinungen auf, die sich die Ärzte nicht erklären konnten.

Im Verlauf der folgenden mehrmonatigen psychotherapeutischen Behandlung konnte Hermann S. nicht darüber sprechen, daß er sich die Hauterscheinungen selber zugefügt hatte. Er konnte aber nach und nach zulassen, daß die Hauterscheinungen immer dann auftraten, wenn er sich seelisch sehr schlecht fühlte und in Konflikte mit anderen Menschen geriet. In dem Maße, in dem er lernte, über diese Konflikte, seine inneren Nöte, Bedürfnisse und Ängste zu reden, verschwanden die Hauterscheinungen nach und nach völlig.

Hermann S. konnte also lange Zeit seine Bedürfnisse nach

Zuwendung, Geborgenheit etc. nur ausdrücken und befriedi-
gen, wenn er sich gleichzeitig selbst beschädigte. Er berichtete
von seiner Hauterkrankung so, als ob er selber glaubte, daß es
sich um eine seltene unerklärliche Krankheit handele. Dennoch
schien er zu genießen, daß er so viele Ärzte ratlos gemacht
hatte und sie angesichts seiner exotischen Erkrankung ohn-
mächtig und hilflos erschienen waren.
Hermann S. ließ die Ärzte die gleiche Ohnmacht und Hilflosig-
keit spüren, die er als kleiner Junge dem Vater gegenüber emp-
funden hatte. Jetzt konnte sich Hermann S. mächtig und überle-
gen fühlen. Aber auch seinem Körper gegenüber verhielt er
sich wie der strafende mißhandelnde Vater, der ihn beschä-
digte und keine Rücksicht auf seine Bedürfnisse nahm.

Der Arzt* wird also zu einer Vaterfigur, mit der frühe Konflikte**
neu inszeniert und ausagiert werden. Die Betroffene kämpft in der
Rolle des verwundbaren abhängigen Kindes mit dem mächtigen,
kontrollierenden, aber auch idealisierten «Doktor / Vater».
Einerseits ist sie wütend auf dieses mächtige, aber auch enttäu-
schende und mißhandelnde Objekt, und andererseits identifiziert sie
sich mit dessen Macht und Stärke. Den Ärger und die Wut richtet
sie in masochistischer Weise gegen sich selbst, indem sie ihren Körper beschädigt und den Arzt dazu verführt, schmerzhafte Eingriffe
an ihrem Körper vorzunehmen. Andererseits richtet sie ihre Wut in
sadistischer Weise gegen den Arzt und das Pflegepersonal, indem sie
sie täuscht und dem Arzt nachweist, daß er in seiner Funktion, nämlich als Heiler von Krankheiten, vollkommen unfähig und unzulänglich ist. Sie macht den Arzt also ohnmächtig, kastriert ihn
gewissermaßen und hat nun selber die Position der mächtigen, kontrollierenden und auch enttäuschenden Elternfigur (Mutter oder
Vater) inne.

---

* Eckhardt 1987
** *Frühe Konflikte:* Konflikte, die in der frühen Kindheit entstanden sind, aber
nicht bewältigt und gelöst werden konnten.

Es ist auffallend, daß es sich bei Frauen, die an artifiziellen Krankheiten leiden, zu etwa einem Drittel um Angehörige medizinischer Berufe handelt. Auch bei betroffenen Frauen aus anderen Berufen fällt häufig ein besonderes Interesse an der Medizin und ein überdurchschnittliches medizinisches Wissen auf. Hierin drückt sich eine *Identifizierung mit Ärzten* und dem damit verbundenen Ideal (Allmacht, Heiler etc.) aus. In vielen Fällen gelingen diese Identifizierungen offenbar nicht, und die Frauen wenden sich alternativ der passiven Patientinnenrolle zu, in der sie Wünsche nach Versorgung und Abhängigkeit weniger verleugnen müssen.

Eine Motivation für die häufige Wahl medizinischer und paramedizinischer Berufe könnte bei diesen Frauen auch ein Bedürfnis nach einem guten, also nicht aggressiven, nicht zerstörerischen und nicht invasiven, Umgang mit dem Körper sein. In der medizinischen Berufsrolle stecken Aspekte der Mutter, d. h. im Sinne des mütterlichen Umgangs mit dem Körper, und in der Patientenrolle stecken Aspekte der Rolle des Kindes, d. h. desjenigen, der versorgt und gepflegt wird. Der Arzt wird von den Frauen einerseits als fürsorgendes, symbiotisches, mütterliches und andererseits auch als eindringendes, aggressives, inzestuöses Objekt* erlebt, welches vollständig über ihren Körper verfügen kann.

Es wäre interessant zu untersuchen, ob sich diese Arzt-Patientinnen-Beziehung anders gestalten würde, wenn die Ärzte vorwiegend Ärztinnen wären. In den chirurgischen Fachgebieten, mit denen es diese Frauen ja sehr häufig zu tun haben und durch die auch die aggressivsten, weil operativen Eingriffe durchgeführt werden, treffen sie noch immer vorwiegend auf männliche Ärzte. Ich denke, daß hier die Beziehung zwischen Mann und Frau eine wichtige Rolle für den speziel-

---

* *Inzestuöses Objekt:* Alle für die emotionale Entwicklung wichtigen Personen, insbesondere Mutter, Vater (-rolle), auf die das Kind inzestuöse Wünsche richtet, die aber dem Inzest-Tabu unterliegen, d. h. nicht real ausgelebt werden dürfen.

len Verlauf spielt. Im ersten Kapitel wurde das bereits ansatzweise dargestellt (siehe Seite 26). Im fünften Kapitel werden die speziellen Aspekte der Weiblichkeit und der Beziehung Mann-Frau, Tochter-Vater etc. näher erläutert.

Andere zwischenmenschliche Beziehungen

Selbstbeschädigendes Verhalten löst in der Umgebung vielfältige Reaktionen und Gefühle aus. Im folgenden Abschnitt soll dies kurz beschrieben werden. In jeweils unterschiedlichen Zusammenhängen geht es auch in den Kapiteln 1, 3 und 5 um die zwischenmenschlichen Interaktionen, die sich durch die Selbstbeschädigung entwickeln.

Schmerzen sind unangenehm, sie werden, wenn möglich, vermieden. Schmerzen lösen eine instinktive Fluchtreaktion aus. Daher mag es zunächst unglaublich erscheinen, daß ein Mensch sich selbst Verletzungen zufügt, willentlich Krankheitssymptome hervorruft oder vortäuscht, um Ärzte dazu zu verleiten, schmerzhafte und teilweise verstümmelnde medizinische Eingriffe an ihm/ihr vorzunehmen.

Selbstverletzendes Verhalten widerstrebt natürlichen Selbstschutzmechanismen und rührt insofern tief verwurzelte Grenzen menschlichen Verhaltens an. Dementsprechend löst eine offenkundig gewordene Selbstverletzung in der Umgebung zunächst Reaktionen von Bestürzung, Angst, Befremden oder auch Ekel aus. Viele Menschen möchten sich im ersten Moment abwenden, wollen «mit so etwas» nicht konfrontiert werden. Häufig folgt eine aggressive moralische Verurteilung der Betroffenen.

Diese Reaktion ist Ausdruck des Versuches, sich durch aggressive Abgrenzung und durch Rückzug vor aufkommenden Gefühlen wie Hilflosigkeit, Angst, Schuld und Depression und vor eigenen masochistischen Tendenzen zu schützen. Indem die Betroffene aggressiv verurteilt werden kann und ihr all diese schlechten und bedrohlichen

Tendenzen zugeschoben werden können, fällt es der Umgebung leichter, sie von sich abzugrenzen.

Dieses Phänomen läßt sich auch bei aggressiven, ausstoßenden Verhaltensweisen gegenüber anderen Randgruppen (psychisch Kranke, Behinderte, Kriminelle) beobachten: «Die sind schwach, krank, kriminell. Wir haben damit nichts zu tun. Wir sind auf der anderen Seite!» Den «Sündenböcken» wird alles Schlechte zugeschoben. Diejenigen, die sich Sündenböcke suchen, können sich selbst von allem Schlechten frei fühlen und sich auf diese Weise stabilisieren und stark fühlen.

Ein anderer Aspekt, der ausführlich im Abschnitt über die Arzt-Patientinnen-Beziehung beschrieben wird, ist das Aufkommen von Bestrafungswünschen bei den umgebenden Menschen. Das Gegenüber führt die massiven Selbstbestrafungstendenzen, die bei selbstbeschädigenden Menschen ein wichtiges unbewußtes Motiv ihres Verhaltens darstellen, aktiv aus.

Reaktionen aus der Umgebung («Die ist ja verrückt, pervers, abartig!», «Die hat keine Hilfe verdient, die soll sich schämen!») drücken einerseits aggressive unbewußte Tendenzen der Betroffenen aus, die vom Gegenüber ungefiltert und unüberlegt ausgelebt werden. Andererseits wird davon ausgegangen, daß die Selbstbeschädigung eine völlig willkürliche Handlung sei, die bewußt ausgeführt würde, um die Umgebung zu schockieren. Die zugrundeliegende seelische Not und innere Verzweiflung der Betroffenen wird nicht erkannt.

Selbstbeschädigendes Verhalten ist fast immer mit starken Schuld- und Schamgefühlen und mit der unbewußten Phantasie, dafür bestraft werden zu müssen, verbunden. Daher befriedigen derartige Bestrafungsaktionen die unbewußten Bedürfnisse der Betroffenen.

Von wenigen Ausnahmen abgesehen, verbergen die Betroffenen ihre Selbstverletzung vor der Umgebung, weil sie sich schämen und auch, weil sie die Umgebung nicht damit belasten wollen. Wenn die Folgen der Selbstverletzung «gezeigt» werden, spielen dennoch Schuld- und Schamaffekte eine wichtige Rolle (siehe Kapitel 5).

Bei Frauen, die sich heimlich verletzen, unterliegt die Selbstverletzung einer massiven Verleugnung, so daß die Betroffene oft glaubt, sie sei gar nicht die Verursacherin der Symptome, sondern der Körper, oder in der Folge die Ärzte (siehe Kapitel 5).

Neben diesen unbewußten Selbstbestrafungstendenzen spielen noch viele andere unbewußte Motive eine wichtige Rolle: Etwa folgende: «Guck, wie toll ich bin! Ich bin von Schmerz, von euch unabhängig!» Gleichzeitig signalisieren sie aber auch: «Guckt, was ihr mit mir macht! So muß ich leiden, so muß ich mich opfern!» und «Ihr braucht mich nicht zu bestrafen, ich habe mich schon selbst bestraft. Ich unterwerfe mich euch, damit ihr mich liebt, damit ich euch nah sein darf!» «Seht, ich bin so schlecht, daß ich bestraft werden muß!» Einige Frauen und Männer zeigen ihre Wunden und Narben offen mit einem gewissen Stolz.

Hier gibt es eine Parallele zur Magersucht. Magersüchtige Frauen präsentieren ihren ausgemergelten, abgehungerten, zerstörten Körper manchmal in ähnlicher Weise ihrer Umwelt und insbesondere ihrer Mutter. Das löst Ekel und Wut aus. Die Wut ist auch eine Folge der Hilflosigkeit und manchmal der Schuldgefühle, die die andere spürt. Sie fühlt sich angesichts der Selbstverstümmelungen genauso hilflos, wie sich die Betroffene zunächst fühlt.

Eine junge Patientin, die sich wiederholt mit der Schere entstellende oberflächliche Verletzungen im Gesicht beigebracht hatte, berichtet, daß ihre Eltern mit großer Bestürzung und Trauer reagiert haben, als sie erfuhren, daß sie sich selbst verletzt. Ihre Mutter breche bis heute in Tränen aus, wenn das Thema «Selbstbeschädigung» berührt werde, obwohl die Patientin schon seit mehreren Monaten nicht mehr unter Selbstverletzungen leidet. Sie selbst hatte das Gefühl, ihren Eltern damit etwas Schlimmes anzutun, gleichzeitig aber auch den Eindruck, nur darüber die Zuwendung der Eltern erreichen zu können.

Insbesondere auf die heimliche Selbstbeschädigung reagiert die Umwelt lange Zeit mit *Verleugnung* und *Tabuisierung*. Auch innerhalb der Familien- und Freundesbeziehungen bleibt die Selbstbeschädigung lange verdeckt. Die Betroffenen haben Angst, ihrer Umgebung mitzuteilen, daß sie sich selbst beschädigen.

Interessant ist auch, daß die Familien lange Zeit in «auffallender Weise» nichts merken. Sie tragen, ähnlich wie auch die Ärzte und Ärztinnen, die Verleugnung mit. Selbst wenn es eigentlich offensichtlich ist, daß «da etwas nicht stimmt», möchten die Angehörigen nicht hinschauen, soll die Betroffene weiterhin Patientin bleiben, und zwar Patientin mit einer körperlichen Krankheit. Seelische Probleme dürfen in diesen Familien, ähnlich wie in Magersuchtfamilien, nicht ausgesprochen werden, sind tabu. Die Betroffene übernimmt oft die Rolle der «Indexpatientin», d. h. sie übernimmt durch ihre Symptomatik die Krankheit, die eigentlich etwas mit einem gestörten Familiensystem zu tun hat. Im Kapitel 6 wird dieses Problem anhand eines ausführlichen Fallbeispieles erklärt.

Zusammenfassung:

Die *Arzt-Patientinnen-Beziehung* spielt für den Verlauf der heimlichen Selbstbeschädigung eine wichtige Rolle. Sie gestaltet sich nach einem ganz besonderen Muster, das von sadomasochistischen Elementen bestimmt ist. Der Arzt übernimmt die sadistische Position, indem er an der Patientin eingreifende, schmerzhafte, teilweise verstümmelnde Maßnahmen durchführt. Die Betroffene unterwirft sich ihm in masochistischer Weise. Sadistische Seiten übernimmt die Betroffene, indem sie dem Arzt immer wieder seine Unfähigkeit nachweist, ihn betrügt und entwertet.
Die Ärzte sind ihrerseits nicht selten in dieser Interaktion unbewußten Handlungsmotivationen unterworfen

und tragen insofern zum spezifischen Verlauf der Erkrankung bei.

Die Betroffenen sind meist stark mit Ärzten identifiziert und gehören in einem Drittel medizinischen Berufen an.

Selbstbeschädigendes Verhalten löst bei den *Angehörigen, Freunden und Partnern* der Betroffenen vielfältige Reaktionen und Gefühle aus – insbesondere Gefühle von Angst, Schuld, Hilflosigkeit, Wut und manchmal auch Ekel. Damit verbundene Bestrafungs- und Ausstoßungsbestrebungen kommen unbewußten Selbstbestrafungstendenzen, die ein wichtiges unbewußtes Motiv der Selbstbeschädigung darstellen, entgegen.

Bei der heimlichen Selbstbeschädigung trägt die Umgebung die Verleugnung durch «Nicht-Merken» der Selbstbeschädigung oft lange Zeit mit. In manchen Fällen können selbstbeschädigende Menschen Symptomträger einer Erkrankung sein, die eigentlich die gesamte Familie betrifft.

Kapitel 4

Ursachen und Hintergründe selbstbeschädigenden Verhaltens

Wenngleich der Schwerpunkt des Buches auf psychologischen, psychoanalytischen Verständnisweisen liegt, werden zunächst einige wichtige Ergebnisse aus der experimentellen Tierforschung, die für das Verständnis von selbstbeschädigendem Verhalten von Bedeutung sein können, sowie einige mögliche biochemische Ursachen von selbstbeschädigendem Verhalten dargestellt.

Ausgehend von dem Gedanken, daß die Kindheits- und Familiengeschichte eines Menschen die Entwicklung späterer seelischer Krankheit wesentlich beeinflußt, werde ich im darauffolgenden Abschnitt das, was über die Kindheits- und Familiengeschichte von selbstbeschädigenden Menschen bekannt ist, beschreiben.

Im letzten Drittel dieses Kapitels geht es um die verschiedenen psychodynamischen Aspekte und die unbewußten Bedeutungsgehalte des selbstbeschädigenden Verhaltens.

Da viele selbstbeschädigende Frauen in ihrer Kindheit Vernachlässigung (Deprivation), (siehe Seite 102 ff), sowie sexuellem und körperlichem Mißbrauch ausgesetzt waren, werde ich zunächst die damit verbundenen seelischen Folgen beschreiben; anschließend versuche ich die unbewußten psychodynamischen Zusammenhänge zwischen diesen Erlebnissen und dem späteren selbstbeschädigenden Verhalten zu erklären.

Tierexperimentelle Untersuchungen *

Wenngleich man Ergebnisse aus tierpsychologischen Untersuchungen nicht einfach auf den Menschen übertragen kann, sind einige Ergebnisse dieser Experimente doch für das Verständnis selbstbeschädigenden Verhaltens interessant.

Zu den klassischen tierexperimentellen Untersuchungen, die sich mit den Folgen von sozialer Isolation und Deprivation beschäftigen, gehören die Untersuchungen an Affen von Harlow und seinen Mitarbeitern. **

Sie beobachteten an Affen, welche isoliert von den anderen Tieren aufgezogen wurden, also einem Klima der Deprivation ausgesetzt waren, in 50 Prozent das Auftreten selbstverletzenden Verhaltens. Bei den Tieren, die unter normalen Bedingungen, d. h. in der Gemeinschaft/Herde, aufgezogen wurden, trat ein solches Verhalten nicht auf. Wenn man die Äffchen die anderen Tiere noch sehen und hören ließ, ihnen aber den so wichtigen Körperkontakt nicht ermöglichte, zeigten sie ab dem dritten Lebensjahr im Vergleich zu ihren Artgenossen noch immer ein deutlich erhöhtes Maß an selbstverletzendem Verhalten. Setzte man sie Enttäuschungserlebnissen aus, ohne daß sie die daraus entstehenden Aggressionen abreagieren konnten, stieg das autoaggressive Verhalten ebenfalls deutlich an.

Selbstverletzendes Verhalten trat bei diesen Tieren also auf, wenn man den sozialen Kontakt zu ihren Artgenossen unterband und so ihr «Bindungsverhalten» gegenüber den Muttertieren und den Artgenossen störte. Unter «Bindungsverhalten» versteht man das Anklammern der kleinen Äffchen am Fell der Mutter. Umgekehrt «laust» die Mutter die Äffchen und hat darüber einen intensiven Hautkontakt mit ihnen. Dieser intensive Hautkontakt zwischen

---

* Vgl.: Paar/Eckhardt 1987
** 1959, 1974

Mutter und Säugling ist für eine ungestörte Entwicklung der Tiere und auch der Menschen von wesentlicher Bedeutung. Die Einsamkeit und Isolation und damit verbunden der Mangel an Haut- und Körperkontakt führte bei den Tieren zu erhöhter Aggression und Anspannung. Das selbstverletzende Verhalten wurde insbesondere zur Spannungsminderung und zur Aggressionsabfuhr eingesetzt.

Ein weiteres wichtiges Ergebnis ist die Tatsache, daß Tiere, die auf diese Weise aufgezogen wurden, später gegenüber ihren Jungen mißhandelndes Verhalten zeigten*; die mißhandelten Tiere zeigen eine außergewöhnlich starke Bindung an die mißhandelnden Muttertiere.

Hier finden sich, wie noch zu zeigen sein wird, viele Gemeinsamkeiten mit selbstverletzendem Verhalten bei Menschen.

Durch die Anwendung bestimmter Medikamente, die in den Stoffwechsel der Neurotransmitter (Überträgerstoffe in Gehirn- und Nervenzellen) eingreifen, wurde selbstverletzendes Verhalten bei Ratten ausgelöst. Man hat versucht, hieraus Schlüsse zu ziehen für die medikamentöse Behandlung von Menschen, die aufgrund schwerer hirnorganischer Erkrankungen (Lesch-Nyhan-Syndrom, Cornelia de Lange-Syndrom, u. a.) selbstverletzendes Verhalten aufweisen. Ein wirklicher therapeutischer Durchbruch ist bislang aber nicht gelungen.**

Biochemische Ursachen

Endorphine sind Stoffe, die der Körper selbst herstellt und die eine ähnliche Wirkung wie die Opiate, die Abkömmlinge des Opiums, haben. Wie diese erzeugen die Endorphine angenehme, rauschartige, teilweise euphorische Zustände.

---

*   Jones 1979
** Siehe auch: Favazza 1992

Aufgrund verschiedener Untersuchungen hat man herausgefunden, daß ein erhöhter Endorphinspiegel im Blut zu einer Erhöhung der Schmerzschwelle führt; Schmerz wird also sehr viel schwächer oder gar nicht mehr wahrgenommen. Morphinartige Medikamente werden auch zur Schmerzstillung bei schweren Schmerzzuständen eingesetzt.

Menschen, die sich selbst Verletzungen zufügen, berichten immer wieder davon, daß sie während der Selbstverletzung keinen oder nur einen geringfügigen Schmerz empfinden. Außerhalb der Zustände, in denen sie sich selbst verletzen, haben sie für gewöhnlich ein normales Schmerzempfinden. Dies trifft nach meinen Beobachtungen auch für Menschen mit heimlichen Selbstbeschädigungen zu. Wenn sich die heimliche Selbstbeschädigung zurückbildet, kommt es oft vorübergehend zu einer Phase mit offenen Selbstbeschädigungen. Dann berichten die Betroffenen in gleicher Weise von diesen Störungen des Schmerzempfindens.

Der Schmerz tritt nach der Selbstverletzung manchmal erst ein bis zwei Stunden später wieder ein. Die Selbstbeschädigung hat ihrerseits eine sehr direkte und meist sehr effektive lindernde Wirkung auf erhöhte Spannungszustände und Zustände von Mißbehagen, innerer Leere und Depression. Sie führt zudem bei vielen Menschen zunächst zu einem guten, euphorischen, entspannten, angenehmen Gefühl.

Die Selbstbeschädigung ist hinsichtlich dieser Wirkung vielen Medikamenten überlegen und ist daher bislang auch durch Medikamente nicht zu verhindern.

Kirmayer und Carroll * haben aufgrund dieser Beobachtungen die folgende Hypothese entwickelt: Kinder, die körperlich mißbraucht werden und denen es aufgrund von Vernachlässigung und sozialer Isolation nicht möglich ist, ihren Ärger und ihre oft massiven Wutgefühle auf normalem Wege abzuführen, entwickeln Störungen des

---

* 1987

Schmerzempfindens. Es kommt zu einer Erhöhung der Schmerzschwelle, also einer Verminderung des Schmerzempfindens, und in der Folge zu einer Hemmung von schmerzbedingten Reflexen (z. B. Fluchtreflex). Dieser Effekt kann durch Endorphin-Antagonisten (Stoffe, die den Endorphinen entgegenwirken) aufgehoben werden; d. h., das Schmerzempfinden normalisiert sich ebenso wie die damit verbundenen Reflexe.

In Tierversuchen hat man feststellen können, daß, wenn zwei Tiere kämpfen, das besiegte Tier einen erhöhten Endorphinspiegel im Blut aufweist und vorübergehend schmerzunempfindlich ist. Das Siegertier dagegen nicht. Wenn man dem besiegten Tier die Möglichkeit gibt, ein anderes Tier zu beißen, also seine Aggression abzuführen, sinkt die Endorphinmenge im Blut ab, und das Schmerzgefühl kehrt zurück.

Die beruhigende Wirkung von sozialem Kontakt könnte nach Auffassung der Autoren auch durch den Endorphinspiegel, der dann ansteigen müßte, mitbedingt sein. Deshalb könnte emotionale Vernachlässigung, soziale Isolation und Einsamkeit zu einer Verminderung der Endorphine führen und auf diese Weise die Anspannung und das Mißbehagen, die innere Leere, die dann entstehen kann, erklären. Die Selbstbeschädigung könnte diesen Zustand über die Auslösung einer vermehrten Endorphinbildung im Körper abmildern. Auch die Tatsache, daß bei manchen Betroffenen das Schmerzgefühl erst nach ein bis zwei Stunden wieder einsetzt, könnte für einen langsamen Abfall des erhöhten Endorphinspiegels sprechen.

Die Selbstverletzung könnte sich dann selbst unterhalten und verstärken, weil diese Wirkung, die mit angenehmen, euphorischen Gefühlen verbunden ist, von den Betroffenen immer wieder gewünscht wird.

Hierzu paßt die Tatsache, daß die Selbstbeschädigungen mit der Länge des Krankheitsverlaufs zunehmen und je länger sie bestehen, desto schwerer therapeutisch anzugehen sind.

Die Betroffenen sagen auch oft selbst, die Selbstbeschädigung sei «wie eine Sucht», und sie «fühlten sich wie auf Entzug», wenn die

Selbstbeschädigung verhindert wird. Sie reagieren manchmal sogar mit regelrechten panikartigen Zuständen, wenn sie keine Werkzeuge haben, um sich zu verletzen. Wenn der Gedanke, sich zu verletzen, erst einmal da ist, steigt die Spannung so lange, bis die Selbstverletzung ausgeführt wird.

Hier finden sich tatsächlich Gemeinsamkeiten mit dem Verhalten von suchtkranken Menschen. Die Selbstbeschädigung ist wie eine Droge, die einen begleitet und die Abhilfe schafft, wenn nichts anderes mehr helfen kann.

Bislang ist diese Hypothese aber noch nicht genügend wissenschaftlich belegt und sollte nicht zu vorschnellen, vereinfachten Schlüssen verleiten. Es kann sich bei den chronifizierten Formen der Selbstbeschädigung genausogut um ein angelerntes Verhalten handeln, das sich durch Konditionierung (Erfahrung, daß durch eine bestimmte Verhaltensweise angenehme Wirkungen erzielt werden können) verfestigt hat.

Familien- und Kindheitsgeschichte

Alles, was wir gegenwärtig über die Rolle der Familien- und Kindheitsgeschichte von Menschen, die an offenen und heimlichen Selbstbeschädigungen leiden, wissen, wurde durch Untersuchungen an kleineren Gruppen von Betroffenen, aus Einzelfallbeobachtungen und längeren Einzeltherapien gewonnen.

Bei Menschen mit Münchhausen-Syndrom, erweitertem Münchhausen-Syndrom und bei vielen Menschen mit heimlichen Selbstbeschädigungen kommt erschwerend hinzu, daß die Diagnose «heimliche Selbstbeschädigung» häufig erst nach langwierigem Krankheitsverlauf gestellt werden kann. Diese Menschen stehen einer psychosomatischen oder psychiatrischen Behandlung oft ablehnend gegenüber und geben zunächst meist an, daß es keinerlei Probleme innerhalb der Familie oder Partnerschaft oder sonst in ihrem Leben gibt.

Die vorliegenden und folgenden Ergebnisse bezüglich der Familien- und Kindheitsgeschichte von selbstbeschädigenden Menschen können daher keine Allgemeingültigkeit beanspruchen. Sie weisen aber viele Gemeinsamkeiten auf, die die Ursachen und Hintergründe selbstbeschädigenden Verhaltens verständlicher machen können.

Besonders Menschen mit schwereren Formen der offenen und heimlichen Selbstbeschädigung, und insbesondere Münchhausen-Patienten, kommen oft aus sehr schwierigen Familienverhältnissen, sogenannten Broken-home-Situationen. Viele Familien befanden sich in einer schwierigen ökonomischen Lage. Kinderreichtum, Arbeitslosigkeit, Alkoholprobleme und Gewalt prägten die familiäre Situation. Einige Betroffene mußten aufgrund der schwierigen häuslichen Verhältnisse große Teile ihrer Kindheit in Heimen verbringen. Einzelne von ihnen haben regelrechte «Heimkarrieren» hinter sich. Nicht selten waren sie in unterschiedlichen Heimen untergebracht. Häufige Krankenhausaufenthalte der Eltern oder der Betroffenen werden beschrieben. Verlust eines Elternteils oder Geschwisters durch Trennung, Scheidung oder Tod waren nicht selten. Insgesamt fällt ein hohes Ausmaß von Verlust- und Trennungssituationen, das heißt von Beziehungsabbrüchen in der Kindheitsgeschichte, auf.

Dies ist allerdings nicht durchgängig der Fall. Viele Betroffene, besonders bei den leichteren Formen der heimlichen und der offenen Selbstbeschädigung, kommen aus nach außen hin intakt erscheinenden Familienverhältnissen, oft Akademikerfamilien oder wohlhabenden Mittelstandsfamilien.

Bei diesen Ergebnissen muß man bedenken, daß Menschen, die an selbstbeschädigenden Erkrankungen und insbesondere diejenigen, die an heimlichen Selbstbeschädigungen leiden, häufig erst im Verlauf längerer psychotherapeutischer Behandlungen über schmerzliche, schambesetzte Erlebnisse und Situationen ihrer Kindheit und ihres Lebens sprechen. Daher ist es sehr schwierig, aufgrund von kurzen Kontakten oder Untersuchungen Rückschlüsse auf die biographische Entwicklung dieser Menschen zu ziehen.*

Aus den Geschichten der Betroffenen geht hervor, daß die Eltern häufig gefühlsmäßig nicht erreichbar waren. Die Betroffenen waren in der frühen Kindheit oft einem Klima der *emotionalen Deprivation* und Vernachlässigung ausgesetzt, d. h. daß die Eltern emotional nicht genügend verfügbar waren. Die Mütter dieser Frauen und Männer waren in vielen Fällen sehr stark mit sich selbst beschäftigt. Viele litten aufgrund eigener schwieriger Kindheitsentwicklung an schweren seelischen Störungen und waren mit der Mutterrolle überfordert. Sie waren teilnahmslos und distanziert.

Diese Kinder mußten für die Eltern oft frühzeitig Elternfunktion übernehmen, d. h. sie mußten frühzeitig erwachsen werden. Häufig brauchten die Mütter die Kinder als «Selbstobjekte», das heißt, sie benutzten teils unbewußt, teils bewußt ihre Kinder wie einen erweiterten Teil ihres Selbst. Sie gebrauchten die Kinder, um sich selbst zu stabilisieren, um ihre eigenen Bedürfnisse nach Trost, Unterstützung oder auch Sexualität (siehe Seite 107 ff) zu befriedigen. Die Bedürfnisse des Kindes und seine persönlichen Grenzen wurden dabei mißachtet. Besonders deutlich wird das beim erweiterten Münchhausen-Syndrom (siehe Seite 71). Teilweise konnten sie sich auch nicht auf die Bedürfnisse ihrer Kinder einstellen, weil sie aufgrund von schwierigen Familienverhältnissen (viele Kinder, Ehe-, finanzielle Probleme, Alkoholprobleme, Krankheit) überfordert waren.

Der Psychoanalytiker und Psychiater Sachsse** berichtet von einer selbstbeschädigenden Frau, die als Schulkind stundenlang vor der Tür der Mutter gestanden hatte. Die Mutter hatte sich eingeschlossen und wollte sich umbringen. Die Patientin

---

*   Siehe auch: Sachsse 1989, 1994
** 1987

hatte sie davon abzuhalten versucht, indem sie ihr das Leben in rosigen Farben schilderte.

Die 25jährige Anna wurde als Säugling weggegeben, weil die Mutter kurz nach der Geburt erneut schwanger war und die ganze Zeit liegen mußte. Später litt die Mutter an chronischen Depressionen und Angstzuständen. Sie war durch zusätzliche Berufstätigkeit völlig überlastet. Die Kinder waren im wesentlichen sich selbst überlassen. Als Anna einen Mißbrauch durch einen Onkel erlitt, bemerkte die Mutter nichts davon, obwohl das Kind verhaltensauffällig wurde – es entwickelte eine Sprachstörung (Stottern) – und oft krank war. Auf Annas Mutter mußte ständig Rücksicht genommen werden. Sie war sehr kränkbar, zog sich bei den geringsten Anlässen weinend zurück oder rannte aus dem Haus.

Es gibt hier natürlich Ausnahmen, und man kann, zumal es sich nach wie vor um Einzelfallbeobachtungen handelt, nicht sagen, daß alle Mütter von Menschen, die an Selbstbeschädigungen leiden, so waren. Es soll hier nicht um klischeehafte Schuldzuweisungen gehen, etwa nach dem Motto: «Die Mutter ist an allem schuld!» Es geht vielmehr darum zu verstehen, was in der Beziehung zwischen Mutter, Vater, Geschwistern und selbstbeschädigender Frau problematisch war und sich auf die Entwicklung der späteren Erkrankung ausgewirkt haben könnte.

Nach wie vor ist in den meisten Familien die Mutter in den ersten Lebensjahren die wichtigste Bezugsperson des Kindes – ungeachtet der Tatsache, daß gerade in den letzten Jahren die Bedeutung des Vaters für die Entwicklung des Kindes immer stärker erkannt wird –, und diese frühe Beziehung zwischen Mutter und Säugling / Kleinkind ist prägend für die weitere Entwicklung des Kindes. Durch persönliche Probleme, mangelnde Unterstützung des Partners u. v. m. kann eine Mutter in ihrer Rolle völlig überfordert sein. Eine Störung in der frühen Mutter-Kind-Beziehung kann verschiedene Ursachen haben. Neben den bereits erwähnten seelischen Problemen der Mütter sind auch Fälle beschrieben worden, wo die Kinder an schweren Erkrankungen litten, wie z. B. schweren Hauterkrankungen, und sich daraus eine große Belastung für Kind und Mutter ergab. Ein Kind, das so krank ist, schreit z. B. oft, schläft schlecht, trinkt und ißt schlecht und fordert daher sehr viel Zuwendung und Ausgeglichenheit von seiner Mutter. Wenn eheliche oder berufliche Probleme oder weitere kleine, sehr zuwendungsbedürftige Geschwister hinzukommen, ergeben sich fast zwangsläufig Störungen in der Mutter-Kind-Beziehung, die später zu seelischen Erkrankungen des Kindes führen können.

Selbstbeschädigende Männer und Frauen erlebten sich oft als *unerwünschte Kinder*. In vereinzelten Fällen waren Geschwister gestorben, und die überlebende Schwester fühlte sich schuldig, daß sie noch da war.[*] Manche Frauen waren von den Eltern nicht als Tochter, sondern als Sohn erwünscht gewesen.

Später gehen diese Menschen, indem sie sich selbst verletzen, mit sich selbst so um, als seien sie unerwünscht und als sollten sie sterben. Sie führen die unbewußten Todeswünsche ihrer Eltern durch die Selbstbeschädigung, die man als Selbstmord auf Raten verstehen kann, gewissermaßen aktiv aus. Sie scheinen manchmal von dem Spiel mit dem Tod fasziniert zu sein und ihren Eltern die vermeintliche Unerwünschtheit heimzahlen zu wollen.

Neben diesen traumatischen Erlebnissen in der frühen Kindheit werden auch häufig traumatische Erlebnisse in der Latenzzeit[**] und der Pubertät beschrieben. Es handelt sich dabei um sexuelle Übergriffe, Vergewaltigungen, körperliche Mißhandlungen, Krankheiten, Verlust- und Trennungssituationen.

---

[*]   Eckhardt 1989, von der Stein et al. 1992
[**] *Latenzzeit:* Periode verminderter sexueller Aktivität in der körperlichen Entwicklung des Menschen. Die Latenzzeit beginnt etwa gegen Ende des fünften Lebensjahres und dauert bis zum Beginn der Pubertät, etwa um das elfte Lebensjahr (Nagera, H.: Psychoanalytische Grundbegriffe. Frankfurt / Main 1991).

Eine junge Frau wurde über mehrere Monate von einem engen Freund der Familie vergewaltigt und körperlich mißhandelt. Sie änderte sich in dieser Zeit völlig. Sie zog sich von ihren Freunden zurück, bekam Schwierigkeiten in der Schule, wurde still und ängstlich. Sie konnte sich aufgrund heftiger Schuld- und Schamgefühle weder den Eltern noch ihren Freunden anvertrauen. Sie fühlte sich den Ereignissen hilflos ausgeliefert. In dieser Zeit begannen die Selbstverletzungen. Sie waren verzweifelter Hilfeschrei, Selbstbestrafung und Versuch, die Kontrolle über sich zurückzugewinnen. Obwohl den Eltern auffiel, daß sie vielfältige Verletzungen (blaue Flecke, Riß- und Schürfwunden, die sich wiederholt entzündeten und nicht heilten) hatte, gaben sich diese mit ihrer Erklärung, sie hätte häufig Unfälle beim Sport, zufrieden.

Eine 17jährige Frau begann sich selbst den Arm abzubinden und damit schwerste Lymphstauungen mit folgenden Hautschäden zu verursachen, als sie über längere Zeit von ihrem Stiefvater mißbraucht wurde. Sie kam aus einer dissozialen Familie. Sie hatte noch neun Geschwister, die alle von verschiedenen Vätern abstammten. Ihr Stiefvater war arbeitslos, alkoholkrank und gewalttätig. Sie bekam wegen dieser Ereignisse massive Probleme in ihrer Ausbildung, die sie dann auch abbrach. Die schwere, selbst verursachte Lymphstauung ermöglichte ihr, den Stiefvater vorübergehend von sich fernzuhalten oder sich in die sichere Umgebung des Krankenhauses zurückzuziehen.

«Mein Körper gehört euch!»

Wie bereits teilweise ausgeführt wurde, haben Menschen, die sich selbst beschädigen, ihren Körper frühzeitig als etwas erlebt, das nicht ihnen selbst gehörte, über das sie nicht selbst die Kontrolle hatten.

Neben den häufigen Erlebnissen sexuellen Mißbrauchs (siehe Seite 117), gibt es vielfältige Beispiele dafür, daß selbstbeschädigende Menschen in der Kindheit auch anderen Arten von grenzüberschreitenden Umgangsweisen mit ihrem Körper ausgesetzt waren. Ihre körperlichen und persönlichen Grenzen wurden oft überschritten;

ihre persönlichen Bedürfnisse und ihre Belastbarkeit wurden mißachtet.

Einige Mütter konnten keine engen Bindungen an ihre Kinder ertragen; sie konnten insbesondere keine körperliche Nähe und Zärtlichkeit vermitteln.

Pao* berichtet davon, daß die Mutter eines selbstbeschädigenden jungen Mädchens damit prahlte, daß sie die Tochter stillen konnte, ohne sie jemals weiter gehend berühren zu müssen. Sie hatte in einem Buch über Kinderpflege nachgelesen, daß man mit jeder Form von Stimulation zurückhaltend sein solle.

Eine andere Mutter gab an, daß sie Angst gehabt hatte, den Säugling anzufassen.

Eine Mutter hielt sich von allem, was mit Körperpflege und Körperkontakt zu tun hatte, fern und überließ das ihrem Mann. Die Tochter hatte das Gefühl, daß die Mutter Angst vor ihrem Körper hätte, sich vor ihr ekelte.

Eine Mutter erzog ihre Tochter zur Sauberkeit, indem sie wiederholt Klistiere (Einläufe in den Enddarm) anwendete.**

Ein anderes Mädchen mußte im Alter von drei Jahren eine Zahnspange mit Stacheln (?!) tragen, die sie vom Daumenlutschen abhalten sollte. Später, mit 14 Jahren verstümmelte sie sich selbst und wiederholte damit unbewußt die traumatische Situation, indem sie die Haut und teilweise das darunterliegende Gewebe von ihren Fingern abkaute.***

Eine andere junge Frau mußte als Kind wegen Bettnässens eine Klingelhose tragen, die allabendlich kontrolliert wurde. Die Eltern stellten sich, wenn es «klingelte», so lange im Bad neben sie, bis sie Urin lassen konnte.

---

*   1969
**   Kaplan 1992
*** Kafka 1969

Für die Entwicklung eines Kindes stellen die einzelnen Schritte – das Wachsen der körperlichen Selbständigkeit und somit Unabhängigkeit von den Eltern, die Beherrschung der Körperöffnungen (Sauberkeitsentwicklung), die zunehmende Geschicklichkeit in den Bewegungen u. v. m. – wesentliche Entwicklungsschritte dar, die sich auf die Entwicklung der ganzen Persönlichkeit und der sogenannten Ich-Funktionen auswirken. Dabei geht es z. B. um Durchsetzungsfähigkeit, die Fähigkeit, sich von anderen Menschen als abgegrenzt und unabhängig zu erleben, aber auch die Fähigkeit, sich vertrauensvoll auf andere Menschen einzulassen, Vertrauen in die eigenen körperlichen und seelischen Funktionen und Möglichkeiten zu entwickeln, sowie um das Selbstbewußtsein und das Selbstwertgefühl.

Ebenso wichtig ist es, daß das Kind die Eltern als abgegrenzte Personen mit eigenen Bedürfnissen und Grenzen erleben kann, um sich mit ihnen identifizieren, von ihnen lernen zu können.

Wenn nun diese Entwicklungsschritte gestört werden, indem die Eltern z. B. die zunehmende Abgegrenztheit des Kindes nicht akzeptieren und seine Bedürfnisse nicht respektieren, sondern mißachten und einschränken, kann es zu schweren Störungen des Körper- und des Selbsterlebens kommen.

In den oben beschriebenen Fällen wurden die Bedürfnisse und die Abgegrenztheit des Kindes nicht beachtet, sondern überwältigt. Wenn eine Mutter das Kind durch die Anwendung von Darmeinläufen zur Darmentleerung zwingt, kann das Kind kein Gefühl für seine eigenen körperlichen Bedürfnisse, z. B. Kotentleerung, entwickeln; es muß das Gefühl bekommen, daß seine Bedürfnisse nicht «richtig» sind, daß es seinen körperlichen Funktionen nicht vertrauen kann und daß ihm sein Körper nicht gehört, sondern daß er das Eigentum der Mutter ist. Ganz ähnlich verhält sich das beim sexuellen Mißbrauch des Kindes (siehe Seite 117).

Bei den oben beschriebenen Situationen handelt es sich teilweise um sexualisierte Situationen, die von sexuellem Mißbrauch manchmal schwer zu trennen sind. Das heißt, daß die Eltern, die derartig eindringend mit dem Kind und seinen Körperöffnungen umgehen, möglicherweise eine eigene sexuelle Erregung oder Bedürftigkeit auf diese Weise befriedigen. Es handelt sich zwar nicht um einen direkten sexuellen Mißbrauch, aber es handelt sich um erotisierte Situationen. Das Kind wird erregt, wenn man ihm dauernd Darmeinläufe macht und die Mutter, die das dauernd tut, ist möglicherweise auch erregt. Die Situation ist aber für das Kind nicht einzuordnen. Es kann sich nicht vor dieser Erregung schützen. Und die Mutter, die eigentlich eine Schutzfunktion für das Kind übernehmen sollte, die aufpassen muß, wann das Kind überfordert ist, ist hier selbst die Quelle der Überforderung. Das wird im nächsten Abschnitt, wenn es um sexuellen Mißbrauch geht, noch viel deutlicher.

L. Cross * spricht in diesem Zusammenhang von einem «fetischistischen Fokus» der Eltern auf die körperlichen Funktionen und die körperliche Erscheinung des Kindes und von «extrem uneinfühlsamen Antworten der Eltern auf die kindlichen Bedürfnisse und Signale».

In einigen Fällen können konstitutionelle (angeborene) Faktoren hinzukommen. So spricht L. Cross von einem «frühen Ich-Defizit» bei selbstbeschädigenden und magersüchtigen Frauen, das in einer besonderen Unfähigkeit besteht, körperliche Spannungszustände als solche zu erkennen, in Worten auszudrücken und zu regulieren. Der Auffassung, daß ein Ich-Defizit aber die besonderen inneren Spannungszustände, unter denen diese Frauen immer wieder zu leiden haben, allein erklärt, kann ich mich allerdings so nicht anschließen. Ich denke, daß es um die Auswirkungen der traumatisierenden Erlebnisse der Kindheit geht, die dann ja zu Störungen des Ich (siehe Seite 43) und zu anderen seelischen Störungen führen können. Sicherlich spielen konstitutionelle Faktoren eine gewisse Rolle. Manche Kinder sind stärker von verschiedenartigen inneren Spannungszuständen betroffen als andere. Kinder haben ein ganz unterschiedliches Temperament, eine ganz unterschiedliche Vitalität. Hier kann eine Mutter überfordert

---

* 1993

sein und wenn sie, wie oben beschrieben, selbst unter seelischen Störungen leidet, noch sehr viel weniger fähig sein, dem Kind bei der
Linderung und beim Ertragen dieser Spannungszustände zu helfen.
Das erschwert es dem Kind, einen «inneren Reizschutz» aufzubauen,
der ihm zunehmend hilft, damit zurechtzukommen.

Bei selbstbeschädigenden Frauen spielen solche Zustände extremer
innerer Spannung oder Leere, die sie oft nicht unterscheiden, nicht in
Worte fassen können, eine wichtige Rolle. Durch die Selbstbeschädigung versuchen sie, diese seelischen Schmerzzustände u. a. in körperliche Schmerzzustände zu verwandeln, die sie dann einordnen und
auch lindern können. Sie pflegen oft ihre Wunden in besonderer
Weise und können in dieser Situation das Gefühl haben, ihren
Schmerz lindern zu können, etwas für sich selbst tun zu können,
ohne sich dafür schuldig fühlen zu müssen.

Hierzu eine junge Frau:
Wenn ich mich verletzt habe, kann ich meinen Körper anschlie-
ßend pflegen, ihm etwas Gutes tun, ihn behandeln wie ein
Kind, das sich weh getan hat.

Andere Gründe, weshalb diese Menschen schon frühzeitig ihren Körper als von anderen kontrolliert erleben, sind häufig körperliche Erkrankungen oder Unfälle mit entsprechenden Folgen.

In einer Gruppe von jungen Frauen mit offenen Selbstbeschädigungen hatten 60 Prozent vor dem fünften Lebensjahr häufig chirurgische Eingriffe oder Krankenhausaufenthalte wegen schwererer
Erkrankungen erlebt. Zwei dieser Frauen verbrachten vor ihrem
zweiten Lebensjahr mehrere Monate in einem Gipskorsett. Sie waren
also in einer Situation, in der sie hilflos und in ihrer körperlichen
Bewegungsfreiheit völlig eingeschränkt waren; die Möglichkeit der
Spannungs- und Aggressionsabfuhr war nicht gegeben.*

---

* Rosenthal et al. 1972

Die Psychoanalytikerin Anna Freud hat darauf hingewiesen *, daß Kinder, die an schweren Krankheiten leiden, unfähig sind, zwischen Schmerzen, die aus ihrem Körperinneren stammen, und Schmerzen, die ihnen von außen (durch medizinische Eingriffe) zugefügt werden, zu unterscheiden.

Das Kind ist gezwungen, sich den Maßnahmen, die mit seinem Körper aus medizinischen Gründen durchgeführt werden, zu unterwerfen. Es kann diese oft unangenehmen und schmerzhaften Maßnahmen aber als Überwältigung und Bestrafung erleben. Die oben beschriebenen wichtigen Entwicklungsschritte, die mit der zunehmenden Körperbeherrschung eng verbunden sind, können gestört werden, und das Kind kann auf frühere Entwicklungsstufen zurückgeworfen werden; z. B. fangen Kinder, die bereits «sauber» waren, wenn sie im Krankenhaus sind, wieder an einzunässen.

Von großer Bedeutung ist die Bewegungseinschränkung dieser Kinder, weil sie dadurch keine Möglichkeit haben, Spannung und Aggression, die sich ganz natürlicherweise aufbauen, abzuführen. Das kann zu einem Zustand körperlicher Anspannung und Übererregung führen, dem sich diese Kinder dann hilflos ausgesetzt fühlen. Wenn Kinder operiert werden, können Kastrationsängste **, die normalerweise zu einer bestimmten Entwicklungsstufe dazugehören, empfindlich verstärkt werden, bzw. sich für das Kind verwirklichen (siehe Seite 130 ff).

Hinzu kommt die Trennung von den Eltern während des Krankenhausaufenthaltes, die früher aus Hygienegründen und aus Unwissenheit sehr viel öfter durchgeführt wurde. Noch vor etwa 15 Jahren hat man Kinder, die an Leukämie (bösartige Erkrankung der weißen Blutzellen) litten, völlig von ihren Eltern und Geschwistern isoliert, weil man dachte, sie könnten sich anstecken. Heutzutage ist

---

*   1952
** *Kastrationsängste:* Angstvolle Phantasie, den Penis zu verlieren oder Ängste vor der Zerstörung körperlicher Unversehrtheit.

es üblicher, Eltern in der Klinik mitaufzunehmen, um dem Kind die traumatische Trennungssituation, die ja den Krankheitsverlauf negativ beeinflussen kann, zu ersparen. Die Isolation führt bei den Kindern zu Gefühlen von völliger Verlassenheit, Einsamkeit, Angst und Depression.

Rene A. Spitz * hat in seinen klassischen Untersuchungen an hospitalisierten Kindern gezeigt, daß diese Kinder schlimme depressive Zustände entwickeln. Häufig beginnen sie sich selbst zu verletzen, indem sie sich den Kopf anschlagen, sich kratzen, sich die Haare ausreißen und schließlich in völlige Apathie verfallen. Durch dieses selbstbeschädigende Verhalten versuchen die Kinder, unerträgliche Zustände innerer Leere, Einsamkeit und Anspannung zu lindern (siehe Seite 116).

Auf Schmerzen reagieren Kinder sehr unterschiedlich. Manche reagieren mit heftiger Wut und Ärger oder entwickeln Rachegefühle; andere reagieren mit Schuldgefühlen, Depression und Unterwerfung.

Auch die verstärkte Zuwendung der Eltern, die mit Krankheit verbunden sein kann, ist von Bedeutung. Das Kind kann später versuchen, diese Zuwendung durch die Entwicklung körperlicher Symptome zu erzeugen. Es kann die Phantasie entwickeln, daß die Eltern nur dann aufmerksam und zugewandt reagieren, wenn es krank ist und daß nur der kranke, beschädigte Körper von den Eltern geliebt wird.

So berichtet eine ältere Frau, daß sie sich bereits als kleines Mädchen kratzte oder sich Arme und Beine anschlug, um blaue Flecken zu erzeugen, um dadurch die Aufmerksamkeit der Eltern zu erregen und Zuwendung zu erhalten.

Die spätere künstliche Erzeugung von Krankheiten stellt eine unbewußte Wiederholungsinszenierung (siehe Seite 134) dieser frühen traumatisierenden Erlebnisse und somit einen unbewußten Bewältigungsversuch dar.

---

* 1965, 1985

Emotionale, körperliche und sexuelle Gewalt *

Die Folgen von emotionaler, körperlicher und sexueller Gewalt in der Kindheit sind vielfältig. Störungen des Ausdrucks von und des Umgangs mit aggressiven Gefühlen spielen, neben Störungen des Selbst- und Körpererlebens, der Sexualität und der Gestaltung zwischenmenschlicher Beziehungen (siehe Kapitel 3), eine wesentliche Rolle. Zunächst möchte ich auf Störungen des Umgangs mit aggressiven Gefühlen eingehen und dann auf die besonderen Folgen sexuellen Mißbrauchs zu sprechen kommen. Die Störungen des Körpererlebens und der Sexualität werden im fünften Kapitel beschrieben.

«Ärger und Wut kenne ich nicht!»

Viele selbstbeschädigende Frauen geben an, daß sie keinerlei Wut- und Ärgergefühle kennen. Insbesondere Frauen mit heimlichen Selbstbeschädigungen reagieren mit heftiger Abwehr, wenn man sie darauf anspricht. Solche Gefühle sind ihnen völlig fremd; sie sind äußerst bedrohlich und dürfen auf keinen Fall gespürt und schon gar nicht auf direktem Wege geäußert werden!

Erklären kann man sich das u. a. damit, daß diese Frauen in ihrer Kindheit solche Gefühle als existentiell bedrohlich erlebt haben, weil sie häufig mit direkter und äußerst bedrohlicher Gewalt verbunden waren. Hier wurde also auch gehandelt und nicht gesprochen!

Bei anderen, die den Übergriffen der Eltern ausgesetzt waren, haben sich heftige unerträgliche Aggressionen angestaut, die aber auf-

---

* Ich kann in diesem Zusammenhang nur zusammenfassend auf die für das Verständnis der Selbstbeschädigung wichtigen Folgen von sexuellem Mißbrauch, Inzest und körperlichem Mißbrauch eingehen. Zum Thema «Inzest – sexueller Mißbrauch» existiert mittlerweile eine umfangreiche Literatur, die teilweise im Literaturverzeichnis aufgeführt ist.

grund der bereits beschriebenen Situation innerhalb der Familien nicht geäußert werden konnten.

Bei den leichteren Formen der Selbstbeschädigung ist es häufig so, daß Wut und Ärger als etwas Bedrohliches erlebt wurden, weil das Kind fürchtete, daß die Beziehung dann völlig auseinanderbrechen könnte. So berichten einige der betroffenen Frauen, daß sich die Mutter persönlich angegriffen fühlte und dann völlig zusammenbrach, sich zurückzog und über lange Zeit nicht mehr mit ihnen sprach.

Die Wut und Verzweiflung wird deshalb lange unterdrückt und kann dann manchmal impulshaft herausbrechen. Vor allem entlädt sie sich unkontrolliert gegenüber dem eigenen Körper. Insbesondere bei der heimlichen Selbstbeschädigung erscheint diese heftige Wut völlig abgespalten, d. h., sie äußert sich nur in der wütenden, rasenden Beschädigung des Körpers und ist ansonsten für die Betroffene nicht zu spüren, ist ihr nicht bewußt und darf ihr auch nicht zu Bewußtsein kommen. Die Wut muß gegen das eigene Selbst, gegen den eigenen Körper gerichtet werden, damit sie auf diese Weise kontrolliert werden kann. Sonst müßte der Betreffende befürchten, sie könnte sich in zerstörerischer Weise gegen andere wichtige Menschen richten (siehe auch Kapitel 6).

Verbunden mit der Unfähigkeit, Aggressionen zu empfinden und direkt zum Ausdruck zu bringen, ist oft das Gefühl, überhaupt keine eigenen Bedürfnisse, Wünsche, Gefühle haben zu dürfen. Oft werden diese gar nicht empfunden, können gar nicht geäußert werden. Sie kommen in Form «diffuser innerer Spannung» zum Ausdruck, die aber nicht in Gefühle unterteilt bzw. Gefühlen zugeordnet werden kann. Die Selbstbeschädigung drückt vieles aus, steht für viele Gefühle, die nicht differenziert empfunden, gelebt, ausgedrückt werden können und dürfen.

Menschen mit selbstbeschädigenden Erkrankungen leiden oft an quälenden Zuständen, in denen sie plötzlich das Gefühl haben, ihren Körper oder einzelne Körperteile nicht mehr zu spüren. Er kommt ihnen fremd vor, wie taub, wie tot, wie abgestorben. In diesen Zuständen setzt auch das Schmerzempfinden aus. Manchmal können auch Sinneswahrnehmungen wie Hören, Sehen und Berührungsempfinden oder allgemeine Körpergefühle wie Appetit und Durst in dieses Gefühl der Entfremdung, des Abgestorbenseins einbezogen sein. Alles fühlt sich komisch an, man hört wie durch eine Glasglocke, man sieht wie durch Nebel etc. Solche Zustände werden als «Entfremdungsgefühle, -zustände» (Depersonalisationszustände) bezeichnet.

Diese Zustände treten oft im Zusammenhang mit bedrohlichen Gefühlen auf und haben eine Art «Schutzfunktion»; sie funktionieren wie ein «Fluchtmechanismus» oder eine Art «Totstellreflex». Das bedrohliche Gefühl oder die bedrohliche Erinnerung verschwindet, und «nur» noch das Entfremdungsgefühl wird wahrgenommen. Nichts kann die Betroffene mehr berühren; es ist, als stehe man neben sich, als sei man gar nicht selbst beteiligt an dem, was geschieht.

Obwohl diese Entfremdungszustände eine Schutzfunktion haben, werden sie meist als sehr bedrohlich und quälend erlebt. Es ist ein Gefühl, als sei der Körper plötzlich vom übrigen Selbst wie abgetrennt, als sei er abgestorben. Oft haben die Betroffenen große Angst, verrückt zu werden und durchzudrehen. Es ist, als seien sie lebendig und doch tot. Selbstverletzungen geschehen oft im Zusammenhang mit solchen unerträglichen Entfremdungszuständen. Durch die Selbstverletzung, das Schneiden der Haut kommt das Schmerzempfinden wieder zurück; das rote, warme Blut führt zur Beruhigung, weil es Lebendigkeit demonstriert. Ebenso wird der Schmerz und bei den heimlichen Selbstbeschädigungen auch andere Körperreaktionen wie Fieber, Abszeßbildungen u. ä. als etwas Beruhigendes erlebt, weil sie spüren lassen, daß der Körper lebt, daß er nicht abgestorben ist.

Die Selbstbeschädigungen stellen ein Bindeglied zwischen Körper und übrigem Selbst dar. Sie sind ein verzweifelter Versuch, das von Auflösung bedrohte Ich wiederherzustellen, wieder zusammenzukitten, wieder heil zu machen. Die Selbstbeschädigung übernimmt die Funktion der Selbstheilung.

> *Eine Frau beschreibt das folgendermaßen:*
> *...Der Kontakt mit der Umgebung bricht irgendwie ab. Es ist, als ob ich aus der Wirklichkeit herausrutschte. Der Zustand ist furchtbar. Ich habe Angst, ich könnte wahnsinnig werden. Ich schlage mich, bis die Haut ganz rot ist. Ich dusche so heiß, daß ich mich fast verbrenne. Aber ich spüre nichts. Dann kommt der starke Drang, mir weh zu tun. Ich schneide mich und lasse das Blut ganz lange über die Haut laufen. Das rote, warme Blut gibt mir ein Gefühl von Entspannung und Geborgenheit. Dann fühle ich auch wieder den Schmerz. Erst dann habe ich das Gefühl, ich bin wieder in mir drin.*

Mißhandlung und sexueller Mißbrauch

Sowohl Menschen, die an «offenen» als auch Menschen, die an «heimlichen» Selbstbeschädigungen leiden, weisen in ihrer Kindheit eine auffallende Häufung von Erlebnissen körperlichen und sexuellen Mißbrauchs auf. *

Bislang fehlen allerdings differenzierte wissenschaftliche Untersuchungen an großen Gruppen von Betroffenen, die an heimlichen Selbstschädigungen leiden. Bei den offenen Selbstbeschädigungen existiert eine größere amerikanische Untersuchung: Von 240 jungen

---

* Dies wird von nahezu allen Autoren, welche psychotherapeutisch mit solchen Menschen gearbeitet oder ausführlichere Informationen über die Krankengeschichten von Betroffenen haben, bestätigt (Eckhardt 1989, Sachsse 1987, Plassmann 1987, von der Stein 1992, Rosenthal 1972, Kaplan 1992, Favazza 1989, Carroll et al. 1980, Greenspan 1989 u. a.).

Frauen, die an offenen Selbstbeschädigungen litten, gaben 62 Prozent Erlebnisse körperlichen und sexuellen Mißbrauchs in der Vorgeschichte an; der sexuelle Mißbrauch begann durchschnittlich mit sieben Jahren und dauerte durchschnittlich zwei Jahre*.

Umgekehrt werden immer wieder selbstverletzende Handlungen und autodestruktives Verhalten bei Menschen, die sexuell mißbraucht wurden, beschrieben, was diesen Zusammenhang erhärtet.** Insbesondere im Zusammenhang mit der Aufdeckung des sexuellen Mißbrauchs und mit folgenden belastenden Gerichtsverfahren kommt es bei den Betroffenen nicht selten zu Selbstbeschädigungen.

Der sexuelle Mißbrauch kann in unterschiedlicher Form geschehen. Er kann sich ohne direkte körperliche Gewalt vollziehen, indem das Kind zunächst im Glauben gelassen wird, es handele sich um körperliche Zärtlichkeiten, um eine Art Spiel, bis es dann spürt, daß da etwas Verbotenes vor sich geht.

Das Kind ist beim sexuellen Mißbrauch, ebenso wie bei seelischem und körperlichem (Schlagen, Quälen, Deprivation) Mißbrauch anderer Art immer das *Opfer*. Es wird nicht am Entscheidungsprozeß beteiligt, und es ist abhängig von seinen Eltern, d. h. auf deren Zuwendung und Liebe völlig angewiesen. Es wünscht sich ja Zuwendung, Zärtlichkeit, körperlichen Kontakt. Es kann nicht unterscheiden, wo die Grenzen sind und wann es überfordert ist.

Eine Form des sexuellen Mißbrauchs besteht darin, das Kind sexualisierten und inzestuösen Situationen auszusetzen.

Eine Frau wurde als Kind von den Eltern immer mitgenommen, wenn diese ein befreundetes Ehepaar besuchten, um gemeinsamen Sex zu haben. Sie mußte ihnen dabei zusehen, weil sie das zusätzlich erregend fanden. Wenngleich sie selbst nicht körperlich in diese sexuellen Spiele einbezogen wurde, wurde sie sexuell mißbraucht.

---

*   Farazza et al. 1986
** Wirtz 1992, Shengold 1989, Finkelhor 1990 u. v. a.

Es kommt hier zu einer fatalen Vermischung von Zuwendung und sexueller Ausbeutung, welche die vielfältigen Folgeschäden verursacht. Einer dieser möglichen Folgeschäden kann ein sexualisiertes Verhalten sein, weil Zuwendung und Sexualität weiterhin sehr schlecht getrennt werden können.

Unter sexualisiertem Verhalten versteht man ein Verhalten von Kindern oder auch von Erwachsenen, bei dem die Kontaktaufnahme mit anderen vorwiegend über eine Art sexuelle Ansprache erfolgt. Man fühlt sich als Gegenüber «irgendwie angemacht», obwohl das überhaupt nicht zu der jeweiligen Situation paßt. Solche Kinder setzen sich Fremden zum Beispiel sehr schnell auf den Schoß. Über dieses Verhalten soll Zuwendung und Aufmerksamkeit erreicht werden; es geht aber um freundschaftliche, fürsorgliche, nicht-sexuelle Zuwendung. Dies wird von den Kindern, da sie durch die Situationen des sexuellen Mißbrauchs gelernt haben, daß Zuwendung nur damit verbunden ist, vermischt, und so können sich andere Menschen irrtümlich sexuell angesprochen fühlen. Dieses Phänomen tritt aber nur in etwa sieben Prozent der Opfer von sexuellem Mißbrauch auf.*

Es sollte nicht zu einem vorschnellen Verdacht führen, weil auch Kinder, die nicht sexuell mißbraucht werden, solche Verhaltensweisen zeigen können.

Sexueller Mißbrauch kann auch in sehr gewaltsamer und sadistischer Weise geschehen, und auch wenn es nicht zu direkten sexuellen Handlungen am Kind kommt, können körperliche Mißhandlungen wie Schlagen etc. in einer sexualisierten Atmosphäre geschehen bzw. mit einer sexuellen Perversion der Mißhandler, die sich nicht in direkten sexuellen Handlungen ausdrückt, verbunden sein. Der folgende Auszug aus einer kürzlich erschienenen Falldarstellung** macht das deutlich:

---

*   Finkelhor 1990
** von der Stein et al. 1992

*Eine 37jährige Lehrerin leidet an einer schweren Selbstbeschä-
digung (teilweise offene und teilweise heimliche Selbstbeschädigungen). Diese Frau wurde auf schlimmste Weise von ihrer
Mutter mißhandelt: Seitdem sie sich erinnern kann, habe sie
Mißhandlungen von ihrer Mutter erfahren, die sie als Kind
nackt ausgezogen, an ein Rohr in einer Vorratskammer gebun-
den und dann mit den Händen oder einer großen Holzlatte
ausdauernd geschlagen und gegen Bauch und Kopf getreten
habe. Schlimmer noch als die Schläge seien die Beschimp-
fungen durch die Mutter gewesen, die sie als «Hure» und
«Nutte» titulierte, wobei der Grund für diese Vorwürfe nach
dem Bericht der Patientin offenbleibt. Nach den Mißhandlungen habe sie in ihrer Angst stundenlang in dem dunklen Raum
liegen müssen. In späteren Jahren habe sie sich geschworen,
keine Angst mehr zu haben, und bei den Schlägen der Mutter
keine Gefühlsregung und keine Tränen mehr gezeigt*.
Diese Patientin konnte trotz einer mehr als zweijährigen intensiven stationären Behandlung, welche gesprächstherapeutische,
verhaltenstherapeutische, körpertherapeutische, tanztherapeu-
tische und verschiedene medikamentöse Behandlungs-
elemente enthielt, nicht von ihrem schweren selbstbeschädigenden Verhalten abgebracht werden.*

Eine andere Fallgeschichte ist ähnlich dramatisch:

*Eine 24jährige Frau, die an einer schweren offenen Selbstbe-
schädigung litt, berichtete, daß ihr älterer Cousin sie regelmäßig quälte, indem er Zigaretten an ihren Armen ausdrückte. Er
zwang sie zu «Mutproben». Sie mußte z. B. über hohe Geländer
balancieren, an Strommasten emporklettern u. ä. m. Wenn sie
das verweigerte, bestrafte er sie entsprechend.
Im weiteren Verlauf der Therapie wurde deutlich, daß sie von
ihrer Stiefmutter als Mädchen prostituiert wurde. Sie wuchs in*

---

* Die Autoren interpretieren diese Mißhandlungen als ein «Szenario einer sadi-
stischen sexuellen Beziehung zwischen Mutter und Tochter», als «eine verdeckte
Form eines Mutter-Tochter-Inzests».

einer quälerischen, gewaltsamen, vernachlässigenden Familienatmosphäre auf. Teilweise war sie in Erziehungsheimen untergebracht, mit Kindern aus ähnlich gestörten Familienverhältnissen.

Dort «lernte» sie das «Schneiden». Manchmal tat sie es gemeinsam mit einer Gruppe von anderen Mädchen. Mit den Jahren wurden die Selbstverletzungen immer schlimmer. Teilweise brachte sie sich mehrmals am Tag 10 bis 20 Hautschnitte bei. Ihre Arme und Beine sind davon völlig entstellt.

Es ging ihr nach langen, wiederholten stationären Behandlungen relativ gut; sie konnte einer Berufsausbildung nachgehen, und die Selbstverletzungen traten nur selten und dann in leichter Form auf. Es kam jedoch aufgrund eines stark belastenden Ereignisses zu einem schweren Rückfall. Trotz erneuter langfristiger stationärer und ambulanter Behandlung haben die Selbstverletzungen nicht aufgehört. Sie lebt heute vorwiegend in geschlossenen Abteilungen psychiatrischer Kliniken.

Derartige schwere Mißhandlungen führen in fast allen Fällen zu sehr schweren, therapeutisch kaum beeinflußbaren Formen der Selbstbeschädigung oder zu anderen schweren seelischen Erkrankungen wie Persönlichkeitsstörungen, Suchtkrankheiten, schweren Depressionen und Psychosen (Geisteskrankheiten).

Viele Fälle von Inzesterlebnissen oder sexuellen Mißhandlungen, welche in nicht so «offen sadistischer» Weise ausgeführt wurden, wie in den oben beschriebenen Fällen, werden berichtet. Diese sexuellen Übergriffe können aber für die betroffenen Kinder ebenso traumatisierend sein. Wesentlich ist auch die familiäre Situation, in der so etwas geschieht. Einige der selbstbeschädigenden Frauen wurden nicht von direkten Familienangehörigen, sondern von Bekannten oder fremden Personen sexuell mißhandelt. Dies geschah meist ohne das Wissen der Eltern. Obwohl teilweise schwere seelische Störungen (depressiver Rückzug, Bettnässen, Stottern oder erste Selbstbeschädigungen) auftraten, «merkten» die Eltern nichts davon und machten sich offenbar keinerlei Gedanken, warum sich ihr Kind plötzlich so veränderte. Hier muß es sich um gestörte Familiensysteme bzw. gestörte Eltern-Kind-Beziehungen handeln, auch wenn diese Familien nach außen hin völlig angepaßt erscheinen mögen. Es muß ein Klima emotionaler Vernachlässigung geherrscht haben, denn es gehört schon sehr viel Gleichgültigkeit oder «emotionale Abwesenheit» dazu, wenn eine Mutter nicht spürt, daß ihr Kind plötzlich völlig verstört und verändert ist.

L. Shengold, ein amerikanischer Psychoanalytiker, nennt sein Buch über die Folgen von Mißbrauch und Deprivation an Kindern *Soul Murder* («Seelenmord»)*.

Zur Kindesmißhandlung rechnet Shengold ein Klima der emotionalen Deprivation, auch wenn keine direkte körperliche und sexuelle Mißhandlung erfolgt ist, hinzu. In der Einführung zu seinem Buch schreibt er:

«Die Seele eines Menschen zu ermorden bedeutet, ihn der Fähigkeit, Freude und Liebe als eigenständige Person zu erleben, zu berauben.»**

In diesem Satz sind eigentlich wesentliche Folgen von schweren Formen sexueller und körperlicher Mißhandlung zusammengefaßt.

Nicht alle Menschen reagieren in gleicher Weise auf sexuellen und körperlichen Mißbrauch. Shengold nimmt «gewisse konstitutionelle Faktoren» (angeborenen Eigenschaften) bei jedem Menschen an, die neben der persönlichen Entwicklungsgeschichte u. a. für die unterschiedliche Belastbarkeit und die unterschiedliche seelische Verwundbarkeit verantwortlich sind.

---

* *Seelenmord* wurde vielfältig gebraucht, u. a. von D. P. Schreber: Denkwürdigkeiten eines Nervenkranken (um 1900). Der Begriff geht auf frühere Autoren zurück, u. a. auf Anselm von Feuerbach (1832) in «Kaspar Hauser: Beispiel eines Verbrechens am Seelenleben des Menschen». Eine schweizerische Autorin, Ursula Wirtz, betitelt ihr Buch über Inzest und dessen Therapie mit «Seelenmord» (1989).
** Übersetzung der Autorin

Es ist von großer Bedeutung, in welcher familiären Situation der Mißbrauch geschieht und ob es ein einmaliges Ereignis ist oder sich über einen längeren Zeitraum erstreckt.

Der Begriff des «seelischen Traumas»* hat sich heute etwas verändert. Man geht heute davon aus, daß die Wiederholung, also die Dauer und der psychosoziale Kontext der traumatischen Einwirkung, von großer Bedeutung für die Entwicklung von seelischen Störungen ist. Zeitweilig wird auch von einem «kumulativen» (angehäuften) Trauma gesprochen.**

In der Literatur wird bis zum gegenwärtigen Zeitpunkt diskutiert, inwieweit es spezifische Folgen von Mißbraucherlebnissen gibt. Meist geschieht der Mißbrauch in einem insgesamt schädigenden Familienklima; oft fehlt eine unterstützende Beziehung zu den Eltern, die es dem Kind möglich machen würde, diese belastenden Erlebnisse zu verarbeiten. Verlust- und Trennungserlebnisse können hinzukommen.

All diese Faktoren sind zu berücksichtigen, wenn man etwas über die Folgen solcher Ereignisse erfahren möchte. Übereinstimmung besteht darin, daß schwere Formen sexueller Mißhandlung, die mit Genitalkontakt und/oder Geschlechtsverkehr einhergehen, in den meisten Fällen zu späteren langfristigen seelischen Störungen führen.***

Mädchen sind zwei- bis dreimal so häufig sexuellem Mißbrauch ausgesetzt wie *Jungen*. Es existieren allerdings bislang nur wenige Un-

---

* *Trauma:* Erlebnis, auf das ein Mensch nicht in angemessener Weise reagieren, das er nicht verarbeiten kann und das daher häufig aus dem Bewußtsein verdrängt wird. Vom Unbewußten her entfaltet das traumatische Erlebnis ständig eine Wirkung: so als ob der Betroffene ständig mit dem Erlebnis konfrontiert sei, auf das sinnvoll zu reagieren, seine dauernde ungelöste Aufgabe bleibt (Peters, H.: Wörterbuch der Psychiatrie und medizinischen Psychologie. München 1984).
** Khan 1974
*** Mullen et al. 1993

tersuchungen über sexuell mißbrauchte Jungen; wahrscheinlich gibt es eine hohe Dunkelziffer. Das Risiko, andere körperliche Gewalt zu erleiden, ist für Mädchen und Jungen hingegen etwa gleich hoch.*

Jungen reagieren ähnlich wie Mädchen mit schweren seelischen Störungen auf sexuellen Mißbrauch. Allerdings neigen Jungen in der Folge eher zu aggressivem Verhalten und später häufig zur Entwicklung von Suchterkrankungen (Drogen-, Alkohol-, Medikamentenabhängigkeit). Mädchen hingegen reagieren eher depressiv, was den deutlich höheren Anteil von Frauen bei den offenen und heimlichen Selbstbeschädigungen teilweise erklärt (siehe Kapitel 5).

Zu den *langfristigen Folgen* von sexuellem Mißbrauch gehören häufig Angstzustände, depressive Reaktionsweisen, Aggressionen und sexuell auffälliges Verhalten** sowie Schlafstörungen, Überwachheit und Angespanntheit. Außerdem haben die Betroffenen häufig unter Gefühlen von Isolation, Ausgestoßensein, Stigmatisierung (sich mit einem Makel behaftet fühlen) zu leiden. Auch Störungen des Selbstwertgefühls («ich bin nichts mehr wert»), Mißtrauen gegenüber anderen und daraus folgende Probleme, sich auf andere Menschen einzulassen, gehören dazu; ebenso die Tendenz zu Drogen-, Medikamenten- oder Alkoholmißbrauch, sexuelle Störungen, vielfältige psychosomatische Symptome (z. B. seelisch bedingte Schmerzzustände, häufig im Geschlechts- und Unterleibsbereich, seelisch bedingte Ohnmachtsanfälle u. v. m.), selbstzerstörerisches Verhalten, Eßstörungen und eine Tendenz zur Reviktimisierung (unbewußte Neigung, immer wieder in die Opferrolle zu geraten).

In der neueren Literatur wird diskutiert, inwieweit man die Symptome und seelischen Störungen, die nach Erlebnissen sexuellen

---

* Finkelhor 1990, Hermann 1989, Steinhage 1992
** Nach einer Untersuchung an 369 sexuell mißbrauchten Kindern wiesen nur 7 Prozent ein sexualisiertes Verhalten auf (Finkelhor 1990).

Mißbrauchs auftreten, einer speziellen Störung zurechnen kann, der «posttraumatischen Belastungsstörung» (engl.: *posttraumatic stress disorder*); sie wird als Reaktion auf verschiedene traumatische Belastungserlebnisse beobachtet.

Symptome der Posttraumatischen Belastungsstörung *

Eine Wiederbelebung des vorangegangenen traumatischen Ereignisses:

1. wiederholte und sich aufdrängende Erinnerungen an das Ereignis (bei kleinen Kindern Wiederholungsspiele, bei denen Themen oder Aspekte des Traumas ausgedrückt werden);
2. wiederholte, stark belastende Träume;
3. plötzliches Handeln oder Fühlen, als ob das traumatische Ereignis wiedergekehrt wäre (dazu gehören ein Gefühl, das Ereignis wieder zu durchleben, Vorstellungen, Halluzinationen und dissoziationsartige Episoden **, auch im Wachheitszustand oder bei Intoxikation ***);
4. intensives psychisches Leid bei der Konfrontation mit Ereignissen, die das traumatische Ereignis symbolisieren oder ihm in irgendeiner Weise ähnlich sind, einschließlich Jahrestage des Traumas.

Anhaltende Vermeidung von Stimuli (Auslösern), die mit dem Trauma in Verbindung stehen, oder eine Einschränkung der allgemeinen Reagibilität **** (war vor dem Trauma nicht vorhanden), was sich in mindestens drei der folgenden Merkmale ausdrückt:

1. Anstrengungen, Gedanken oder Gefühle, die mit dem Trauma in Verbindung stehen, zu vermeiden;
2. Anstrengungen, Aktivitäten oder Situationen, die Erinnerungen an das Trauma wachrufen, zu vermeiden;

---

*   Nach: Diagnostisches Manual psychischer Störungen, DSM-III-R 1989
**   *Dissoziation:* Spaltung des Bewußtseins
*** *Intoxikation:* Vergiftung
**** *Reagibilität:* Reizbarkeit, Reaktionsfähigkeit

3. Unfähigkeit, sich an einen wichtigen Bestandteil des Traumas zu erinnern (psychogene Amnesie);
4. auffallend vermindertes Interesse an bedeutenden Aktivitäten (bei kleinen Kindern Verlust neu angeeigneter entwicklungsbedingter Fähigkeiten, wie etwa Sauberkeitstraining oder Sprachfähigkeiten);
5. Gefühl der Isolierung bzw. Entfremdung von anderen;
6. eingeschränkter Affekt, z. B. keine zärtlichen Gefühle mehr zu empfinden;
7. Gefühl einer eingeschränkten Zukunft, z. B., man erwartet nicht, beruflich erfolgreich zu sein, zu heiraten, Kinder zu haben oder lange zu leben.

Anhaltende Symptome eines erhöhten Erregungsniveaus (waren vor dem Trauma nicht vorhanden), durch mindestens zwei der folgenden Merkmale gekennzeichnet:
1. Ein- oder Durchschlafstörungen;
2. Reizbarkeit oder Wutausbrüche;
3. Konzentrationsschwierigkeiten;
4. Hypervigilanz (Überwachheit);
5. übertriebene Schreckreaktionen;
6. physiologische Reaktionen bei Konfrontationen mit Ereignissen, die einem Bestandteil des traumatischen Ereignisses ähneln oder es symbolisieren (z. B. eine Frau, die in einem Aufzug vergewaltigt wurde, bekommt beim Betreten des Aufzuges einen Schweißausbruch).

Viele dieser Symptome treten bei Menschen, die einem sexuellen Mißbrauch ausgesetzt waren, und bei Menschen, die sich selbst verletzen, auf. Hier wird aber nicht genügend auf die besonderen Folgen des sexuellen Mißbrauchs eingegangen. Die «posttraumatische Belastungsreaktion» tritt auch bei Menschen auf, die anderen traumatischen Ereignissen, wie Katastrophen, Unfällen, Krieg, Schädigung von Angehörigen u. a., ausgesetzt waren. Das Konzept der «posttraumatischen Belastungsreaktion» ist daher alleine nicht ausreichend, um die Folgen sexuellen Mißbrauchs zu erklären. Wesentliche Folgeschäden, wie sexuelle Störungen, Störungen der Geschlechtsidentität, schwere Beeinträchtigungen des Selbstwertgefühls, Entfremdungsgefühle und selbstbeschädigende Handlungen, müssen unbedingt berücksichtigt werden.

Vier psychodynamische Bereiche des sexuellen Mißbrauchs wirken sich schädigend auf die Betroffenen aus: *

1. *Traumatische Sexualisierung:* Sexuelle Aktivität ist mit bedrohlichen, negativen Gefühlserinnerungen verbunden und kann zu vielfältigen Störungen der Sexualität und des sexuellen Verhaltens führen.

2. *Verrat:* Das Kind wurde mißbraucht, indem seine Abhängigkeit, seine Verletzlichkeit und sein Vertrauen verraten und ausgebeutet wurden. Das kann zu vielfältigen Störungen der zwischenmenschlichen Beziehungen führen, insbesondere zu tiefem Mißtrauen, zu Wut, Feindseligkeit und Depression.

3. *Stigmatisierung:* Das Kind fühlt sich gezeichnet, schuldig, leidet an heftigen Schamgefühlen und einem niedrigen Selbstwertgefühl («nichts wert sein», «schlecht sein»). Dies spielt bei der Psychodynamik der Selbstbeschädigung eine wichtige Rolle.

4. *Hilflosigkeit und Ohnmacht:* Das Kind hat erlebt, daß seine Grenzen rücksichtslos überschritten worden sind; daß sein Körper benutzt wurde wie ein Ding, das ihm nicht gehört. Es fühlte sich völlig ausgeliefert und ohnmächtig. Wenn es keine Hilfe bekommt, um diese Erlebnisse zu verarbeiten, kann es später aufgrund einer unbewußten Wiederholungstendenz z. B. immer wieder in eine Art «Opferrolle» hineingeraten, d. h. unbewußt immer wieder ähnliche Situationen aufsuchen («Tendenz zur Reviktimisierung»). Dieser unbewußte Versuch, das erlittene, unverarbeitete Trauma zu verarbeiten, spielt bei der Selbstbeschädigung eine wesentliche Rolle.

---

* Einteilung nach Finkelhor 1990

In den folgenden Abschnitten finden sich diese einzelnen Dimensionen wieder und werden noch weiter ausgeführt.

Die Bedeutung der «Übererregung» (engl.: overstimulation)

Die «überwältigende Wucht der Sexualität des Erwachsenen» und die damit verbundene völlige Überforderung des Kindes, das ja hinsichtlich seiner eigenen körperlichen und seelischen Fähigkeit zur sexuellen Funktion noch ganz unentwickelt ist, macht aus dem, was zunächst als angenehm und vielversprechend auf das Kind wirken kann, unerträgliche Überstimulation (Übererregung) und Schmerz.[*] Der Körper des Kindes kann mit sexueller Erregung reagieren, von der sich das Kind völlig überfordert fühlt.

Diese unerträgliche Übererregung ist für das Kind sehr erschreckend und führt zu einer Mischung von aggressiven, sexuellen Gefühlen und Angstgefühlen. Bei Kindern, die aggressiven Mißhandlungen ausgesetzt sind, handelt es sich nach Shengolds Auffassung immer um eine sexualisierte Situation, welche in einer Mischung aus sadomasochistischen, kaum aushaltbaren Gefühlen und Affekten für das Kind resultiert. Es kommt zu Störungen der psychosexuellen Entwicklung und Reifung und zu Störungen der Fähigkeit, mit Gefühlen und Affekten umzugehen.

Scham und Schuld

Menschen, die sexuell mißbraucht wurden, leiden häufig unter heftigen Scham- und Schuldgefühlen. Das hat verschiedene Gründe. Das Kind ist dem sexuellen Mißbrauch ausgeliefert, weil es sich ja in einer völlig abhängigen Position von den Eltern befindet. Für das Kind sind die Eltern existentiell wichtig. Es kann sich nicht wie ein Erwachsener überlegen, ob es mit ihnen zusammensein will oder nicht. Es kann

---

[*] Shengold 1989

128

sich auch nicht überlegen, ob ihm da etwas Schlechtes angetan wird, wozu seine Eltern kein Recht haben. Kinder identifizieren sich mit ihren Eltern und übernehmen vieles von deren Wert- und Lebensvorstellungen. Kinder denken oft, daß das Verhalten ihrer Eltern ganz normal, ganz üblich sei.

Hierzu eine junge Frau:
Ich dachte, daß Eltern so wären; daß das in allen Familien so sei. Mein Vater hat gesagt, ich sei seine Tochter, und also dürfe er all das mit mir machen!

Sie glauben, sie seien «schlecht» und hätten es daher «verdient», geschlagen zu werden. Wenn sexuelle Übergriffe zunächst ohne Gewalt geschehen, dann ist das noch komplizierter. Das Kind liebt seine Eltern, sehnt sich nach deren Zuwendung und Aufmerksamkeit. Wenn sexuelle Übergriffe ohne Gewalt geschehen, denkt es zunächst, daß ihm etwas Gutes geschähe. Das Kind kann anfänglich diese Form der «Zuwendung» als etwas «Angenehmes» empfinden. Außerdem kann es sich im Rahmen seiner kindlichen sexuellen Empfindungen, die anders als die des Erwachsenen sind, erregt fühlen. Es kann sich als etwas Besonderes fühlen, wenn es zum Beispiel vom Vater (durchaus auch von der Mutter; aber Mutter-Sohn- oder Mutter-Tochter-Inzest ist sehr viel seltener) das Gefühl vermittelt bekommt, es sei nun von den Kindern das besonders Geliebte. Insbesondere wenn der Vater ihm Geschenke macht oder ihm vermittelt, da hätten nur sie beide ein ganz besonderes Geheimnis. Das Kind wird dann zum «Teilnehmer».[*] In dieser Situation gerät das Kind in einen besonders schwierigen, eigentlich unlösbaren und unerträglichen inneren Konflikt. Weil es auch angenehme und erregende Gefühle hat, weil es in eine Art «Sonderrolle», was Zuwendung betrifft, kommt, glaubt es, daß es

---

[*] In gerichtlichen Urteilen wird die Tatsache, daß sich das Kind nicht gewehrt hätte, als ein Zeichen dafür gewertet, daß es gar nicht schlimm für es gewesen sei. Es gibt in den USA sogar Forderungen, den sexuellen Mißbrauch von Kindern zu legalisieren!!! (Wirtz 1989).

Exkurs: Die ödipale Phase *

Nach klassischer psychoanalytischer Auffassung durchlaufen alle Kinder eine bestimmte Entwicklungsphase (4. bis 6. Lebensjahr), während der sie den jeweils gegengeschlechtlichen Elternteil besonders lieben und auch sexuelle Wünsche auf ihn richten. Das Mädchen möchte den Vater dann gerne für sich haben und tritt mit der Mutter in Konkurrenz. Es möchte ihn der Mutter wegnehmen.

Der Konflikt («Ödipuskonflikt») besteht nun darin, daß das Mädchen die Mutter aber auch liebt und ebenso von ihr geliebt werden möchte. Weil es aggressive Wünsche gegen die Mutter hegt (sie «ausschalten» möchte), bekommt es einerseits intensive Ängste, die sich auf seine körperliche Unversehrtheit richten, und andererseits intensive Schuldgefühle. Es fürchtet die Rache der Mutter und hat große Angst, die Liebe der Mutter zu verlieren. Die Liebe zwischen Tochter und Vater ist verboten («Inzesttabu»), und das kleine Mädchen denkt, daß die Mutter es für diese verbotenen Wünsche und für seine aggressiven Gefühle ihr gegenüber bestrafen wird. Entsprechend umgekehrt verhält es sich beim Jungen und dem Vater.

---

* Die anderen Entwicklungsphasen sind für die gesunde Entwicklung einer reifen Geschlechtsidentität, die Persönlichkeit, das Körpererleben ebenso wichtig. Ich kann hier nur sehr vereinfacht und verkürzt auf die psychoanalytische Entwicklungstheorie eingehen. Ich erwähne die Aspekte, die für das Verständnis der psychodynamischen Hintergründe der Selbstbeschädigung von Bedeutung sind.

In der Regel, wenn es sich um intakte Familienverhältnisse handelt und die Eltern mit dieser Situation entsprechend umgehen können, ist das eine normale und wichtige Entwicklungsphase des Kindes, die es auch gut bewältigen kann. Das Kind bemerkt, daß es, obwohl es die Mutter zeitweilig am liebsten «ausschalten» möchte, doch weiterhin von ihr geliebt wird und auch seine eigene Liebe zur Mutter nicht durch diese aggressiven ödipalen Wünsche zerstört wird. Es bemerkt beim Vater, daß dieser es liebt, aber daß er die Grenzen zwischen Ehefrau und Tochter einhält und das kleine Mädchen vor dem verbotenen Inzest, der es völlig überfordern würde, schützt. Entsprechend, sehr ähnlich, verläuft dies zwischen dem kleinen Jungen, der Mutter und dem Vater.

Die Ängste und die zunehmende Einsicht, daß seine Wünsche nicht verwirklicht werden können, helfen dem Kind dabei, den «Ödipuskonflikt» zu überwinden. Es gibt diese Wünsche auf und wendet sich wieder dem gleichgeschlechtlichen Elternteil zu, mit dem es sich identifiziert. Hierdurch kann es seine weibliche oder männliche Identität festigen. Zu einem Wiederaufleben dieser «ödipalen» Wünsche kommt es in der Pubertät, wenn die sexuellen Empfindungen erwachen. Jetzt geht es darum, sich von den Eltern zu lösen und sich einem Geschlechtspartner zuzuwenden, der nicht mit inzestuösen Ängsten behaftet ist. Wenn die ödipale Entwicklungsphase gut bewältigt werden konnte, geschieht das auch.

selbst an dem Geschehen schuld sei. Es glaubt, es hätte kein Recht, sich zu wehren und andere Erwachsene um Hilfe zu bitten. Es spürt oft das Tabu, das über der Familie liegt. Und es hat Angst, daß die Familie auseinanderbrechen könnte und es den Vater oder auch die Mutter verlieren könnte, von denen es sich ja abhängig fühlt.

Sehr problematisch wird das, wenn der sexuelle Mißbrauch/Inzest während der sogenannten «ödipalen Entwicklungsphase» des Mädchens geschieht.

Wenn nun der Vater diesen Schutz nicht gewährt, sondern die Ängste bestätigt und die kindlichen Wünsche des kleinen Mädchens, ihn für sich zu gewinnen (die ja nicht den sexuellen Wünschen der reifen erwachsenen Frau entsprechen), ausnutzt, indem er das Mädchen zu sexuellen Handlungen verführt, entsteht im Inneren des Mädchens Chaos und Verwirrung. Es möchte ja den Vater für sich haben, aber es ist keine erwachsene Frau! Und es hat das Gefühl, sich gegenüber der Mutter schuldig zu machen und etwas Schlimmes, Verbotenes zu tun. Da es die Zuwendung des Vaters als etwas Angehmes, Besonderes empfindet, ist es völlig verwirrt von seinen Gefühlen. Sein Körper reagiert oft mit Erregung, die aber mit schmerzlicher Übererregung verbunden ist, wie bereits oben beschrieben wurde.

Es glaubt auch, daß der Vater das tun darf. Viele Männer sagen den Kindern: «Du bist meine Tochter, und ich darf das deshalb mit dir machen!» (s. o.)

Das mißhandelte, mißbrauchte Kind hat eine sehr enge, wenngleich zwiespältige Bindung an den Vater. Es liebt den Vater, und der negative Anteil, der durch den Inzest bedingt ist, kann abgespalten sein, d. h., er wird nicht bewußt wahrgenommen, sondern bleibt im Inneren der Seele verkapselt. Hierzu zitiert der Psychoanalytiker M. Hirsch [*] eine Patientin, die im Vorschulalter von ihrem Vater mißbraucht wurde:

---

[*] 1987 nach Gardiner-Sirtl

«Was aber dennoch bleibt, und das mag manchen verwundern, ist auch die Liebe zu diesem Menschen, der mir als einziger innerhalb dieser Familie in seiner Art gezeigt hat, wie sehr er seine Tochter liebte.»

In manchen Fällen denkt das Kind auch, die Mutter wolle das so, sie liefere es an den Vater aus, und nun müsse es für die Mutter tun, was diese nicht mit dem Vater tun will und kann. Das erklärt das häufige Nicht-Merken der Mütter und deren stille Toleranz, die immer wieder bei Inzestfamilien beschrieben wird. Oft handelt es sich ja um schwer gestörte Ehen, in denen auch die Sexualität gestört ist. Das Kind ist in dieser Situation völlig alleine; es weiß nicht, wo es Schutz und Trost finden soll.

In der Pubertät kann es zu schweren Störungen kommen, weil all diese traumatischen Erlebnisse und Impulse der Kindheit wiederaufleben. Bei den selbstbeschädigenden Frauen beginnt die Symptomatik meist in der Pubertät (siehe Kapitel 5).

Der Opfer-Täter-Zyklus

Wie bereits ausgeführt, fühlen sich diese Kinder und späteren Erwachsenen schuldig für das, was ihnen angetan wurde. Sie müssen sich immer wieder selbst dafür bestrafen, um Entlastung von unerträglichen Schuld- und Schamgefühlen zu erreichen. Dies gilt für sexuell mißbrauchte Kinder genauso wie für körperlich mißhandelte Kinder.

Eine Art der unbewußten Selbstbestrafung ist die oben beschriebene unbewußte Neigung, immer wieder in eine Opferrolle zu geraten (Tendenz zur Reviktimisierung). Frauen geraten z. B. an Partner, die mit ihnen wieder in gewaltsamer, mißhandelnder, erniedrigender Weise umgehen. Oft dauert es lange, wie Mitarbeiterinnen von Frauenhäusern wissen, bis sie sich von diesen Partnern zu lösen vermögen.

In Einzelfällen wiederholt sich der Mißbrauch an ihren Kindern:

*Eine Frau, die von ihrem Cousin in der Pubertät über längere
Zeit sexuell mißbraucht wurde und sich nicht wehren konnte,
berichtete mir, daß ihrer Tochter, etwa im gleichen Alter, das
gleiche geschehen sei. Diese Tochter sei von ihrem Cousin,
einem mittlerweile älteren Mann, zu einer Reise eingeladen
worden. Als sie zurückkam, sei ihr – der Mutter – aufgefallen,
daß die Tochter ganz verstört gewesen sei. Der Cousin habe
das gleiche mit der Tochter gemacht wie damals mit ihr. Sie
war aus ihr völlig unklaren Gründen nicht in der Lage gewesen,
die Tochter vor dieser Situation zu schützen.*

Ein anderer wichtiger seelischer Mechanismus, der bei der «unbewußten Wiederholung» eine Rolle spielt, ist die zuerst von Anna
Freud* beschriebene «Identifizierung mit dem Angreifer». Das
heißt, der oder die Betreffende übernimmt selbst Eigenschaften des
Bedrohers; er oder sie entwickelt sich unbewußt vom Opfer zum
Täter, spürt die damaligen Gefühle von Wut, Hilflosigkeit, Haß,
Angst, Kränkung und lebt sie auf diese Weise aus, weil sie anders
nicht bewältigt werden können. So mißhandeln mißhandelte Kinder
in manchen Fällen später ihre eigenen Kinder.

Auch bei selbstbeschädigenden Menschen kann das beobachtet
werden. Mütter, die an ihren Kindern Krankheitssymptome hervorrufen (das erweiterte Münchhausen-Syndrom, siehe Kapitel 2), wurden als Kinder häufig körperlich mißhandelt, und umgekehrt entwik-
keln ihre Kinder später oft selbstbeschädigendes Verhalten.

Die Amerikanerin A. Green** untersuchte 60 körperlich mißhandelte Kinder und verglich sie mit 30 vernachlässigten, nicht körperlich mißhandelten Kindern und 30 normalen, gesunden Kindern.
40 Prozent der mißhandelten Kinder wiesen selbstbeschädigende
Verhaltensweisen auf (sich beißen, sich schneiden, Kopf anschlagen,
Haare ausreißen u. a.). Die vernachlässigten Kinder zeigten in

---

*   1936, 1964
** 1979

17,2 Prozent der Fälle selbstverletzendes Verhalten und die gesunden Kinder in nur 6,7 Prozent.

Menschen, die sich selbst beschädigen, werden ihrem eigenen Körper gegenüber zum Mißhandler. Sie werden zum Täter an ihrem Körper und fühlen sich in dieser Situation nicht mehr ausgeliefert, nicht mehr hilflos und bedroht, weil sie selbst zum Bedroher geworden sind, dem der Körper nun hilflos ausgeliefert ist. An dem Körper wird stellvertretend Rache geübt. Er wird behandelt wie ein hilfloses Kind, das sich nicht wehren kann.

Die unbewußte Wiederholung dieser traumatischen Erlebnisse kommt in der «Identifizierung mit dem Angreifer» und in der Selbstbeschädigung zum Ausdruck. Die früheren traumatischen Erlebnisse werden unbewußt szenisch dargestellt. Die selbstbeschädigende Frau kann nicht in Form von Worten ihren inneren Gefühlen, Ängsten, Enttäuschungen und Verwirrtheiten Ausdruck geben, sondern sie drückt all das in Form der Selbstbeschädigung aus. Sie stellt das alles auf der Bühne des Körpers dar. Das Handeln ersetzt die Sprache.

 ## Zusammenfassung:

Aus *tierexperimentellen Untersuchungen* ist bekannt, daß Tiere, wenn sie in einem Klima der Deprivation aufgezogen werden, selbstverletzendes Verhalten entwickeln. Es dient der Spannungslinderung und der Aggressionsabfuhr.

Weil Menschen, die sich selbst verletzen, immer wieder über Störungen des Schmerzempfindes klagen, nimmt man an, daß es in Verbindung mit der Selbstverletzung zu einer erhöhten Ausschüttung *körpereigener Endorphine* (opiatartiger Stoffe) kommt. Der erhöhte Endorphinspiegel im Blut könnte den rauschartigen, entspannten, teilweise euphorischen Zustand, den viele Menschen im Zusammenhang mit der Selbstverletzung beschreiben, erklären. Dann wäre auch verständlich, warum die Selbstverletzung einen suchtartigen Charakter bekommt.

Menschen, die an offenen oder heimlichen Selbstbeschädigungen leiden, waren in ihrer *Kindheit* häufig Situationen von emotionaler Vernachlässigung (Deprivation) sowie körperlichen und sexuellen Mißhandlungen ausgesetzt. Dies führte zu schweren Störungen der seelischen Entwicklung, die sich u. a. in einem verminderten Selbstwertgefühl, in einer Aggressionshemmung und der Wendung der Aggression gegen das eigene Selbst, in innerseelischen Zuständen von Fragmentierung, Chaos, Leere und Depression sowie extremer Spannung ausdrücken. Schuld- und Schamgefühle mit massiven Selbstbestrafungstendenzen spielen eine weitere wichtige Rolle.

Kapitel 5

Selbstbeschädigung und Weiblichkeit

Eine Störung der weiblichen psychosexuellen Entwicklung ist bei selbstbeschädigenden Frauen nach meiner therapeutischen Erfahrung fast immer vorhanden.[*]

Ähnlich wie bei den Eßstörungen (Magersucht, Bulimie) und den «gesellschaftlich tolerierten Formen der Selbstbeschädigung» (siehe Kapitel 1) sind in etwa 80 Prozent Frauen betroffen.[**]

Die «Wunde» Menstruation

Die Selbstbeschädigung beginnt fast immer in der Pubertät oder der Adoleszenz (Jugendzeit, frühes Erwachsenenalter). Oft beginnt sie kurz nach Einsetzen der Menstruation, einer Zeit also, in der sich der «neutrale» Mädchenkörper in einen geschlechtsreifen, sexuellen weiblichen Körper verwandelt. Ich konnte bei fast allen Frauen, die ich kurz- und längerfristig psychotherapeutisch behandelte, diese Beobachtung machen. Auch Frauen, die an einer heimlichen Selbstbeschädigung litten, konnten, als es aufgrund der Psychotherapie mög-

---

[*] Dies stimmt auch mit der Erfahrung vieler anderer Autoren überein, z. B. Rosenthal 1972, Sachsse 1987 u. a.
[**] Anders als beim Münchhausen-Syndrom, von dem häufiger Männer betroffen sind.

lich war, die Schamgefühle zu überwinden, die mit dem Sprechen über die Selbstbeschädigung verbunden sind, darüber reden, daß die ersten selbstverletzenden Handlungen in der Pubertät aufgetreten waren. Häufig waren die Erinnerungen an die ersten selbstverletzenden Handlungen verdrängt und kamen erst im Verlauf der Therapie wieder ins Bewußtsein.

Der Eintritt der Menstruation und die Lebensphase der Pubertät, in der sich der Körper zum weiblichen Körper entwickelt, ist für jede Frau (und auch für jeden Mann) eine wichtige Lebensphase.

Die folgenden Themen, die in den nächsten Abschnitten zur Sprache kommen, machen diese Zeit u. a. so brisant:
- der Abschied von der Kindheit;
- das Gefühl der Hilflosigkeit gegenüber dem eigenen Körper;
- die Entwicklung der Sexualität und das Wiedererwachen kindlicher ödipaler Wünsche;
- die Veränderung der Mutter-Tochter-Beziehung.

Der Abschied von der Kindheit

Die Menstruation ist das unausweichliche Zeichen, daß die Kindheit vorbei ist und daß nun das Leben der erwachsenen Frau langsam beginnt. Die Pubertät ist für jeden Menschen eine sogenannte normale Entwicklungskrise*, die bei gesunden Jugendlichen trotz aller Wirrnisse, Schwierigkeiten und der besonderen seelischen Verletzlichkeit ein Fortschreiten in der Entwicklung bedeutet. Normalerweise löst der Eintritt der Menstruation im Mädchen immer sehr widersprüchliche Gefühle aus. Einerseits Freude: Nun ist man bald erwachsen, nun ist man eine richtige Frau, nun gehört man dazu. Aber

---

* Wenngleich das Gefühl für die Geschlechtsidentität bei Kindern schon etwa ab dem zweiten Lebensjahr vorhanden ist, existiert doch bis zur Pubertät auch immer noch die unbewußte Phantasie, man könnte beides werden.

auch Trauer, weil es um den Abschied von der Kindheit, von der kindlichen «unschuldigen» Nähe zu und Intimität mit den Eltern geht. Ebenso geht es um den Abschied von der anderen Geschlechtsidentität: Nun ist klar, daß man eine Frau ist und kein Mann und umgekehrt.

Hier sei nochmals an einige der in Kapitel 1 beschriebenen Initiationsrituale erinnert; im Rahmen dieser Rituale versuchen Männer, die Menstruation symbolisch zu imitieren; auf diese Weise beleben sie eigene weibliche Anteile und sehen darin eine Ergänzung, eine Möglichkeit der Stärkung! Heute weiß man auch, daß diejenigen von uns, die weibliche und männliche Anteile – welche jeder von uns hat – in sich annehmen und verbinden können, am «gesündesten» sind. *

«Im Widerstreit ihrer Gefühle erleben die Mädchen ihre Menstruation als schwer zu bewältigendes Paradoxon: als Geschenk und Zumutung, als Versorgung und Verfolgung zugleich, sie werden hin- und hergerissen von Triumph und Scham, Stolz und Kränkung, von Lust und Ekel, Potenz und Schwäche, Selbstbehauptung und Unterwerfung.»**

Wenn ein Mädchen in einer «normalen», durchschnittlich gesunden Familie aufgewachsen ist, werden die verwirrenden Gefühle und Körperveränderungen in der Pubertät bewältigt, und das Mädchen kann schließlich seine weibliche Identität finden und festigen. Familiäre und gesellschaftliche Auffassungen von Weiblichkeit beeinflussen es dabei. Bei einem Mädchen, das die traumatischen Erlebnisse seiner Kindheit (z. B. sexuellen Mißbrauch) nicht bewältigen konnte, können diese verwirrenden Veränderungen in der Pubertät und die damit verbundene Verunsicherung zum Ausbruch von seelischen Störungen und Krankheiten führen, wie z. B. der Selbstbeschädigung oder der Eßstörungen.

---

*   Vgl.: Mertens 1992
** Poluda-Korte 1992

Das Gefühl der Hilflosigkeit gegenüber dem eigenen Körper

Selbstbeschädigende Frauen wurden oft von der Menstruation über-
rascht. Sie erlebten diese plötzliche Veränderung ihres Körpers wie
eine Vergewaltigung, wie eine Zerstörung.

> *Hierzu eine junge Frau:*
> *… Plötzlich hatte ich das Gefühl, schwer verletzt zu sein; als
> wäre mein Körper eine einzige blutende, klaffende Wunde!
> Die Veränderung des Körpers sollte nicht sein, sie sollte rück-
> gängig gemacht werden. Sie wurde als äußerst bedrohlich
> empfunden. Am liebsten hätte ich gehabt, wenn die Brüste ab-
> geschnitten und die Scheide zugenäht worden wären!*

Die Menstruation bricht über das Mädchen herein. Blase und After,
bzw. deren Schließmuskel, kann es kontrollieren; nicht jedoch die
Gebärmutter, die «einfach» anfängt zu bluten.

> *Eine Frau wollte alles mögliche versuchen, um das zu kontrol-
> lieren. Sie fühlte sich gequält von der Vorstellung, daß die Pe-
> riode einfach über sie hereinbrach, ohne daß sie etwas dage-
> gen tun konnte. Besonders schlimm war es, wenn die Periode
> unregelmäßig kam und dann noch nicht einmal vom zeitlichen
> Verlauf her einschätzbar war.*
> *Durch die Selbstverletzung (Verätzungen der Haut) versuchte
> sie der verhaßten, ängstigenden Menstruationsblutung etwas
> entgegenzusetzen, wieder die Kontrolle über ihren Körper zu-
> rückzugewinnen.*

Von 24 jungen Frauen, die an offenen Selbstbeschädigungen litten,
erlebten 65 Prozent den Eintritt der Menstruation als etwas Negatives, Ekelhaftes, Erschreckendes. Sie verletzten sich häufig zur Zeit
der Periode. Die Hälfte dieser Frauen litt an Störungen der Periode,
wie unregelmäßiges Auftreten oder Ausbleiben. [*]

---

[*] Rosenthal et al. 1972

Manche Frauen und Mädchen haben die Phantasie, sie könnten die Menstruation durch die Selbstverletzung beeinflussen in der Weise, daß sie schneller aufhört oder gar nicht kommt. Es geht dabei um den Versuch, die Kontrolle über den Körper zurückzuerlangen und den weiblichen Körper, der als schuldbeladen, ohnmächtig, beschmutzbar erlebt wird, wieder in einen unschuldigen Mädchenkörper zu verwandeln. Das Blut wird manchmal in das gute Blut, das aufgrund der Selbstverletzungen aus dem Körper austritt und das als etwas Reines, Gutes, Tröstendes erlebt wird, und das schlechte, das ekelhafte Blut, das «da unten rauskommt», eingeteilt.

Die Hilflosigkeit, die angesichts dieser Körperveränderungen empfunden wird, erinnert diese Frauen an quälende Gefühle von Hilflosigkeit in der Kindheit. Sie waren ja in ihrer Kindheit, wie bereits beschrieben, aufgrund der sexuellen und körperlichen Übergriffe einer großen Hilflosigkeit und Ohnmacht ausgesetzt.

Die Entwicklung der Sexualität und das Wiedererwachen kindlicher ödipaler Wünsche

Mit dem plötzlichen Erwachen sexueller Regungen ist auch die Wiederkehr alter ödipaler Wünsche verbunden. Das Mädchen muß sich nun langsam aus der Bindung an den Vater lösen und sich einem Partner, der nicht dem Inzestverbot unterliegt, zuwenden. Wenn die ödipale Entwicklungsphase normal bewältigt werden konnte, wird es das auch tun.

Selbstbeschädigende Mädchen und Frauen, die sexuellem Mißbrauch und inzestuösen Situationen ausgesetzt waren, konnten diese Entwicklungsphase nicht bewältigen. Sie erleben das Auftreten von sexueller Erregung und sexuellen Wünschen dann als etwas Verbotenes, Schuldhaftes, für das sie bestraft werden müssen. Sie hassen ihren Körper für diese Empfindungen. Sexualität war für sie mit Schmerz, Angst und völliger seelischer Überforderung verbunden. Sexualität darf nicht sein, muß bestraft werden.

In den Tagen vor der Periode und in den ersten Tagen der Periode ist die sexuelle Erregbarkeit bei den meisten Frauen gesteigert. So kann die Selbstverletzung auch als ein Versuch angesehen werden, diese sexuellen Gefühle zu unterdrücken oder zu bestrafen.

Eine Frau berichtete, daß sie sich, wenn die «komischen Ge-fühle auftraten» so viel Blut abnahm, bis sie ganz müde wurde und die «komischen Gefühle» weggingen.

Die Veränderung der Mutter-Tochter-Beziehung

Ein weiterer wichtiger Bereich, der beim Eintreten der Menstruation für alle Frauen eine wichtige Rolle spielt, ist die Veränderung der Mutter-Tochter-Beziehung. Durch die Veränderungen, die mit dem Körper vor sich gehen, wird die Tochter der Mutter ähnlicher. Sie wird nun auch zur Frau. Sie nähert sich ihr dadurch, daß sie ihr ähnlicher wird, einerseits an und muß sich aber andererseits von ihr lösen, um ihr eigenes Leben als Frau zu leben.

Es geht um Identifizierungsvorgänge, d. h. in vielem so werden zu wollen wie die Mutter. Und es geht um Rivalität und Abgrenzung. Anders werden als die Mutter; andere, vielleicht bessere Möglichkeiten haben als die Mutter. Vielleicht eine bessere, schönere, begehrtere Frau werden als die Mutter.

Die Identifizierungsvorgänge mit dem gleichgeschlechtlichen Elternteil, sind für Mädchen und Jungen wesentlich für die Entwicklung ihres eigenen Frau- bzw. Mannseins. Die Psychoanalytikerin C. Rohde-Dachser* weist darauf hin, daß Mädchen, die in ihrem Wunsch, den Vater für sich zu bekommen, die Mutter besiegt haben. Sie leiden unter starken Schuldgefühlen, weil sie sich in die Mutter

---

* 1990

und deren Schmerz hineinversetzen können. * Sie lieben die Mutter ja auch. Diese Mädchen haben intensive Wiedergutmachungstendenzen der Mutter gegenüber.

Auch für die Mutter ist diese Phase nicht immer einfach. Die Tochter steht am Beginn ihres reifen Geschlechtslebens, und die Mutter muß sich mit dem Älterwerden, mit den Wechseljahren, d. h. mit dem Verlust ihrer Gebärfähigkeit, also eines Teils ihrer weiblichen Stärke, auseinandersetzen. Unerfüllte Wünsche, ungelebte Seiten können wieder lebendig werden. Es kann eine Angst entstehen, die Tochter, die immer auch Anteile ihrer eigenen Mutter für sie verkörpert, zu verlieren. Es kann die Angst entstehen, von der Tochter ausgestochen zu werden, weil diese jung und attraktiv ist.

Diese Vorgänge der Pubertät, die sowohl für die Mutter wie für die Tochter eine Art «Lebenskrise» darstellen, sind besonders schwierig, wenn die Mutter-Tochter-Beziehung gestört ist. Problematisch kann es werden, wenn die Mutter eigene Wünsche, z. B. beruflicher Art, wegen der Kinder aufgegeben hat und statt dessen das Ich-Ideal der «vollkommenen Mutter» entwickelt hat. Solche Mütter können die notwendigen Entwicklungs- und Abgrenzungsschritte ihrer Tochter als Infragestellung ihrer Person, ihrer mütterlichen Fähigkeiten erleben. **

Sie können auch eigene unerfüllte Wünsche an die Tochter abgeben, damit sie diese Wünsche nun anstatt ihrer, aber eigentlich für sie erfüllt. Wenn die Tochter das nicht möchte, kann das als bedrohlich erlebt werden. Auf diese Weise können unbewußt Hemmungen im Bereich des Ausdrucks und Auslebens von aggressiven Bestrebungen (Aktivität, Durchsetzungs- und Abgrenzungsfähigkeit) von der Mutter an die Tochter weitergegeben werden.

---

* Mädchen, die vom Vater sexuell mißbraucht werden, haben den Vater nicht nur in der Phantasie für sich, sondern ganz konkret.
** Poluda-Korte 1993

Nach Karin Bell* führt die Abgrenzung von der Mutter zu ganz speziellen Schuldgefühlen, die mit unbewußtem Neid und Rivalität zu tun haben. Die Abgrenzung wird wie ein «Verrat» erlebt. «Die schwierige Aufgabe, gleich und nicht gleich zu werden, führt zu einer geschlechtsspezifischen Labilität bei Konflikten, die mit autonomen Bestrebungen zusammenhängen.»

Aufgrund dieser Ängste können sich bei der Mutter Wünsche entwickeln, die Tochter als Frau zu kastrieren. Das wird an dem folgenden Fallbeispiel deutlich:

Paula hatte sich, nachdem sie eine behinderte Tochter geboren hatte, die Gebärmutter entfernen lassen. Anschließend hatte sie eine schwere heimliche Selbstbeschädigung entwickelt, in deren Verlauf es aufgrund von zahllosen Operationen (über 45 operative Eingriffe!) zu einer regelrechten Verstümmelung ihres ehemals attraktiven Körpers gekommen war. Als ihre Tochter etwa 17 Jahre alt war, wollte sie, daß sie sich einer Operation an den Brüsten unterziehen sollte. Die Brüste sollten verkleinert werden, denn sie waren nach Paulas Auffassung zu groß! Sie hatte bereits einen Operationstermin für ihre Tochter mit einem männlichen (!) Frauenarzt vereinbart; dieser hatte, ohne in irgendeiner Form den Wunsch Paulas zu hinterfragen, einer Operation sofort zugestimmt! Paula hatte sich zuvor im Zusammenhang mit der Geburt ihrer Tochter selbst verstümmeln lassen. Sie hatte sich unmittelbar nach der Geburt ihrer Tochter die gesunde Gebärmutter entfernen lassen. Sie litt an starken Schuldgefühlen, weil sie sich für die Behinderung ihrer Tochter verantwortlich fühlte. Aber sie hatte auch einen starken unbewußten Haß auf ihre Tochter, weil diese in ihrer Phantasie für die Zerstörung ihres weiblichen Körpers und ihres Lebens verantwortlich war. Als sich ihre Tochter, die zwar eine Behinderung hatte, aber zu sehr viel mehr Selbständigkeit fähig war, als Paula ihr zugestand, von ihr lösen wollte, geriet Paula in große Angst. In diesem Zusammenhang wollte sie, daß sich

---

* Bell 1991, S. 123

*ihre Tochter der Brustoperation unterziehen sollte, und hatte
auch die Phantasie, sie sterilisieren zu lassen, «weil sie doch
mit Kindern überfordert sei»!
Durch ein zunächst direktives Eingreifen meinerseits konnte
dieser Eingriff abgewendet werden. Mehrere gemeinsame Gespräche mit Mutter und Tochter führten dazu, daß Paula die
Ablösung ihrer Tochter zulassen konnte und sich u. a. dafür ein-
setzte, daß die Tochter eine ihr angemessene Berufsausbildung
machen konnte. Sie lebte nun während der Woche in einer anderen Stadt und kam damit, entgegen der anfänglichen Befürchtung Paulas, gut zurecht.*

Interessant sind in diesem Zusammenhang auch die Ergebnisse einer
Untersuchung, die von dem Chirurgen B. Hontschik[*] an jungen
Frauen (pubertierenden Mädchen) und deren Müttern durchgeführt
wurden. Es handelt sich um eine Gruppe von jungen Mädchen, die
wegen «chronischer Blinddarmreizung» mit der Mutter in die Klinik
kommen. Insbesondere die Mütter treten aktiv und lautstark für die
Operation ein, während die Töchter immer schweigen, sich aber nicht
gegen den Eingriff wehren. Es handelt sich um Mädchen, die orga-
nisch völlig gesund sind! Hontschik stellt fest, daß es sich um puber-
tierende Mädchen und um Mütter, die sich in den Wechseljahren befinden, handelt. Er sieht in dem gewünschten operativen Eingriff eine
«symbolische, sexuelle Handlung, wie Defloration (Entjungferung)
mit Geschlechts- und Schwangerschaftskontrolle oder eine sühnende
Strafe, wie Kastration mit unsichtbarer Verstümmelung und sichtbarer Narbe». Hierin verrät sich, nach Hontschik, das aggressive Ele-
ment in der Mutter, die nach dem stattgehabten Eingriff eine Beruhigung erfährt. Die Töchter ihrerseits sind «an einer Art Absolution
(Freisprechung, Sündenvergebung, Anm. d. Verf.) für die mit ihrem
sexuellen Erwachen ausgelöste Familienkrise ‹interessiert›».

Bei selbstbeschädigenden Frauen, die wie Paula (s. o.) die Ärzte

---

[*] Hontschik 1988

dazu verführen, ihre weiblichen Körperteile (Brüste, Gebärmutter, Eierstöcke) wegzuschneiden oder die sich selbst an diesen Körperteilen beschädigen (Abszesse an den Brüsten erzeugen, vaginale Verletzungen hervorrufen u. a., siehe Kapitel 3), wird der Haß auf ihre Weiblichkeit, auf ihr Frausein und damit auch der Haß auf ihre Mutter, die ja auch einen weiblichen Körper hat, ganz deutlich.

Wichtig ist in diesem Zusammenhang auch, daß es in vereinzelten Fällen bei Frauen, die sexuellem Mißbrauch ausgesetzt waren, später zerstörerische Phantasien und Impulse gegenüber Mädchen gibt. Die Frauen leiden sehr unter diesen Phantasien, schämen sich dafür, sind davon teilweise furchtbar gequält.

Hierin stecken verschiedene unbewußte psychodynamische Bedeutungen. Eine ist die «Identifizierung mit dem Angreifer»: Sie werden selbst zum Zerstörer, zum Mißhandler. Eine andere ist die Selbstbestrafung: Nicht die Geschlechtsteile des Mädchens sollen in der Phantasie zerstört werden, sondern die eigenen Geschlechtsteile in der Identifizierung mit dem Mädchen, mit dem Weiblichen.*

Es steckt auch der Haß auf den Mißhandler darin und die Vorstellung: «Wenn ich die Geschlechtsteile des Mädchens zerstöre, kann dieser sie nicht mehr für seine lüsternen Zwecke mißbrauchen!»

Von wichtiger Bedeutung ist aber, daß die Attacken auf den eigenen Körper bei den selbstbeschädigenden Frauen auch als unbewußte Todeswünsche gegen die Mutter angesehen werden können.** Ich denke, daß in vielen Fällen gegenseitige unbewußte Todeswünsche eine Rolle spielen können. Bei den Müttern, weil sie sich vielleicht völlig überfordert fühlten mit dem Kind, weil sie völlig mit sich selbst beschäftigt waren, und bei den Töchtern, weil sie über die Zurückweisung und Mißachtung der Mutter voller Haß

---

* Siehe auch: Wirtz 1992, S. 104
** Vgl. auch: Friedman 1972

146

und Enttäuschung sind. Viele selbstbeschädigende Frauen haben die unbewußte Phantasie, daß die Mutter die Selbstbeschädigung will, daß die Mutter ihre Weiblichkeit zerstören will und daß sie ihr nur auf diese Weise nahe sein können. Nur so, denken sie, könnten sie die Mutter wirklich gefühlsmäßig berühren. Aspekte von Macht und Kontrolle über die Mutter spielen bei der Selbstbeschädigung eine wichtige Rolle. Die Selbstbeschädigung macht die Mutter völlig hilflos. Es bedeutet: «So schlecht, so übel hast du mich behandelt, daß ich mir nun so weh tun muß! Weil du mich nicht liebst, mich nicht haben willst, muß ich mich verletzen!» «Du kannst nichts tun, du kannst mich nicht davon abhalten. Mein Körper gehört mir ganz allein!» Aber auch: «Ich unterwerfe mich dir, ich gebe dir meinen beschädigten Körper; er gehört dir und kann dir nicht gefährlich werden!» Und: «Schau, was ich Tolles für dich tue, was ich auf mich nehme für dich!» Und: «Ich bleibe bei dir! Ich brauche dich!» Die Mutter kann durch die Selbstbeschädigung der Tochter völlig in Schach gehalten werden. In der Behandlung erlebt man das als Therapeutin durch die Gegenübertragungsgefühle*, die diese Frauen in einem auslösen können (siehe Kapitel 6).

Es geht hier um Enttäuschung, um Rivalität, aber auch um Abgrenzungsprobleme und Verschmelzungswünsche. Selbstbeschädigende Frauen sind ähnlich wie Magersüchtige eng mit der Mutter verwoben. Die Abgrenzung «Das bist du und das bin ich! Das ist dein Körper, und das ist mein Körper!» ist meist problematisch und eng mit der Selbstbeschädigung verbunden.

Ich glaube, daß diese besondere Problematik bei Frauen, die an offenen und an heimlichen Selbstbeschädigungen leiden, ähnlich wie bei Frauen mit Eßstörungen, eine ganz wichtige Rolle spielt.

---

* Ursprünglich wurden die spezifischen Reaktionen des Therapeuten auf den Patienten als die Gegenübertragung bezeichnet. Als Übertragung (Übertragungsneurose) wird die Wiederbelebung der kindlich-neurotischen Konflikte innerhalb der Beziehung zwischen Therapeut und Patient bezeichnet.

Viele Frauen, die ich behandelt habe, hatten eine schwierige Beziehung zu ihrer Mutter, die von zwiespältigen Gefühlen geprägt war. Häufig sind sie zwischen Wut, Enttäuschung, Haßgefühlen und Schuldgefühlen, die mit Wiedergutmachungstendenzen einhergehen, und tiefer Zuneigung und Liebe hin und her gerissen. Einige erlebten sich als «unerwünschte Kinder».

Eine junge Frau wurde zur Adoption freigegeben, als sie etwa fünf Jahre alt war; eine andere wurde mit neun Jahren von der Mutter in ein weit entferntes Internat gegeben, weil ein Geschwister zur Welt kam. Die drei älteren Brüder hingegen durften zu Hause bleiben, andere erlebten sexuelle Mißbrauchssituationen, ohne daß es die Mütter bemerkten. Eine Frau wurde von der Stiefmutter prostituiert. Andere fühlten sich unerwünscht, weil die Mütter mit sich selbst oder mit den Geschwistern beschäftigt oder weil die Mütter krank waren.

Bei den leichteren Formen der Selbstbeschädigung geht es oft um Abgrenzungsprobleme; das Gefühl, die Mutter nicht alleine lassen zu dürfen, kein eigenes Leben führen zu dürfen, weil sich die Mutter dann gekränkt fühlt und Schaden nimmt. Die Mütter erlebten die Abgrenzung der Tochter als bedrohlich und wollten sie nicht zulassen.

Körperbild und Körpererleben

Mädchen und Frauen sind in einer ganz anderen Weise körperlichen Veränderungen ausgesetzt als Jungen und Männer.* Das kleine Mädchen kann im Gegensatz zum kleinen Jungen einen Teil seiner Geschlechtsorgane nicht sehen. Aufgrund von diffusen inneren Sensationen (zum Beispiel wenn Wasser beim Baden in die Scheide eindringt oder Schleim und Sekret aus der Scheide herausfließt) hat das Mädchen eine ungenaue Ahnung von seiner Scheide: Sie kann sie aber nicht sehen, nicht anfassen, also auch ihre Gestalt, ihre Grenzen, den inneren Raum nicht ganz erfassen. Hinzu kommt, daß bis zum gegenwärtigen Zeitpunkt viel seltener die Geschlechtsorgane des Mädchens mit Namen benannt werden, im Gegensatz zum Penis des Jungen, für den es viele Namen gibt.

Später ist das Mädchen sehr eingreifenden und plötzlichen Veränderungen seines Körpers ausgesetzt. In der Pubertät ändern sich die Körperkonturen, tritt plötzlich die Menstruation ein, die bei manchen Mädchen mit Unterleibsschmerzen einhergeht, Sekrete kommen vermehrt aus der Scheide, die Brüste ändern im Verlauf des Zyklus ihre Konsistenz, spannen manchmal. Das Mädchen wird nun verstärkt damit konfrontiert, daß etwas in seinen Körper eindringen kann, daß es schwanger werden kann, daß es eine Öffnung an seinem Körper gibt, die es nicht, wie die anderen Körperöffnungen, kontrollieren kann.

Es erfährt, daß ein Mann in sie eindringen kann, viele Mädchen/Frauen haben z. B. Schmerzen beim ersten Geschlechtsverkehr, manchmal blutet es, wenn das Jungfernhäutchen durchtrennt wird.

---

* Ich kann hier nur sehr verkürzt auf die neueren psychoanalytischen und entwicklungspsychologischen Theorien zur psychosexuellen weiblichen Entwicklung und zum Körpererleben eingehen. Die ursprüngliche Auffassung Freuds, der die Frauen im wesentlichen als Mangelwesen im Vergleich zu Männern definiert hat, also alles vom Penisneid her zu erklären versuchte, muß als überholt angesehen werden.

Viele Frauen haben Angst, sie könnten dabei verletzt werden. Die Angst, schwanger zu werden, kommt oft hinzu.

Später kommt es durch die Schwangerschaft zu eingreifenden und schnellen Veränderungen des Körpers. Bestimmend ist das Gefühl des «anderen im eigenen Körper», wie auch beim Geschlechtsverkehr. Der Körper kann als Selbst und als der/die andere erlebt werden; dies ist eine Erfahrung, die sich wesentlich von der Körpererfahrung von Männern unterscheidet.

Die Angst vor Kontrollverlust, vor Penetriertwerden, Gefülltwerden/Geschwängertwerden, vor Grenzüberschreitungen, dem Verlust, der Enteignung des eigenen Körpers, zum Beispiel durch männliche Blicke/Werbung/Pornographie, hat eine völlig andere Bedeutung als bei Männern. (Man denke nur einmal an die «Leihmutter»!)

Der Körper von Frauen kann beschmutzt, geschändet werden. Hier sei an die jüngsten schrecklichen Ereignisse im Jugoslawien-Krieg, die Massenvergewaltigung von Frauen durch Soldaten erinnert. Die Empfindungen von Frauen, die davon schwanger waren: Viele hatten das Gefühl, daß etwas Verhaßtes, Fremdes in ihnen wächst.

Man denke an den früheren Brauch, straffällig gewordenen Frauen die Haare zu scheren, oder an die Hexenverfolgungen. Frauen werden in ihrer Geschichte von solchen Erfahrungen begleitet. Hier sei auch Sigmund Freud zitiert, der die Frauen als «Mangelwesen» definierte. Sigmund Freud hat allerdings selbst betont, daß er vieles von der psychosexuellen Entwicklung der Frau nicht genügend verstanden hat.

Heute geht man davon aus, daß der «Penisneid» zwar eine psychologische Bedeutung haben kann, dabei ist der «anatomische Unterschied» von geringerer Bedeutung als die noch immer bestehende soziale Ungleichheit zwischen Männern und Frauen in unserer Gesellschaft. Der «Gebärneid», der bei Männern vorhanden sein kann, wurde bislang nur vereinzelt in der Literatur beschrieben.

Frauen erfahren ihren Körper diskontinuierlicher, fragmentierter. So beschäftigen sich Frauen im Zusammenhang mit ihrem Körper viel mehr mit dem Innen und Außen, mit dem, was drin ist: Nahrung, Kot, Menstrualblut, Penis, männlicher Samen, Fetus können als «der andere im eigenen Körper» erlebt werden. Das könnte eine Ursache dafür sein, daß Frauen häufiger an Verdauungsbeschwerden leiden, stärker mit Stuhlgangsproblemen und Abführmitteln beschäftigt sind, vermehrt an Eßstörungen leiden.

Das Thema «Innen und Außen/Körpergrenzen» spielt eine wesentliche Rolle in der Psychodynamik von krankhaften Eßstörungen und von heimlichen und offenen Selbstbeschädigungen. Bei selbstbeschädigten Frauen kommt, wie wir gesehen haben, zu diesen «normalen» weiblichen Körpererfahrungen hinzu, daß sie schon in der frühen Kindheit Erlebnissen von teils gewaltsamen Grenzüberschreitungen und der Mißachtung ihrer körperlichen Bedürfnisse ausgesetzt waren. Aufgrund dieser Erfahrungen sind sie in ungleich stärkerem Maße solchen Ängsten und Körpererlebensstörungen ausgesetzt.

Mit der Störung der weiblichen Identität ist eine Störung des Körperselbst- und Körpererlebens verbunden. Der Körper wird von den meisten selbstbeschädigenden Frauen abgelehnt und gehaßt. Sie sind unzufrieden mit ihrem Körper, besonders den weiblichen Anteilen. Die weiblichen Körperteile sollen verdeckt oder «weggemacht» werden; man darf sie nicht sehen. Viele Frauen beschreiben, daß sie ihren Körper, als er weibliche Rundungen bekam, verhüllten. Nach einer Umfrage in den USA antworteten 34 Prozent von insgesamt 240 selbstbeschädigenden Frauen, daß sie ihre Brüste hassen und daß es ihnen besser ginge, wenn sie keine Vagina hätten *.

Eine junge Frau konnte sich nicht mehr ohne Mantel zeigen. Sie nahm am Schulunterricht nur im Mantel teil. Sie dachte, ihr Körper sei häßlich, deformiert und ungestalt. Die anderen dächten das auch und schauten sie deshalb ständig an. Daher mußte sie ihren Körper verstecken. Er erschien ihr unheimlich und ge-

---

* Favazza et al. 1989

fährlich. Sie hüllte sich auch im Sommer in weite, langärmelige Pullover. Erst im Verlauf der Therapie konnte sie den Körper zunehmend als zu sich gehörig erleben und annehmen.

Eine andere Frau beschrieb, wie sie sich selbst nicht anschauen konnte. Sie konnte sich nicht nackt sehen, nicht im Spiegel anschauen. Sie konnte nur im Dunkeln duschen, weil sie sich so ekelhaft und häßlich fand.

Eine junge Frau beschrieb ihre weiblichen Geschlechtsorgane als unheimlich, ekelhaft und häßlich. Die Gebärmutter empfand sie wie ein «Ungeheuer ohne Kopf». Die Vagina wollte sie am liebsten zunähen, die Brüste abschneiden und die Periode mit allen Mitteln unterdrücken.

Auch nicht selbstbeschädigende Frauen, die sexuellen Mißbrauch ausgesetzt waren, zeigen dieses Körpererleben.

Nach Untersuchungen mit dem Körper-Zeichen-Test (psychologischer Test zur Erfassung des Körpererlebens) an Kindern, die sexuellen Mißhandlungen ausgesetzt waren, fand man heraus, daß viele dieser Kinder eine verzerrte Körperwahrnehmung hatten. Sie zeichneten insbesondere Körperteile, welche bei dem Mißbrauch besonders betroffen waren, verzerrt, zu groß, zu dick.[*]

Der Körper wird verachtet und abgelehnt. Er kann nicht als «gutes Selbstobjekt», als etwas Gutes, was zur eigenen Person / zum Selbst gehört und was dementsprechend versorgt, gepflegt und gebraucht wird, erlebt und angenommen werden. Er war entweder «symbiotisches Selbstobjekt» der Mutter, die ihn als Teil von sich selbst erlebte und ihn nicht als etwas Getrenntes, Eigenständiges ansah, oder «sexuelles Objekt» des mißbrauchenden Vaters.[**]

Der eigene Körper wird schließlich nicht als Partner, sondern als Gegner, als Unterworfener, Gefangener, als undankbares Kind, als

---

[*] Gardner 1990, Kelley 1984, Weiner 1977
[**] Vgl. auch: Sachsse 1987

lästiges Übel erlebt und behandelt. Er soll spannungsfrei funktionieren, keine Ansprüche stellen, keinen Ärger machen. Wenn der Körper Mißbehagen äußert oder schreit, wird er bestraft.

*Eine junge Frau, die sich wiederholt schwerste Säureverätzun-
gen an den Beinen zufügte, berichtet, wie sie eigentlich vor
Schmerzen schreien könnte, aber anstatt aufzuhören, macht sie
immer weiter. Je stärker ihr Körper aufschreit, desto mehr wird
er mißhandelt.*

*Eine andere junge Frau, die sich wiederholt schwere Hautwun-
den zufügte, konnte trotz bzw. eigentlich gerade wegen heftig-
ster, brennender Schmerzen nicht aufhören, die Haut immer
noch mehr zu zerstören. Wenn sie den Schmerz, den Körper
überwinden konnte, fühlte sie sich gut, überlegen, stolz und
mächtig.*

In Buchtiteln wie «Körper unter Belagerung»* oder Formulierungen
wie «Der Bauch als Kriegsschauplatz» wird deutlich, daß die selbstbeschädigende Frau einen «heftigen aggressiven Angriffskrieg» gegen
ihren eigenen Körper führt. Der Körper wird bekriegt, weil er sie zu
den verhaßten, verbotenen sexuellen Phantasien und Wünschen
treibt. Es ist, als sei ihr Körper völlig von ihr abgespalten, als habe er
nichts mit ihr zu tun. Sie glaubt, sie könne, indem sie den Körper
teilweise tötet und beschädigt, all die schlechten, nicht annehmbaren
Anteile ihres Selbst auslöschen.

Bei den Frauen mit heimlichen Selbstbeschädigungen besteht die
Phantasie, die schlechten, gefürchteten Anteile könnten durch eine
Operation herausgeschnitten werden. Der Arzt soll sie von diesen
üblen, dunklen Teilen ihres Selbst befreien, wie von einem stin-
kenden, schmerzenden, faulenden Geschwür. Dabei denken sie,
daß sie ihren Körper oder Körperteile vernichten, töten könnten,

---

* Favazza 1992

ihn quasi von ihrer Seele abspalten könnten, ohne Schaden zu nehmen.

Immer wieder höre ich von selbstbeschädigenden Frauen, sie dächten, das sei doch gar nicht so schlimm. Sie sind sich nicht bewußt, wie bedrohlich ihr Kampf gegen sich selbst ist; als fühlten sie sich «unsterblich» und schwebten mit äußerster Grandiosität über den körperlichen Folgen ihrer Selbstbeschädigung.

Die «offene» und «heimliche» Selbstbeschädigung ist eine sehr gefährliche Gratwanderung zwischen Leben und Tod, ein regelrechtes Spiel mit dem Tod; oft bleibt lange unklar, ob es mit Narben und Heilung, mit Verstümmelungen oder gar mit dem Tod enden wird!

Masochistische Phantasien und Tendenzen

Für einige Frauen spielen sexuelle masochistische (selbstquälerische) Phantasien und Tendenzen eine wichtige Rolle:

Sexuelle Erregung ist für sie eng mit Schmerz verknüpft. Das erleben sie als äußerst bedrohlich und beschämend. Einige haben sexuelle masochistische (selbstquälerische) Phantasien, die den Mißbrauchssituationen ihrer Kindheit gleichen und durch die sie sich erregt fühlen. Gleichzeitig hassen sie sich selbst dafür, fühlen sich abartig und pervers. Sie glauben, sie seien anders als alle anderen Frauen. Sie denken dann oft, dies sei nun der Beweis dafür, daß sie sich selbst schuldig gemacht haben.

Diese schwierige Vermischung von Selbstbestrafung und erregenden Gefühlen macht die Selbstbeschädigung so kompliziert und teilweise auch so schwierig in der Behandlung.

Einzelne Frauen haben sexuelle, erregende Gefühle, wenn sie sich selbst verletzen. Sie führen die Selbstverletzung häufig nach Art eines Rituals durch: Sie überlegen sich bereits vorher, wie sie «es» machen werden, und bauen alle «Folterinstrumente» vor sich auf. Die Spannung steigt, und schließlich kommt es zur Selbstverletzung;

diese erfolgt oft in einer Art «Rauschzustand» und führt zu einem Gefühl von Euphorie und Entspannung, welches aber nur kurz- bis mittelfristig anhält, bis Scham- und Schuldgefühle überhandnehmen. Dieses «Selbstverletzungsritual» ist sehr schambesetzt, und es geschieht alleine und heimlich. Oft ist es darum erst nach längerer Therapie möglich, darüber zu sprechen.

Möglicherweise spielen auch bei Frauen mit heimlichen Selbstbeschädigungen solche masochistischen Phantasien eine wichtige Rolle. Sie verführen die Ärzte ja dazu, mit Metallrohren, Skalpellen und Schläuchen in ihren Körper einzudringen. Sie liefern sich aus und lassen sich quälen. Interessanterweise sind es meist männliche Ärzte, die diese Eingriffe durchführen. Die große Scham, die mit der heimlichen Selbstbeschädigung verbunden ist, hat hier vielleicht eine Ursache: Da sexuell-masochistische Wünsche nicht offen ausgelebt werden dürfen und können, ist es nur möglich, sie auf diesem Wege zu befriedigen.

Bei selbstbeschädigenden Menschen spielen sadomasochistische Strukturen und Phantasien in der Beziehung zum eigenen Körper und in der Beziehung zu anderen Menschen eine wichtige Rolle (siehe Kapitel 3). Ein herausragender Aspekt ist dabei die Vorstellung der Kontrolle, die Phantasie, den anderen durch die masochistische Unterwerfung kontrollieren zu können und so letztlich allmächtig zu sein. Auf diese Weise sollen unerträgliche Gefühle wie Hilflosigkeit, Wut und Demütigung abgewehrt werden. Die masochistischen Phantasien und selbstquälerischen und selbstverletzenden Handlungen können so zu einer krankhaften Quelle des Selbstwertgefühls werden.*

---

* Novick/Novick 1991, zitiert nach Wurmser 1993

Der Körper als zuverlässiger Begleiter

Indem der Körper die Selbstverletzungen erträgt, hilft er, Schlimmeres abzuwenden, nämlich den seelischen Tod. Indem er all den Haß, all die zerstörerische Wut hinnimmt und immer wieder heilt, tröstet er auch, wird er zum geduldigen, zuverlässigen Begleiter. Er übernimmt die Funktion eines «Übergangsobjekts»*.

Die Selbstbeschädigung des Körpers hilft Zustände von Verlassenheit, Einsamkeit, innerer Anspannung zu überbrücken. Der Körper verhilft auf diese Weise zur Entspannung, ähnlich wie das Übergangsobjekt dem Kind zur Entspannung und Beruhigung verhilft.

Die folgenden Aussagen von betroffenen Frauen machen das deutlich:

Meinen Körper habe ich, er ist immer da, er kann mich nicht verlassen! Wenn das Blut warm und rot über meine Haut rinnt und ich den Kontakt spüre, dann fühle ich mich gut, dann bin ich wieder in mir drin, dann spüre ich, daß ich lebendig bin.

Der Gedanke, daß ich die Selbstbeschädigung ganz aufgeben soll, versetzt mich in Panik. Es ist, als ob ich etwas Gutes, einen tröstenden Begleiter verlieren würde.

*Solange man Blut hat, trägt man eine potentielle Sicherheitsdecke, die einem Wärme und eine angenehme Umhüllung geben kann!***

---

* Der Gedanke, daß der Körper für selbstbeschädigende Menschen die Funktion eines Übergangsobjektes haben könnte, wurde bereits 1969 von Kafka sowie Pao eingeführt. Spätere Autoren wie Simpson (1977), Sachsse (1987), Plassmann (1989) und insbesondere Hirsch (1989) haben ihn weiterentwickelt. Ich kann mich aufgrund meiner klinischen Erfahrungen diesem Gedanken anschließen. Der Begriff des «Übergangsobjektes» und dessen psychische Funktion wurde 1951 von dem englischen Kinderarzt und Psychoanalytiker D. W. Winnicott eingeführt.
** Kafka 1969, S. 209

Die beschädigten Teile des Körpers scheinen als eine Art «verschmolzene Verbindungsstelle» mit der Mutter erlebt zu werden, welche sehr zwiespältigen Gefühlen unterworfen ist.*

Es geht um Haß, Schmerz, Wut, aber auch um den tiefen Wunsch nach Nähe, nach Verschmelzung. Deshalb muß er immer wieder beschädigt werden, um dann immer wieder zu heilen. Er darf aber nicht ganz heilen. Hierzu eine junge Frau:

> *Die Wunde heilt, und das versetzt mich in immer größere Panik. Ich habe bereits den Gedanken, mir eine neue Wunde zuzufügen!*

Später haben manchmal die verbliebenen Narben diese Funktion.

Diese gegensätzlichen und für die selbstbeschädigende Frau unvereinbaren, verwirrenden Gefühle, die sie innerlich zu zerreißen drohen, kommen in dem wechselnden Zustand des Körpers zwischen «schwer verletzt sein» und «in Heilung, auf dem Weg der Genesung befindlich sein» zum Ausdruck.

Vergleichbar ist dieser Zustand mit dem Dilemma des Kindes, das entweder überstimulierendem, eingreifendem Umgang mit seinem Körper oder Vernachlässigung und mangelndem Körperkontakt ausgesetzt war. Der Kontakt ist also entweder unerträglich schmerzend oder findet gar nicht statt, ist durch Verlassenheit und drohenden seelischen Tod geprägt.

Eine Selbstbeschädigung weist im zwischenmenschlichen Bereich auf den Wunsch nach Abgrenzung und Verschmelzung gleichzeitig hin. Eine junge Frau, nach dem Besuch bei ihrer Mutter:

> *Die Mutter war so toll zu mir; sie ist so toll auf mich eingegangen. Und abends habe ich mir dann wieder ganz schlimm weh getan!*

---

* Siehe auch: Plassmann 1989, 1993

Der seelische Gewinn der Selbstbeschädigung besteht im zwischenmenschlichen Bereich in Gefühlen von Macht, Kontrolle über andere und über sich selbst; sie ersetzt Eigenständigkeit und Eigenverantwortung. Eine selbstbeschädigende Frau hat, ähnlich wie eine Magersüchtige, die Phantasie, sie könne sich ihre Autonomie und Unabhängigkeit nur über dieses Verhalten bewahren und nur so ihren Bedürfnissen und Gefühlen Ausdruck geben. Sie glaubt, auf diese Weise die Mutter beherrschen, in Schach halten und das notwendige Maß an Abgrenzung und Nähe erreichen zu können. Dieser seelische («narzißtische») Gewinn kann lange Zeit nur schwer aufgegeben werden. Einige Frauen sagen: «Die Selbstverletzung ist besser als alles andere!» Manche berichten in der Therapie mit triumphierendem, lustvollem Lächeln über erneute Selbstbeschädigungen! (siehe auch Kapitel 6).

Störungen der Sexualität

Frauen mit heimlichen oder offenen Selbstschädigungen leiden häufig an Störungen ihres Sexuallebens. Viele sind gehemmt, fühlen sich lustlos, haben Angst vor sexuellem Kontakt. Viele haben daher auch Probleme, sich auf einen Partner einzulassen. Sie können schlecht trennen zwischen dem Wunsch nach Geborgenheit, Zuwendung, Zärtlichkeit und Sexualität. Sie befürchten, daß ihnen Ähnliches geschehen könnte wie früher; das heißt, daß sie wieder Übergriffen und einem vergewaltigenden Umgang ausgesetzt sein könnten.

Wesentlich ist hier auch die schmerzliche Erfahrung der «Überstimulation» (siehe Seite 128). Sexuelle Erregung kann als Überstimulation empfunden werden und zu massiven Ängsten vor Desintegration, d. h. vor dem Zusammenbrechen des Selbstgefühls, führen.

Eine Frau berichtete, daß sie den sexuellen Kontakt mit ihrem Mann jedesmal wie eine Vergewaltigung empfand. Sie konnte das überhaupt nur ertragen, wenn sie sich vorher mit Alkohol

oder Beruhigungstabletten betäubte. Sie entwickelte eine heim-
liche Selbstbeschädigung: Sie erzeugte Fieberzustände, indem
sie sich verschmutzte Lösungen spritzte. Die wiederholten, lan-
gen Krankenhausaufenthalte gaben ihr die Möglichkeit, dem
sexuellen Kontakt mit ihrem Mann aus dem Weg zu gehen.

Die bereits beschriebenen Schuld- und Schamgefühle spielen eine
ebenso wichtige Rolle. Nicht selten kommt es vor, daß insbesondere
die Frauen, die einem sexuellen Mißbrauch ausgesetzt waren, auf sexuellen Kontakt und die damit für sie verbundenen Schuld- und
Schamgefühle mit Entfremdungszuständen reagieren, was dann wiederum zu Angst führt und erneute Selbstbeschädigungen auslösen
kann.

Zusammenfassung:

Frauen, die sich selbst beschädigen, leiden sehr oft an
einer gestörten Entwicklung ihrer weiblichen Identität.
Die ersten Episoden selbstverletzenden Verhaltens beginnen in vielen Fällen bei Eintritt der Menstruation, in der
Pubertät. Durch die vielfältigen Veränderungen in dieser
Zeit, u. a. auch die Veränderung der Beziehung zu den
Eltern, werden frühe traumatische Erlebnisse wiederbe-
lebt.
Die gestörte weibliche Identität drückt sich u. a. in Störungen des Körpererlebens und der Sexualität aus. Der Körper wird als schuldbeladen, beschmutzt empfunden. Er
wird bekriegt, und indem er beschädigt und verstümmelt
wird, glaubt die selbstbeschädigende Frau, sie könnte
sich all der negativen, verhaßten Selbstanteile entledi-
gen.

Kapitel 6

Therapie

Im folgenden Kapitel geht es um die Behandlungsmöglichkeiten (Therapie) der offenen und heimlichen Selbstbeschädigung.

Zunächst will ich auf die Schwierigkeiten, die vor Therapiebeginn auftreten können, eingehen. Im darauffolgenden Abschnitt wird ein psychoanalytisch orientierter Therapieansatz dargestellt. Die Grundzüge und Grundthemen, die in der Behandlung der selbstbeschädigenden Frauen und Männer auftreten, werden beschrieben.

Des weiteren werden die Möglichkeiten der stationären Behandlung aufgezeigt.

Schließlich werde ich auf ergänzende, wichtige Behandlungsmethoden der Selbstbeschädigung, nämlich auf gestaltungs- und körpertherapeutische Behandlungsformen, eingehen. Die Verhaltenstherapie wird kurz gestreift, und zuletzt werden medikamentöse Behandlungsmöglichkeiten beschrieben.

Vor Therapiebeginn

Die schwierige Therapie-Motivation bei heimlicher Selbstbeschädigung

Die Motivation, eine Therapie zu beginnen, ist bei heimlichen und bei offenen Selbstbeschädigungen unterschiedlich: Während Menschen, die unter offenen Selbstbeschädigungen leiden, meist zu einer psychotherapeutischen Behandlung motiviert sind, ist das bei Menschen, die an heimlichen Selbstbeschädigungen leiden, meist zunächst nicht der Fall.

An einem Fallbeispiel sei dieses Problem verdeutlicht:

Die 28jährige Maria wurde wegen unklarer Fieberzustände wiederholt in einer medizinischen Klinik behandelt. Da man eigentlich keine «richtige Ursache» für die wiederholten Fieberschübe finden konnte, hatten die behandelnden Ärztinnen schließlich den Verdacht, daß Maria an einer seltenen Infektionskrankheit litt.

Zwischenzeitlich waren etwa zwei Jahre vergangen; die Abstände der Klinikaufnahmen wurden immer kürzer, und Maria verbrachte nun fast die meiste Zeit des Jahres in der Klinik. Als man trotz wiederholter Spezialuntersuchungen und Hinzuziehung eines Spezialisten für Tropenkrankheiten (Maria war nie in ihrem Leben in den Tropen gewesen!) weiterhin keine Erklärung für das Fieber fand und die Befunde auch nicht zusammenpaßten, kam der Verdacht auf, daß Maria vielleicht «irgendwas machen könnte». Man sprach nicht mit Maria darüber, sondern sagte ihr kurz und knapp und ohne Kommentar, daß morgen der Psychiater käme, um sich mit ihr zu unterhalten.

Maria empfing diesen in äußerst schlechter und mißtrauischer Stimmung. «Was wollen Sie denn von mir? Ich bin doch nicht verrückt! Ich bin krank, das sieht man ja wohl an dem Fieber! Und Probleme gibt es bei mir überhaupt keine!» Für den Psychiater war es einigermaßen schwierig, mit Maria ins Gespräch zu kommen. Er bot ihr weitere Gespräche an, die sie aber ablehnte.

Kurze Zeit darauf kam es zu einer erneuten Fieberattacke, und zusätzlich trat ein Geschwür am Bein auf. Erneut wurden vielfältige Untersuchungen durchgeführt. Wieder ohne Erfolg. Schließlich konnte man in der Eiterprobe, die man dem Geschwür entnommen hatte, Bakterien nachweisen, die normalerweise im menschlichen Kot enthalten sind. Nun war für die Ärzte der Verdacht, daß Maria selbst das Geschwür verursacht hatte, bestätigt. Als Maria wegen einer Untersuchung unter-

*wegs war, durchsuchte man ihr Zimmer und fand Spritzen mit
kotverschmutzten Lösungen und mehrere Fieberthermometer.
Man sprach Maria verärgert darauf an und sagte ihr, daß man
sie in die psychiatrische Klinik verlegen wolle. Erst als man ihr
drohte, daß man sie gegen ihren Willen einweisen würde,
stimmte Maria zu. Sie fühlte sich gekränkt und beschämt und
verweigerte in der psychiatrischen Klinik zunächst jegliches
Gespräch.*

Menschen, die an einer heimlichen Selbstbeschädigung leiden, verleugnen oft lange Zeit vor sich selbst und vor den anderen, daß sie die
Krankheit selbst verursachen. Obwohl sie aktiv Krankheitssymptome
hervorrufen (Maria hatte sich kotverschmutzte Lösungen in die Vene
eingespritzt und damit Fieber erzeugt; schließlich hatte sie sich diese
Lösungen unter die Haut gespritzt und auf diese Weise das Geschwür
hervorgerufen; manchmal hatte sie auch gefälschte Fieberthermometer abgegeben), verleugnen sie das anschließend und glauben oft
selbst, sie seien wirklich krank. Wenn sie mit der Selbstbeschädigung
konfrontiert werden, reagieren sie mit Ablehnung und Ärger und oft
mit erneuten Selbstbeschädigungen (das neue Geschwür war bei Maria aufgetreten, als man ihr den Psychiater «geschickt» hatte).

Daher stellt die Phase, in der es um die Motivation zur Therapie
und die Entscheidung für eine Therapie geht, eine der schwierigsten
Phasen der Therapie überhaupt dar. Menschen, die an heimlichen
Selbstbeschädigungen leiden, haben zunächst keinen «bewußten»
Leidensdruck. Wie bereits in den vorigen Kapiteln ausgeführt, ist ihnen nicht bewußt, warum sie sich immer wieder neue Krankheitssymptome zufügen und sich immer wieder in Kliniken aufnehmen
lassen. Sie verspüren eine Art diffuse innere Spannung, ein diffuses
inneres Unbehagen und einen zwingenden, suchtartigen Drang, so zu
handeln. Die zugrundeliegenden inneren Nöte sind diesen Menschen
nicht zugänglich und sollen auch verdeckt bleiben. Hinzu kommen
die bereits genannten ausgeprägten Verleugnungsmechanismen,
d. h., sie beschädigen zwar ihren Körper, glauben aber später oft, der
Körper und nicht sie selbst sei verantwortlich.

*Petra F., die sich immer wieder Säureverätzungen an der Haut
zufügte, sagte, als ihr das im Verlauf der psychotherapeutischen Behandlung bewußt wurde:
Als mir die Ärzte, die mich in der Klinik behandelten, mitteilten,
es sei eine schwere Allergie, war ich selbst davon überzeugt.
Wenn ich mich dann erneut verätzt hatte, lief ich zu meinem
Freund und sagte ‹Schau, es ist schon wieder ausgebrochen›,
und dann glaubte ich das selbst!*

Die Betroffenen können sich die dringend notwendige psychotherapeutische Hilfe nicht holen, weil ihnen die zugrundeliegenden seelischen Konflikte einerseits oft nicht bewußt sind und weil ihnen andererseits der Gedanke, sich den eigentlichen Konflikten stellen zu
müssen, unerträglich, unaushaltbar erscheint. Gleichzeitig ist die
Selbstbeschädigung sehr schambesetzt. Mit der «Aufdeckung» der
Selbstbeschädigung ist eine große Scheu verbunden. Die Betroffenen
haben Angst, «das Gesicht zu verlieren». Daher ist es bei den meisten
Betroffenen nicht möglich, sie mit den eigentlichen Ursachen der
Krankheit zu konfrontieren. Wenn das geschieht, wie immer noch
häufig der Fall, kommt es meist zum Abbruch der Beziehung zwischen den Betroffenen und den Ärzten.

Die noch immer häufig vorhandenen gesellschaftlichen Vorurteile
gegenüber allen seelisch bedingten Krankheiten, mit denen sich
Psychotherapie/Psychosomatik/Psychiatrie auseinandersetzen, er-
schweren zusätzlich die Entscheidung, sich auf eine psychotherapeutische Behandlung einzulassen. Seelisch krank zu sein wird noch all-
zuoft gleichgesetzt mit «verrückt sein», «irre sein», «nicht mehr für
voll genommen werden» und in der Medizin: «nicht richtig krank
sein», «Simulant sein». Die körperliche Krankheit, besonders wenn
man auch noch operiert werden muß/worden ist, ist dagegen gesellschaftlich anerkannt. «Das ist was Richtiges», da darf man sich auch
in den «Genuß» der Patientenrolle begeben, d. h., sich fallenlassen,
krank sein, versorgt werden, entlastet werden von Arbeit und Alltag,
bedauert und bemitleidet werden.

Am Anfang geht es zunächst darum, zu der betroffenen Person eine vertrauensvolle Beziehung herzustellen. Die heimliche Selbstbeschädigung kann zunächst in den meisten Fällen nicht angesprochen werden; was aber angesprochen werden muß, ist die Ernsthaftigkeit der Erkrankung und die Notwendigkeit einer entsprechenden Therapie. Eine Möglichkeit besteht darin, der Betroffenen zu erklären, daß es Erkrankungen gibt, die sowohl körperliche als auch seelische Ursachen haben, daß man aber oft zunächst nicht weiß, welche seelischen Faktoren am Ausbruch und an dem Verlauf der Erkrankung beteiligt sind. Damit wird deutlich, daß es nicht etwa ein offensichtliches, greifbares seelisches Problem geben muß, sondern daß die seelischen Probleme, die der Erkrankung zugrunde liegen, häufig zunächst dem Bewußtsein nicht zugänglich sind; daß es aber wichtig ist, die Erkrankung von beiden Seiten her (psychisch und körperlich) anzugehen und weitere eingreifende, operative, gefährliche Maßnahmen, wenn möglich, zu verhindern.

Diese Zugangsweise erleichtert es der Betroffenen meist, sich auf eine Therapie einzulassen, und nimmt ihr die Angst, für «verrückt» erklärt, beschuldigt und verurteilt zu werden. Sehr wichtig ist, ihr zu verdeutlichen, daß man nicht gewaltsam in ihr Seelenleben eindringen will, sondern daß sie ernst genommen wird und die Möglichkeit hat, sich langsam und in für sie erträglichen Schritten auf die psychotherapeutische Behandlung einzulassen.*

---

* Es ist eine irrige Annahme, daß es in der Psychotherapie nur etwa darum ginge, daß der Betroffene «sein Inneres möglichst schnell nach außen kehren» müsse und man nur die traumatischen Erlebnisse aufdecken müsse, um die Selbstbeschädigung zu beenden! Die Betroffene hat ja gerade ein solch schweres Symptom entwickelt, weil es sie in Panik versetzt, sich auf ihre inneren Gefühle, Phantasien und unbewußten Konflikte einzulassen. Dennoch passiert es manchmal, wenn solche Patienten an unerfahrene Psychotherapeuten/Psychiater geraten, daß diese, ähnlich wie die anderen Ärzte vorher mit Skalpellen und Rohren, invasiv und bohrend mit ihnen umgehen.

Psychotherapeutische Behandlung wider Willen?

In einigen schweren Fällen und insbesondere beim Münchhausen-Syndrom ist es trotz dieses Vorgehens manchmal nicht möglich, die Betroffenen zu einer entsprechenden Therapie zu motivieren. Vergleichbar ist die Situation mit schwer Drogen- oder Magersüchtigen, die keinen Leidensdruck haben und sich ihr «Suchtmittel» auf keinen Fall wegnehmen lassen wollen. Auch akut selbstmordgefährdete Menschen wollen sich oft nicht behandeln lassen.

Ein Patient z. B. nimmt sich immer wieder Blut ab und bringt sich dadurch in lebensbedrohliche Zustände oder spritzt sich verschmutzte Lösungen und verursacht auf diese Weise schwerste Infektionen. In einem solchen Fall kann sich die Frage stellen, ob man den Betroffenen gegen seinen Willen in eine entsprechende Klinik einweisen muß. Dieses Vorgehen sollte natürlich, wenn irgend möglich, vermieden werden, denn es birgt vielfältige Probleme in sich. Jeder Mensch erlebt eine solche Maßnahme als gewaltsamen, kränkenden, erniedrigenden Eingriff, was eine folgende Psychotherapie erheblich erschwert. Psychotherapie ist nur *mit* dem Betroffenen und nicht *gegen* ihn möglich.

Sollte es unvermeidlich sein, die betroffene Person gegen ihren Willen einzuweisen, muß man ihr die Möglichkeit und Hilfe geben, dieses Erlebnis psychisch zu verarbeiten. Dann kann zumindest eine kleine Chance gegeben sein, einen Zugang zu ihr zu finden und sie schließlich doch zu einer weiterführenden Therapie zu motivieren. Es kann auch eine Entlastung bedeuten, weil sie zunächst aus dem selbstzerstörerischen Sog herausgeholt und ihr die Verantwortung vorübergehend abgenommen wird.

Am folgenden Beispiel wird das deutlich:

Eva L., eine 25jährige Krankenschwester, wurde seit eineinhalb Jahren fast ununterbrochen wegen einer Wundheilungsstörung und immer wiederkehrender Abszesse am Unterschenkel behandelt. Insgesamt war sie 15mal operiert worden.

Sogar Hauttransplantationen waren durchgeführt worden. Es kam zu gefährlichen Wundinfektionen und schließlich zu einer schweren Entzündung, die sich über das ganze Bein ausbreitete, so daß erwogen wurde, das Bein zu amputieren!

Schließlich war klar, daß Eva L. sich selbst beschädigte, indem sie an den Wunden manipulierte und sich verschmutzte Lösungen in die Wunden einbrachte und auch in die Haut einspritzte. Eva L. stritt dies aber vehement ab und bestand darauf, daß sie sich auf keinen Fall in eine psychiatrische oder psychosomatische Klinik begeben werde. Das führte schließlich dazu, daß Eva L. vor die Alternative gestellt wurde, entweder freiwillig in eine solche Klinik zu gehen oder aber gegen ihren Willen, per Gerichtsbeschluß, eingewiesen zu werden. Sie stimmte daraufhin sehr widerwillig der Verlegung in eine psychiatrische Klinik zu.

Einige Monate später erzählte sie, daß sie damals sehr gekränkt war und sich sehr erniedrigt und überwältigt gefühlt hatte. Sie habe noch längere Zeit abgestritten, daß sie sich die Wunden selbst beibrachte. Erst als sie merkte, daß sie bei Personal und Mitpatienten auf Verständnis stieß und nicht abgelehnt und verurteilt wurde, änderte sich das. Schließlich fühlte sie sich in der Klinik wohl, und sie machte die wichtige Erfahrung, daß andere Menschen ähnliche Probleme wie sie haben. Noch lange nach Entlassung aus der stationären Behandlung hatte sie Kontakt zu ehemaligen Mitpatienten. Heute ist sie froh, daß es damals so gekommen ist, und kann darüber sprechen, warum sie die Selbstbeschädigung lange Zeit verleugnen mußte.

So positiv verläuft es sicherlich nicht immer. Es gibt auch Fälle, in denen man die Betroffenen während einer stationären psychiatrischen Behandlung nicht zu einer Psychotherapie bewegen kann.

Die Einbeziehung der Angehörigen

In manchen Fällen kann es sinnvoll sein, die Familienangehörigen vor Beginn der Psychotherapie einzubeziehen, um die Problematik zu verdeutlichen und zu verhindern, daß die Betroffene verurteilt wird. Für Familienangehörige ist es oft erschreckend und verunsichernd, wenn sie von der (heimlichen) Selbstbeschädigung erfahren. Sie wissen nicht, wie sie damit umgehen sollen, fühlen sich schuldig oder reagieren aggressiv.

Wenn man zunächst nicht über die heimliche Selbstbeschädigung sprechen kann, ist ein Vorgehen wie oben beschrieben – Auffassung der Krankheit als schwere psychosomatische Störung – möglich und sinnvoll. Wichtig ist es, die sehr verbreiteten Vorurteile gegenüber seelischer Krankheit richtigzustellen. Wenn die Angehörigen die Verlegung in die psychosomatische oder psychiatrische Klinik * unterstützen, kann das für die Betroffene in einigen Fällen eine große Erleichterung sein und ihr helfen, sich auf eine solche Behandlung einzulassen.

Häufig ist es allerdings so, daß die Angehörigen/Partner die Verleugnung der Betroffenen mitmachen und in auffallender Weise nichts merken. Die Betroffene schützt sie in diesem Fall, indem sie die Krankheit der Familie übernimmt, d. h., ihre Erkrankung ist auch Ausdruck familiärer Probleme, die nicht zu Sprache kommen und

---

* In einer *psychosomatischen Klinik* werden Menschen, die an psychosomatischen Erkrankungen, d. h. Erkrankungen, die mit körperlichen Symtomen einhergehen, aber seelisch mitverursacht sind, behandelt. (Beispiel: bestimmte Asthmaformen, bestimmte entzündliche Darmerkrankungen, Magersucht, bestimmte Hautkrankheiten u. a.) In solchen Kliniken werden aber auch neurotische Erkrankungen (Angsterkrankungen, bestimmte Formen der Depression u. a.) behandelt.
In einer *psychiatrischen Klinik* werden hingegen meist Erkrankungen wie Schizophrenien, schwere Suchtkrankheiten, bestimmte Depressionsformen u. a. behandelt. Oft überschneiden sich die Krankheitsgebiete beider Fachbereiche, was für den Laien verwirrend sein kann.

nicht zur Sprache kommen dürfen (siehe Seite 187 ff). In diesen Fällen geschieht es oft, daß die Angehörigen mit allen Mitteln versuchen, eine psychotherapeutische Behandlung zu verhindern (Beispiel: Inzestfamilien). Es handelt sich um eine gemeinsame familiäre Verleugnung. Daher darf auch auf keinen Fall eine seelische Krankheit dahinterstecken. Eine körperliche Krankheit hingegen ist anerkannt und «unverdächtig». Die Angehörigen unterstützen daher lieber weitere chirurgische Eingriffe und Klinikaufenthalte.

Therapiemotivation bei anderen Formen der Selbstbeschädigung

Bei leichteren Formen der heimlichen Selbstbeschädigung ist es bezüglich der Therapiemotivation einfacher. Hier sind die Selbstschädigungen gemeint, die im Rahmen einer akuten Krisensituation auftreten können, denen aber eine leichtere psychische Störung zugrunde liegt, die eher in den Bereich der neurotischen Erkrankungen einzuordnen ist (siehe Kapitel 2). Die Betroffenen sind einer vorsichtigen Konfrontation gegenüber zugänglich und sind meist sehr entlastet, wenn man ihnen eine psychotherapeutische Behandlung anbietet.

Menschen mit «offenen» Selbstbeschädigungen sind einer Psychotherapie meist zugänglich. Leichtere Formen der offenen Selbstbeschädigung (*delicate self cutting*) lassen sich auch gut behandeln; das heißt aber nicht etwa, man könne diese Erkrankung «auf die leichte Schulter nehmen». Wenn sie nicht behandelt wird, kann sie sich häufig verschlimmern und in eine chronische Erkrankung übergehen.

Menschen mit schweren Formen der offenen Selbstbeschädigung (*deliberate self harm syndrome*) sind einer psychotherapeutischen Behandlung zwar zugänglich, die Behandlung gestaltet sich aber ähnlich schwierig wie bei den schweren Formen der heimlichen Selbstbeschädigung. Am Anfang und manchmal auch noch im weiteren Verlauf der Therapie kann sich auch hier die Frage stellen, ob diese Patienten vorübergehend auf einer geschlossenen psychiatrischen Station unterzubringen sind, um sie vor den manchmal schweren impulshaften Selbstverstümmelungen zu schützen. In Einzelfällen kann es, ebenso wie bei bestimmten Fällen der heimlichen Selbstbeschädigung, notwendig sein, die Betroffene vorübergehend gegen ihren Willen in eine psychiatrische Klinik einzuweisen. Es gilt, eine weitere Verstümmelung des Körpers zu verhindern, die es der betroffenen Person später noch sehr viel schwerer macht, ihren Körper anzunehmen, zu akzeptieren und pflegend mit ihm umzugehen.*

Die psychoanalytisch orientierte Therapie

Im folgenden Abschnitt wird eine psychoanalytisch-psychodynamisch orientierte Behandlung** beschrieben. Darunter ist eine Behandlung zu verstehen, die davon ausgeht, daß das Symptom, hier also die Selbstbeschädigung, Ausdruck unbewußter seelischer Konflikte ist. Diese Konflikte sind mit der persönlichen Entwicklung, mit der Kindheits- und Lebensgeschichte der Betroffenen verbunden. In der Therapie geht es darum, diese Konflikte vor dem Hintergrund der persönlichen Entwicklungsgeschichte zu verstehen und sie mit dem Symptom in Bezug zu setzen. Die Konflikte sollten bearbeitet und wenn möglich «gelöst» werden, so daß die Betroffene das Symptom schließlich nicht mehr benötigt und andere Lösungs- und Verarbeitungsmöglichkeiten findet.

---

* Vgl.: Sachsse 1989, 1994
** Ich selbst arbeite nach dieser Methode. Die meisten Therapieberichte von Behandlungen selbstbeschädigender (offene und heimliche Selbstbeschädigung im engeren Sinn) Menschen sind psychoanalytisch orientiert. Es gibt nur wenige Berichte von Verhaltenstherapien (siehe Seite 208).

In der psychoanalytisch orientierten Behandlung wird davon ausgegangen, daß sich die seelischen Konflikte, die etwas mit der frühen und auch späteren Beziehung zu Eltern und Geschwistern zu tun haben, in der Beziehung zur Therapeutin wiederholen, darstellen. Die Betroffene entwickelt z. B. bestimmte Vorstellungen, Phantasien, Ängste, Wünsche in bezug auf die Therapeutin, die aber ursprünglich nicht mit der Person der Therapeutin verbunden sind, sondern mit den frühen Bezugspersonen zu tun haben, die also auf die Therapeutin *übertragen* werden. Umgekehrt entwickelt die Therapeutin bestimmte Gefühle, Phantasien etc. gegenüber der jeweiligen Betroffenen. Diese Reaktionen werden als *Gegenübertragungen* bezeichnet. Es geht nun darum, anhand dieser Prozesse, die sich in der therapeutischen Beziehung entwickeln, Konflikte und Probleme der Betroffenen zu verstehen und zu bearbeiten.

Die Anfangsphase der Therapie

In der ersten Phase der Therapie geht es zunächst darum, die Betroffene zur Therapie zu motivieren und ein Arbeitsbündnis herzustellen, das einigermaßen tragfähig ist. Diese Phase gestaltet sich entsprechend den unterschiedlichen psychischen Störungen, die der heimlichen und offenen Selbstbeschädigung zugrunde liegen können, verschieden.

Bei den leichteren Formen der offenen und heimlichen Selbstbeschädigung ist sie nicht so problematisch, weil sich diese Frauen meistens durch das Angebot einer längerfristigen Therapie entlastet fühlen und zu einer Therapie motiviert sind.

Bei den schwereren Formen der heimlichen Selbstbeschädigung ist diese erste Phase häufig schwierig. Sie erfordert viel Geduld von Therapeuten und Angehörigen. Menschen, die an schweren Formen der heimlichen Selbstbeschädigung leiden, sind oft sehr mißtrauisch und haben es zunächst nicht leicht, sich auf eine Beziehung einzulassen. Das hat mit ihrer schwierigen Lebensgeschichte zu tun.

Sie befürchten, daß sie enttäuscht, verlassen, nicht verstanden werden könnten oder daß man wieder in überwältigender, grenzüberschreitender Weise mit ihnen umgehen könnte. Sie haben Angst, das für sie verträgliche Maß an Nähe und Entfernung nicht herstellen zu können. So fürchten sie einerseits, mit der Therapeutin zu verschmelzen, oder andererseits, von ihr alleine gelassen zu werden.

Den Zugang zu inneren Gefühlen und Befindlichkeiten schaffen

Schon in der ersten Therapiephase geht es im wesentlichen darum, der Betroffenen zu helfen, einen besseren Zugang und eine bessere Wahrnehmung für ihr inneres Befinden, ihre verschiedenen Gefühlszustände und ihre Reaktionen auf diese zu erreichen. Wie bereits ausgeführt, haben Menschen, die zu schwereren Selbstbeschädigungen neigen, oft wenig Zugang zu ihren inneren Gefühlszuständen und können diese kaum unterscheiden. Meist sprechen sie von einem «diffusen inneren Druck», einer «allgemeinen inneren Spannung».

Der Unterschied zwischen Menschen mit offenen Selbstbeschädigungen und Menschen mit heimlichen Selbstbeschädigungen liegt in dieser Phase darin, daß man mit letzteren in der ersten Zeit oft nicht über die Selbstbeschädigung im eigentlichen Sinne sprechen kann. In der Therapie entsteht zwischen der Betroffenen, die an einer heimlichen Selbstbeschädigung leidet, und dem Therapeuten/der Therapeutin eine Art *Metaebene der Kommunikation*; nach dem Motto: «Ich weiß, daß du weißt, daß ich weiß...» Das ist eine schwierige Situation, denn man darf nicht direkt über die Selbstbeschädigung sprechen, weil die Betroffene sich dann bedroht fühlen kann und die Therapie abbrechen und fliehen muß.

In einigen Fällen kann es allerdings sinnvoll sein, doch eine Konfrontation zu wagen. Das Nicht-Ansprechen der heimlichen Selbst-

172

beschädigung kann nämlich vielfältige Probleme in sich bergen: Die Betroffene kann das Gefühl bekommen, daß man sich mit ihr verbündet hat und die Selbstbeschädigung eigentlich unterstützt oder daß man sich von ihr genauso wie alle Ärzte täuschen läßt und sie deshalb auch nicht «halten» kann.

Lange Zeit, oft mehrere Monate, ist eine Therapie eine ausgesprochene Gratwanderung; die Selbstbeschädigungen können über lange Zeit, manchmal noch nach Jahren, immer wieder auftreten. In der ersten Zeit der Behandlung kommt es nicht selten zu einer Verschlechterung. Wenn es z. B. um schwierige, konflikthafte Themen geht, wenn sich die Betroffene von der Therapeutin nicht verstanden oder verlassen fühlt, wenn sie wütend wird, diese Wut aber nicht spüren, geschweige denn direkt ausdrücken darf, können erneute Selbstverletzungen auftreten. Es geht jetzt darum, Zusammenhänge zwischen der Selbstverletzung und derartigen Situationen, inneren Befindlichkeiten und Gefühlen herzustellen.

Bei Menschen mit heimlicher Selbstbeschädigung ist es möglich, die Verschlechterung des körperlichen Zustands anzusprechen und mit diesen Situationen in Beziehung zu setzen, auch wenn man die Selbstbeschädigung noch nicht direkt ansprechen kann. Diese Menschen versuchen auch während der ersten Phase einer psychotherapeutischen Behandlung bestimmten, als bedrohlich empfundenen Situationen auszuweichen, indem sie erneut heimliche Selbstbeschädigungen vornehmen und sich wieder in eine Klinik aufnehmen lassen. Hier ist eine enge Zusammenarbeit mit den entsprechenden organmedizinischen Kliniken notwendig. Wenn eine Frau sich z. B. erneut Hautverätzungen zugefügt hat, müssen diese natürlich medizinisch behandelt werden. Weitere invasive medizinische und operative Maßnahmen sind aber, wenn irgend möglich, zu vermeiden.

Das Problem der «Heimlichkeit»

«Heimlichkeit» spielt bei Menschen mit einer Selbstbeschädigung auch oft unabhängig von der *heimlichen* Selbstbeschädigung eine wichtige Rolle. Häufig kommt es im alltäglichen Umgang zu «heimlichen Aktionen». Während einer stationären Behandlung wird das meist sehr deutlich. Die Betroffenen halten sich z. B. oft nicht an die angegebenen Medikamente. Sie sammeln die Medikamente, um sie dann später triumphierend beim Pflegeteam oder bei der Therapeutin abzugeben. Sie halten sich auch nicht immer an andere Absprachen. Sie müssen immer wieder beweisen, daß sie letztlich die Macht und die Kontrolle über sich haben und die anderen hilflos und ohnmächtig sind.

Dabei geht es um einen Konflikt zwischen Abhängigkeit und Unabhängigkeit, den die betroffenen Personen auf diese Weise «agieren», das heißt, nicht durch sprachliche Auseinandersetzung ausfechten können, sondern durch Handlungen szenisch darstellen und austragen müssen. Das erfordert zeitweilig viel Geduld von den Therapeuten- und Pflegeteams und kann bei diesen zu heftigen Gefühlen wie Ärger und Enttäuschung, Hilflosigkeit und Ohnmacht, Kränkung etc. führen. Auch die «Tendenz zu spalten», das heißt verschiedene Mitglieder des therapeutischen Stationsteams gegeneinander auszuspielen, kann große Probleme im Umgang mit den Betroffenen schaffen.

Es ist daher von größter Wichtigkeit für Therapeuten und therapeutische Teams, immer wieder über die Gefühle, die diese Patientinnen auslösen, zu sprechen und diese zu verstehen. Die Betroffenen versuchen durch die «Aktionen» ihre inneren Konflikte darzustellen. Es ist ihnen anfänglich nicht bewußt, daß sie das tun. Die psychotherapeutische Behandlung läßt sich daher mit einer Art «Nachreifung» vergleichen: Es geht darum, das Handeln immer mehr in Sprache zu überführen. Wenn das gelingt, werden die Betroffenen die Selbstbeschädigung nicht mehr benötigen, um ihre inneren Nöte und Konflikte auszudrücken.

Das Wechsel von heimlicher zu offener Selbstbeschädigung

In vielen Fällen geht die heimliche Selbstbeschädigung im Verlauf der Therapie in eine offene Selbstbeschädigung über. Dies kann als «Fortschritt» in der Therapie angesehen werden, da jetzt die Möglichkeit besteht, über die Selbstbeschädigung zu sprechen.

Lange Zeit, meist mehrere Monate und manchmal sogar bis zu drei Jahren (je nach Schwere der zugrundeliegenden seelischen Störung; siehe Kapitel 5), geht es darum, die Situationen, in denen die Selbstbeschädigung geschieht, und die Zustände, in denen sich die Betroffene vorher befunden hat und auch hinterher befindet, gemeinsam anzuschauen. Anfänglich können Frauen meist nicht sagen, was los war, warum das passiert ist. Sie wissen nur, daß es passiert ist und daß sie es nicht aufhalten konnten. Manchmal geschehen die Selbstbeschädigungen plötzlich, impulshaft, und manchmal wird zunächst der Gedanke gefaßt, und die Selbstbeschädigung wird erst Stunden später ausgeführt. Fast alle Betroffenen sprechen am Anfang von einem starken Zwang, von einem starken inneren Druck, der sie zur Selbstverletzung zwingt.

Es ist wichtig, der Betroffenen bei der Klärung der auslösenden Situation zu helfen, d. h., ihr zu helfen, ihre verschiedenen Gefühlszustände kennen- und wahrnehmen zu lernen, ihr zu helfen, eine Art *selbstbeobachtendes Ich** zu schaffen. Die Betroffenen müssen lernen, ihre eigenen Gefühle wahrzunehmen, zu unterscheiden, zu «lesen». Die Therapeutin muß ihnen dabei Unterstützung und Hilfe geben: Ist es Trauer, Wut, Enttäuschung, das Gefühl, völlig verlassen zu sein, Hilflosigkeit, Ärger, Panik, Angst, Niedergeschlagenheit, Scham, Schuldgefühl, Kränkung? Dabei ist es sehr wichtig, die Be-

---

* *Selbstbeobachtendes Ich:* Die Fähigkeit, das eigene Verhalten und die innerseelischen Gefühle, Befindlichkeiten, Zustände, Phantasien zu beobachten, zu erkennen, zu überdenken und gegebenenfalls zu verändern.

troffene nicht zu überfordern, also nicht zu bohren, wenn sie kein Gefühl etc. benennen kann. Es ist wichtig, ihr das Gefühl zu geben, daß man verstehen kann, daß es ihr schwer fällt, diese Zustände zu unterscheiden, und daß sie vielleicht überhaupt nicht weiß, um welche Zustände es sich handelt. Wenn man nachbohrt, können diese Menschen sehr schnell das Gefühl bekommen, die Therapeutin zu enttäuschen. Sie fühlen sich schuldig, als Versager und können ihrem Ärger, sich zu sehr bedrängt zu fühlen, nicht direkt Ausdruck verleihen, und das kann zu erneuten selbstbeschädigenden Handlungen führen.

Es ist sehr wichtig, der Betroffenen nichts «überzustülpen», nichts in sie «hineinzuinterpretieren». Auf diese Weise würden sich die traumatischen Ereignisse, die sie ihr ganzes Leben erfahren hat, wiederholen, nämlich daß mit ihr in eindringender und gewaltsamer Form umgegangen wurde und daß sie selbst wenig Recht auf ein abgegrenztes, eigenständiges Ich hatte. Die Therapeutin sollte darauf achten, nicht an eigenen Konzepten selbstbeschädigenden Verhaltens starr festzuhalten, sondern immer wieder offen zu sein für die Betroffene, offen zu sein für neue Dimensionen und Erkenntnisse.

Ebensowenig sollte man in die Betroffene verbal eindringen, etwa in der Art: «Was war da los in Ihrer Kindheit? Da war etwas, worüber sie nicht reden wollen! Sie müssen aber darüber reden.» Oder gar: «Sind Sie vergewaltigt worden? Sind Sie mißhandelt worden?» Und, falls die Patientin solche Erlebnisse berichtet: «Das ist der Grund für Ihre Selbstbeschädigung! Sie müssen das in allen Einzelheiten erzählen. Es ist wichtig, daß alles rauskommt; daß Sie über alles sprechen!»

Ein solches Vorgehen ist von der irrigen Vorstellung geleitet, Psychotherapie bedeute in jedem Falle, traumatische Erlebnisse und unbewußte Konflikte aufzudecken und auf den Tisch zu legen. Wenn so etwas geschieht, fühlt sich die Betroffene zum Objekt degradiert, mit dem etwas geschieht, mit dem etwas gemacht wird, dem die Kontrolle entzogen wird und das kein Recht hat, sich abzugrenzen. Leider kann man solche Situationen mit Menschen, die an Selbstbeschädigung leiden, immer wieder erleben.

Ein Beispiel:

Eine Frau, die sich in unserer Klinik in stationärer Behandlung befand und nach einer Selbstverletzung in eine andere Klinik zur Wundversorgung geschickt wurde, wurde von der dortigen Schwester gefragt: «Sind Sie vergewaltigt worden? Sie müssen doch einen Grund haben, daß Sie so etwas tun. Sie müssen darüber sprechen.» Später rief mich der behandelnde Kollege an und fragte mich: «Haben Sie etwas gefunden, das das erklärt? Was ist denn da genau passiert?» Als ich ihm darauf antwortete, daß es aufgrund der Lebensgeschichte erklärbar ist, daß ich ihm aber keine persönlichen Details, die die Frau betreffen und die sie in der Psychotherapie mitgeteilt hat, erzählen könne, bohrte er nach und fragte mich immer wieder, ob bestimmte Dinge bei der Betroffenen passiert seien: Was ich wisse, ich müsse doch etwas wissen!

Ich fühlte mich bedrängt, verhört und kam immer mehr in die Situation, mich deutlich gegenüber dem Kollegen abgrenzen zu müssen. Schließlich meinte er, er hätte sich schon überlegt, mit der Frau über Vergewaltigung und Inzest zu reden, das sei doch oft der Hintergrund von Selbstbeschädigungen, und das müsse man doch mit ihr besprechen. Als ich ihn darauf hinwies, daß sich die Betroffene ja in stationärer Psychotherapie befände und daß es meine Aufgabe sei, zu entscheiden, auf welche Weise die Psychotherapie durchgeführt würde, zeigte er wenig Verständnis.

Die eigenen Bedürfnisse wahrnehmen lernen

Die Wahrnehmung der eigenen Bedürfnisse, deren Äußerung, Durchsetzung und Abgrenzung gegenüber anderen ist ein zentrales Thema in der Therapie.

Viele Patientinnen mit schweren Selbstbeschädigungen verfügen über einen *ungenügenden «inneren Reizschutz»* (siehe auch Kapitel 5, Seite 109 ff). Sie werden sehr schnell von inneren Gefühlszuständen überschwemmt und reagieren sehr viel empfindlicher auf spannungsreiche, konflikthafte zwischenmenschliche Situationen, insbesondere auf Situationen, die mit Zurückweisung und Kränkung verbunden sind. Das kann die Therapie gelegentlich schwierig machen und erfordert viel Geduld und Reflexion von seiten der Therapeutin und bei stationären Behandlungen von seiten der Therapeuten- und Pflegeteams. Es geht darum, nicht etwa «mitzuagieren», d. h. auf die intensiven Reaktionen der Betroffenen in unreflektierter Weise mit Ärger, Wut, Enttäuschung oder Kränkung zu reagieren, sondern sich klarzumachen, daß die Betroffene es nicht persönlich meint.

Es ist wichtig, solche konflikthaften Situationen mit der Betroffenen zu besprechen, durchzugehen und zu klären. Dabei ist eine «authentische Umgangsweise» von großer Bedeutung. Menschen mit Selbstbeschädigungen haben, ähnlich wie andere Menschen, die an schweren seelischen Störungen leiden, oft ein sehr gutes Gespür für Heimlichkeiten, Zweideutigkeiten, aufgesetztes, «nicht authentisches Verhalten». Sie fühlen sich geängstigt und verfolgt, wenn sie auf ein solches Verhalten stoßen. Es ist daher wichtig, ihnen den Sinn der Therapie zu erklären und sie über die Gründe bestimmter Regeln (z. B. Regeln der Station etc.) aufzuklären.

An einem Beispiel soll das verdeutlich werden:

Elsa reagierte mit starkem Rückzug, aggressiver Abweisung des Pflegeteams und der Therapeutin und schließlich mit erneuten Selbstbeschädigungen, als sie mit einer neuen Zimmernachbarin konfrontiert wurde, ohne vorher darauf vorbereitet worden zu sein. In der folgenden Therapiestunde wollte Elsa nichts sagen. Sie saß vollkommen verschlossen, angespannt und unterschwellig aggressiv im Stuhl.
E. (Elsa): «Mit Ihnen kann ich nicht sprechen.»
T. (Therapeutin): «Sie wirken sehr verschlossen und angespannt. Hat das einen Grund? Ist etwas passiert, daß Sie nun nicht mehr mit mir sprechen können?»
Nach längerem Hin und Her konnte die Patientin schließlich antworten.
E.: «Sie haben mir extra diese Frau ins Zimmer gelegt, weil Sie wollten, daß ich kontrolliert werden soll, daß ich nicht mehr meine ‹Sachen› machen kann.»

Die Therapeutin wurde in dieser Situation zu einem bösen verfolgenden Objekt.

T.: «Was meinen Sie, warum sollte ich das tun? Wir hatten doch darüber gesprochen, daß Sie sich auch woanders, z. B., wenn Sie spazierengehen oder im Bad sind etc., verletzen können. Ich weiß doch, daß ich Sie auf diese Weise nicht daran hindern kann, sich wieder zu verletzen. Außerdem wissen Sie doch auch, daß immer wieder neue Patienten aufgenommen werden und daß auch andere Patienten einen neuen Zimmernachbarn bekommen haben.»

E.: «Ich bin aber nicht darauf vorbereitet worden, und das hat mich so geärgert. Und diese Neue stand plötzlich mit ihrem Mann im Zimmer, als ich gerade im Bett lag und es mir schlechtging. Sie wissen ja, was passiert, wenn ich mich ärgere! Dann gehe ich wieder an die Wunde!»

T.: «Ja, Sie haben recht, daß Sie sich ärgern, daß Sie nicht darauf vorbereitet worden sind! Das war ein Versehen von uns (Stationsteam). Das war nicht in Ordnung! Ich kann gut verstehen, daß Sie sich da überrumpelt fühlten!

Aber was ist dann passiert: Sie waren sauer auf die Schwestern und auf mich, daß wir Ihnen das nicht früher gesagt haben. Und da haben Sie Ihren ganzen Ärger, Ihre ganze Wut wieder an sich selbst ausgelassen, anstatt an uns. Ihr Körper, und das heißt Sie selbst, sind bestraft worden. Über die Wunde, die schlechter geworden ist, teilen Sie mir jetzt mit, wie ärgerlich Sie sind, wie enttäuscht Sie von mir sind! Die Wunde ersetzt das Sprechen darüber. Aber ich finde es gut, daß Sie es mir jetzt doch noch sagen, daß Sie ärgerlich waren und daß wir jetzt darüber sprechen können und verstehen, warum Sie sich wieder verletzen mußten. Sie sollten Frau Z. (Krankenschwester) auch noch mal sagen, daß Sie sich geärgert haben und daß sie Ihnen so etwas in Zukunft vorher mitteilen soll!»

Elsa hat daraufhin mit Frau Z. gesprochen.

Die eigenen Grenzen wahrnehmen und einen Selbstschutz aufbauen lernen

Ein anderer wichtiger Punkt in der Therapie von Menschen mit schweren Formen der offenen und heimlichen Selbstbeschädigungen ist die Tatsache, daß die Betroffenen die Grenzen ihrer Belastbarkeit häufig nicht wahrnehmen. Sie neigen dazu, manchmal sehr schnell sehr viel von sich zu zeigen, z. B. sehr schnell über traumatische Erlebnisse (z. B. sexuellen Mißbrauch) zu sprechen, sich sehr stark auf Menschen einzulassen. Sie werden dann von ihren starken Gefühlen und Affekten überwältigt, und wenn das Gegenüber nicht damit umgehen kann, kommt es zu einer sehr schwierigen «sogartigen» Verwicklung von Beziehungen. Das kann manchmal in Gruppentherapien passieren. Es geht also darum, in der Therapie die «Bremse genauso ernst zu nehmen wie das Gaspedal». Die Betroffene muß lernen, sich selbst zu schützen, wobei die Therapeutin anfänglich oft die Schutzfunktion übernehmen muß, wie eine Art «Hilfs-Ich».

Die Selbstbeschädigung im Kontext der therapeutischen Beziehung

Wie bereits angedeutet, kommt es in den ersten Monaten bis Jahren auch während der Behandlung nicht selten zu erneuten Selbstverletzungen. Die Betroffenen leiden in vielen Fällen bereits seit mehreren Jahren an selbstverletzendem Verhalten und werden das nicht sofort aufgeben können. In der psychotherapeutischen Arbeit besteht aber die Chance, solche Selbstverletzungen mit der jeweiligen Situation in der Therapie und mit der Beziehung zwischen Betroffener und Therapeutin in Bezug zu setzen und zu verstehen.

Diese Betroffenen entwickeln, wenn sie sich auf eine Therapie eingelassen haben, vorübergehend eine enge Bindung an die Therapeutin. Diese ist lange Zeit sehr zwiespältig, d. h., die Therapeutin wird allmächtig, zum alle Hoffnung gebenden, alles besitzenden Objekt und gleichzeitig zur zurückweisenden und aggressiven Verfolgerin. Wenn es um Enttäuschung und damit verbundene Wut und Haß auf die Therapeutin geht, befürchten sie, daß auch die guten und tragenden Anteile der Beziehung zerstört werden könnten. Es ist daher im weiteren Verlauf der Therapie sehr wichtig, daß die Betroffene das Gefühl hat, aggressive Gefühle – auch Haßgefühle – äußern zu können, ohne sich fürchten zu müssen. Ebenso stark ist aber auch die Angst vor Aggression, Wut und Zurückweisung durch die Therapeutin sowie die Angst, daß die Wünsche nach Nähe zur Therapeutin übermächtig werden.

Die Selbstverletzung stellt dann oft den Versuch dar, mit diesen zwiespältigen, oft innerlich überwältigenden Gefühlen zurechtzukommen.

Ein Beispiel sind Trennungssituationen. Vor oder nach Urlauben oder anderen Unterbrechungen der Therapie kommt es oft zu erneuten Selbstverletzungen. Die Betroffene drückte ihre Enttäuschung und ihren Ärger durch die Selbstverletzung aus, weil sie sich verlassen fühlt; sie versucht sich vor den Gefühlen von Leere und Verlassenheit, die in diesem Zusammenhang auftreten können, zu schützen (siehe auch Kapitel 5).

Sie fürchtet sich davor, ihren Ärger direkt auszudrücken, weil sie befürchtet, daß ihre Wut grenzenlos ist, wenn sie sie einmal zuläßt, und daß sie die Therapeutin, die sie ja auch mag und braucht, zerstören könnte. Gleichzeitig hat sie das Gefühl, daß es sinnlos ist, Wut auszudrücken, weil sie als Kind oft erfahren mußte, daß sie in solchen Situationen hilflos und ohnmächtig war. Nun ist es zum einen für die Therapeutin wichtig, diese Wut auszuhalten und der Betroffenen das Gefühl zu geben, daß sie davon nicht zerstört wird. Das heißt allerdings nicht, daß sie alles geduldig und ohne Gefühlsregung ertragen müßte. Zum anderen ist es wichtig, die Selbstbeschädigung als Ausdrucksversuch der dahintersteckenden Gefühle und Ängste zu verstehen und diese zu bearbeiten. Viele der Betroffenen haben Angst, daß die Beziehung zum Therapeuten durch schlechte Gefühle wie Wut, Ärger, Enttäuschung zerstört werden könnte. Sie können sich aufgrund ihrer seelischen Störung kaum vorstellen, daß eine Beziehung gute und schlechte, negative und positive Aspekte gleichzeitig beinhaltet. Das folgende Beispiel soll dies verdeutlichen:

Herta F. war wegen wiederkehrender künstlich erzeugter fieberhafter Entzündungen in Behandlung gekommen. Sie befand sich bereits sieben Monate in Therapie. Während des Urlaubs der Therapeutin ließ sie sich drei Zähne ziehen. «Ich brauchte das», berichtete sie später. «Ich bin zum Zahnarzt gegangen und habe ihm vorgemacht, daß ich massive Schmerzen hätte. Obwohl er nichts gefunden hat, hat er mir die Zähne gezogen. Dann ging's mir wieder besser.» Sie erzählte das der Therapeutin bei ihrer Rückkehr mit sichtlicher Genugtuung.
Was war hier passiert?
Im weiteren Therapieverlauf wurde klar, daß Herta F. sich von der Therapeutin abgewiesen, verlassen gefühlt hatte. Sie hatte die Phantasie, daß die Therapeutin weggefahren war, weil sie sie nicht mehr wollte, weil sie, Herta F., schlecht war. Gefühle, die mit der Beziehung zu ihrer Mutter zu tun hatten, wurden durch diese Situation auf die Therapeutin übertragen. Früher war sie von der Mutter in ein weit entferntes Internat gegeben worden, als ein Brüderchen auf die Welt kam. Sie hatte sich zurückgewiesen und verlassen gefühlt und glaubte, daß die Mutter sie weggeschickt hatte, weil sie schlecht und unerwünscht war. Die Enttäuschung und die Wut, die sie deswegen gegenüber der Mutter empfand, hatte sie bereits damals gegen sich selbst gerichtet, indem sie einen Selbstmordversuch unternahm und kurze Zeit später mit den ersten selbstverletzenden Handlungen begann. Jetzt verspürte sie eigentlich auch Haß und Ärger auf die Therapeutin. Diese Empfindungen lösten Angst und Schuldgefühle aus. Sie befürchtete einerseits die Rache der Therapeutin und andererseits, daß ihre zerstörerische Wut die Therapeutin verletzen könnte. Durch die Entfernung ihrer Zähne richtete sie ihre Wut gegen sich selbst, gleichzeitig bestrafte sie sich, um nicht von der Therapeutin bestraft zu werden.
Der andere Aspekt, der eine wichtige Rolle spielte, war aber ihre Fähigkeit der Kontrolle: Der Zahnarzt hatte die Zähne entfernt, weil sie es so wollte, nicht weil etwas an den Zähnen zu

finden war. Für sie war es auch eine Art Triumph. Und sie be-
strafte indirekt die Therapeutin, indem sie ihr hierüber mitteilte:
«Guck, so gehst du mit mir um, daß ich mir so weh tun muß!»
Sie beschädigte ihren Körper, so wie sie sich selbst beschädigt
und ausgeliefert fühlte.

Für die Therapeutin ist es wichtig, daß sie sich auf die Gefühle, die hierdurch in ihr ausgelöst werden, einläßt. Häufig sind das Gefühle von Hoffnungslosigkeit, Hilflosigkeit und Wut. Außerdem ist es wichtig, eigene depressive und masochistische Tendenzen, die durch die Behandlung solcher Menschen aktiviert werden können, zu erkennen und zu reflektieren. Über manche Strecken der Therapie kann es auch nur darum gehen, solche Gefühle mit der Betroffenen gemeinsam auszuhalten.

Oft hat man das Gefühl, man müßte diesem armen malträtierten Körper wie einem hilflosen, schreienden Kind zu Hilfe eilen, es vor der entsetzlichen Wut und dem abgrundtiefen Haß beschützen. Und gelegentlich muß man das auch tun, muß man direktiv eingreifen, um das Schlimmste zu verhindern, um die Frau aus ihrer selbstquälerischen, höllenhaften Szenerie herauszuholen (siehe Kapitel 6).

Die Schwierigkeiten, die Selbstbeschädigung aufzugeben

Ein Ziel der Therapie ist, von dem zerstörerischen, quälenden, eindringenden weg und hin zu einem fürsorgenden, pflegenden Umgang mit dem eigenen Körper und Selbst zu kommen.

Störung des Körpererlebens und damit verbunden eine Störung der weiblichen Identität und Sexualität sind weitere wesentliche Themen, die in der Therapie selbstbeschädigender Frauen bearbeitet werden müssen (siehe Kapitel 5).

Schwierig kann es in der Therapie werden, wenn sich etwas an der Selbstverletzung und am Körpererleben ändert. Das klingt zunächst paradox. Wenn die betroffene Frau ihren Körper und sich selbst nicht mehr so hassen muß und zunehmend Körperempfindungen als etwas Genußvolles wahrnehmen kann, kann das mit erneut auftretenden Schuldgefühlen verbunden sein. Alte inzestuöse Ängste werden aktiviert; z. B. auch im Zusammenhang mit Partnerbeziehungen und sexuellen Erlebnissen. Manchmal kommt es zu erneuten Selbstverletzungen.

Manchmal, besonders in den ersten Monaten der Therapie, kann es nach Stunden, wo man den Eindruck hatte, der Kontakt sei gut gewesen, die Frau hätte sich verstanden gefühlt und man hätte einen gemeinsamen Schritt nach vorne getan, zu erneuten Selbstverletzungen kommen. Es geht darum, das erträgliche, das gut verträgliche Maß an Nähe und Entfernung im Kontakt zu finden. Zuviel Nähe bedeutet Verschmelzung, vom Auflösen bedroht sein, nicht mehr wissen, «bin ich ich oder bin ich die andere, die Therapeutin, die Mutter, und daher zerstört, als Ich verschwunden?», und zu wenig Nähe bedeutet, «völlig verlassen sein, sich nicht mehr spüren können, bedroht sein von Auflösung!».

Die Selbstverletzung schafft Ordnung – vorübergehend! Sie stellt die Grenzen wieder her, macht sie wieder spürbar (siehe Kapitel 6).

Auch wenn die Selbstverletzung zunehmend zurückgeht und nicht mehr die Funktion erfüllt und erfüllen kann, weil die Betroffene sie zunehmend weniger braucht, kann es zu Krisen kommen: Die Betroffene hat Angst, den Therapeuten zu verlieren, weil die Beziehung ursprünglich über die Selbstverletzung entstanden ist. Frauen mit schwereren Selbstbeschädigungen sind oft über längere Zeit, Monate bis Jahre, an das selbstverletzende Verhalten «gewöhnt» und auch an die damit verbundene zwischenmenschliche Interaktion. Die Betroffenen haben häufig die Vorstellung, daß eine Veränderung ihres Selbst im Sinne einer Besserung ihres gesamten Befindens – womit das Verschwinden der selbstverletzenden Handlungen verbunden ist – zu einem Verlust der Therapeutin führen könnte, dem sie sich noch nicht gewachsen fühlen.

In dieser Situation können plötzlich neue Selbstverletzungen auftreten, nachdem es eigentlich zu einer deutlichen Besserung gekommen war. Die Betroffene muß der Therapeutin beweisen, daß sie hilflos ist, daß sie sie noch braucht, daß sie ohne sie nicht handeln kann. Hier spielen auch Phantasien hinein, die damit zu tun haben, daß sie denkt, sie dürfe sich nicht lösen, weil dies die Zurückweisung der Therapeutin zur Folge hätte.

Dieser Autonomie-Ablösungs-Konflikt spielt bei selbstbeschädigenden Frauen, wie bereits in Kapitel 4 und 5 ausgeführt wurde, eine wichtige Rolle. Es ist wichtig, dies in der Therapie zu bearbeiten.

Die Selbstverletzung diente lange Zeit als Selbstheilungs- und Entspannungsmittel, als «Droge» für Krisensituationen. Jetzt hat die Betroffene Angst vor der Veränderung; als ob sie mit dem selbstbeschädigenden Verhalten einen «wichtigen Begleiter» verlieren würde.

Eine junge Frau drückte das einmal so aus:
Die Selbstverletzung klappt nicht mehr! Ich will es ja auch eigentlich gar nicht mehr. Aber ich habe Angst, daß das Neue noch nicht trägt, noch nicht sicher ist für mich.

Lange Zeit war die Selbstverletzung Lebensinhalt und auch Quelle für Bestätigung und Zuwendung: Menschen mit heimlichen Selbstbeschädigungen gelten als exotische Patienten, rufen das Interesse vieler Spezialisten und Koryphäen hervor, stehen zeitweilig im Zentrum der Aufmerksamkeit der Ärzte und des Pflegepersonals. Für die Betroffene hat es auch die Bedeutung, «was ich machen und was ich aushalten kann, wie autonom ich bin». Es kann dann eine große Angst entstehen, nun nichts mehr zu sein, nichts mehr zu haben, was Interesse weckt, was Zuwendung begründet.

Hier ist es wichtig, der Betroffenen von Anfang an immer wieder deutlich zu machen, daß die Selbstverletzung ein Symptom ist, wegen dem die Therapie begonnen wurde. Letztlich geht es in der Therapie aber darum, die gesamte innere Entwicklung und Gesundung voranzutreiben; die Therapie ist also mit dem Aufhören der Selbstverletzung nicht beendet.

Im Zusammenhang mit einer stationären Therapie ist es oft sinnvoll, eine Intervalltherapie anzubieten.

Intervalltherapie heißt, daß die Betroffene aus der stationären Behandlung entlassen wird, um sich wieder in ihre Alltagssituation hineinzufinden und sich damit auseinanderzusetzen. Nach einer gewissen Zeit wird sie wieder stationär aufgenommen; diesmal aber für einen kürzeren Zeitraum. Solche Intervallbehandlungen können mehrere stationäre Aufenthalte umfassen und sind der individuellen Situation der Patientin anzupassen.

Sie bieten den Vorteil, daß sie zum einen nicht in eine zu starke «Hospitalisierungsreaktion» gerät, d. h., daß sie sich in ihrem eigenen Leben schlecht zurechtfindet, sich zunehmend daran gewöhnt, versorgt zu werden und die Verantwortung abzugeben. Gleichzeitig bietet sie der Betroffenen die Sicherheit, in regelmäßigem Kontakt zur Klinik, Probleme, die bei der Bewältigung des Alltags aufgetreten sind, zu bearbeiten.

Insbesondere bei manchen Frauen und Männern mit heimlichen Selbstbeschädigungen kann auf diese Weise einem Rückfall in das altbekannte Verhalten vorgebeugt werden. Parallel ist eine enge Zusammenarbeit mit dem Hausarzt bzw. der Hausärztin nötig, um erneute Einweisungen in somatische* Kliniken zu verhindern.

---

* *Somatisch:* Körperliche Erkrankungen im Gegensatz zu psychischen Erkrankungen.

Die Einbeziehung der Angehörigen

Für die Familienangehörigen kann es sehr verunsichernd sein, wenn sie von der Selbstbeschädigung erfahren. Das löst, wie bereits dargestellt, vielfältige Reaktionen aus. Es kann zu Schuldgefühlen und Hilflosigkeit führen, aber auch zu Enttäuschung und Ärger oder zur Überbehütung und Entmündigung des Betroffenen.

Unabhängig von diesen Reaktionen, die gegebenenfalls in stützenden und klärenden Familien- oder Paargesprächen aufgefangen und bearbeitet werden sollten, kann die Selbstbeschädigung auch *Ausdruck eines familiären Konfliktes* sein. Das ist oft der Fall, wenn die Angehörigen die Verleugnung in bezug auf die Selbstbeschädigung mitmachen. Zum einen geht es den Familienangehörigen ähnlich wie den Ärzten, d. h., sie haben Angst, dem Betroffenen Unrecht zu tun, wenn der Verdacht der heimlichen Selbstbeschädigung aufkommt. Der Gedanke erscheint ihnen absurd und unerträglich und löst entsprechende Angst aus, der sie mit Verleugnung zu begegnen versuchen. Meist handelt es sich um Familien, in denen es nicht üblich ist, über seelische und familiäre Probleme zu reden. Mit derartigen Problemen wird umgegangen, als ob sie nicht vorhanden wären. Die Betroffene hat hier eine Funktion; sie «übernimmt» mit ihrem Symptom das Symptom der ganzen Familie und lenkt damit von den Problemen der übrigen Familienmitglieder ab.

Das folgende Beispiel soll das verdeutlichen:

Die 18jährige Ilse brachte sich wiederholt ätzende Substanzen auf die Haut an Armen und Beinen auf. Sie war über sechs Monate wiederholt in verschiedenen Hautkliniken in Behandlung, bevor sie schließlich in stationäre psychotherapeutische Behandlung kam. Über ein Jahr war es nicht möglich, innerhalb der Familie über die Selbstbeschädigung zu sprechen. Die Eltern gingen nach einem Jahr immer noch davon aus, daß es sich um eine «Allergie» handele und die Tochter nun wegen der langen Krankheit depressiv geworden sei. Ilse ließ die Eltern und Geschwister über viele Monate in diesem Glauben.

In den ersten Wochen der Therapie verleugnete sie familiäre Probleme: «Das Verhältnis zu meinen Eltern ist sehr gut. Die sind wie Freunde zu mir. Da kann über alles gesprochen werden. Die Beziehung zu den Geschwistern ist bombig! Nein, es gibt überhaupt keine Probleme!»

Erst nach und nach konnte sie darüber sprechen, daß sie sich gegenüber ihrem jüngeren Bruder völlig zurückgesetzt fühle und daß es auch oft eine gespannte Stimmung zwischen den Eltern gäbe. In einem Familiengespräch, das nach zweimonatiger stationärer Behandlung stattfand, wurde die Hilflosigkeit und die Bestürzung der Eltern angesichts der Selbstbeschädigung ihrer Tochter deutlich. Die Eltern litten an starken Schuldgefühlen und machten sich Vorwürfe, was Ilse auch eine gewisse Genugtuung verschaffte. Eigentlich war sie auf die Eltern sehr ärgerlich gewesen, was sie sich aber nicht eingestehen und insbesondere nicht äußern durfte. Die Familie war ja immer harmonisch. Streit gab es nie, durfte es nie geben.

Im nächsten Gespräch wurde dann offensichtlich, daß die Eltern in eine schwere partnerschaftliche Krise geraten waren, die beide sehr ängstigte, weil sie eine Trennung befürchteten. Ilse hatte durch ihre Erkrankung zum Ausdruck gebracht, daß es Probleme in der Familie gab, aber sie hatte auch die Rolle der Kranken «übernommen». Die Eltern waren nun ständig mit Ilse beschäftigt. Es wurde nur über sie gesprochen, und der partnerschaftliche Konflikt trat in den Hintergrund.

In den nächsten sechs Wochen der Therapie konnte herausgearbeitet werden, daß Ilse glaubte, die Eltern zusammenhalten zu müssen und sie nicht verlassen zu dürfen. Aggressive Impulse durfte sie nicht ausleben, weil sie sich dafür schuldig fühlte und fürchtete, die Eltern und den jüngeren Bruder dadurch zerstören zu können.

Die Eltern begannen mit einer Paartherapie noch während Ilse sich in stationärer Behandlung befand, und Ilse entschloß sich, von zu Hause auszuziehen. Die Selbstbeschädigung bildete sich vollständig zurück und trat auch ein Jahr nach Beendigung der stationären Therapie nicht wieder auf. Nach der stationären Psychotherapie hat Ilse eine ambulante Psychotherapie (eine Stunde pro Woche bei einem niedergelassenen Therapeuten) angeschlossen.

An diesem Beispiel wird deutlich, daß eine Selbstbeschädigung auch Ausdruck eines familiären Konfliktes sein kann. Die übrigen Familienmitglieder tragen die «Heimlichkeit» oder die Verleugnung, d. h. das «Nicht-hinschauen-Dürfen», mit.*

Offene Selbstbeschädigungen können auch die Funktion haben, die Umgebung «in Schach zu halten»: Diese Frauen haben eine hohe Sensibilität für spannungsreiche Situationen bei einer sehr geringen Toleranz für Spannungen. Sie können solche Situationen schlecht ertragen, haben gewissermaßen keine innere Reserve, keinen inneren Reizschutz und können ihren Gefühlen nicht durch Worte Ausdruck geben. In Situationen, in denen sich die Patienten z. B. zurückgesetzt, ungerecht behandelt oder verlassen fühlen oder es zu spannungsreichen Auseinandersetzungen kommt, reagieren sie meist mit erneuten Selbstverletzungen. Das kann die Umgebung enorm unter Druck setzen, weil es Schuldgefühle auslöst und die Angehörigen/Freunde/Partner Angst vor einem möglichen Selbstmord haben. Die Betroffenen «agieren» auf diese Weise die Konflikte aus, ohne ihre Bedürfnisse und Enttäuschungen direkt zu äußern. Sie verleugnen ihre Wut und ihren Ärger und wollen nicht wahrnehmen, daß die Selbstverletzung auch Ausdruck dessen ist. Wenn die Angehörigen wiederum ihrer Wut und ihrer Hilflosigkeit Luft machen, reagieren sie oft mit erneuten Selbstverletzungen, weil sie sich schuldig fühlen. Wenn sich die Umgebung davon in Schach halten läßt, entsteht so ein «Teufelskreis», dem die Betroffenen ohne Hilfe nicht entkommen können.

Eine Patientin sagte immer wieder, sie müsse sich verletzen, sie wisse nicht, warum; sie könne keine Garantie geben, daß es nicht passiere, wenn sie alleine sei. Ihr Mann fühlte sich so unter Druck, daß er nicht mehr von ihrer Seite wich und sich nicht

---

* Diese Dynamik findet sich auch in vielen Familien von Magersüchtigen.

traute, alleine etwas zu unternehmen. Sie band ihn auf diese
Weise völlig an sich, konnte sich aber nicht auf eine direkte Aus-
einandersetzung mit ihm einlassen. Eigentlich fürchtete sie, daß
er sie verlassen und sich anderen Frauen zuwenden könnte.

Auch eine solche «Überfürsorglichkeit» der Angehörigen kann sich aus der bedrohlichen Situation entwickeln. Die Betroffene wird ständig «bewacht» und nach Gegenständen, mit denen sie sich verletzen könnte, durchsucht. Sie wird gewissermaßen entmündigt und behandelt, als könne sie für sich und ihr Tun keinerlei Verantwortung mehr übernehmen. Hier entsteht eine sadomasochistische Interaktion, die mit den unbewußten Konflikten und Phantasien der Betroffenen zu tun haben. Die Betroffene verführt die Angehörigen dazu, in sadistischer Weise mit ihr umzugehen. Die totale Kontrolle, das Eindringen in ihre Privatsphäre (Durchsuchen der Sachen etc.) entspricht den Grenzüberschreitungen, die im Leben der Patientin ja eine wesentliche Rolle gespielt haben (siehe Kapitel 4 und 5). Die Betroffene inszeniert unbewußt durch ihr Verhalten die Wiederholung solcher Situationen. Die selbstverletzende Frau geht auch sadistisch mit ihren Angehörigen um: Sie setzt sie unter Druck, hält sie in Schach, verführt sie zu solchen Aktionen und demonstriert ihnen letztlich immer wieder, wie hilflos sie angesichts ihrer Selbstverletzung sind.

Durch das Verhalten der Angehörigen/Freunde/Partner gerät die Betroffene immer stärker in eine regressive Position*, und das Gefühl, nur auf diese Weise Nähe, Zuwendung, Geborgenheit, aber auch Kontrolle empfinden zu können, wird verstärkt. Die Selbstverletzung wird immer mehr zum Zentrum ihres Lebens, und die Angst, die Selbstverletzung aufzugeben, wird immer größer.

---

* *Regression:* wörtl.: Rückschritt; in der Psychoanalyse: Wiederauftreten von entwicklungsmäßig früheren (infantilen) Verhaltensweisen. Wenn die Entwicklung der Psyche als fortschreitender Prozeß angesehen wird, bedeutet Regression die Umkehr dieser Entwicklung von einem einmal erreichten Entwicklungsstand auf einen früheren.

Für die Angehörigen und professionellen Helfer ist der Umgang mit dem selbstverletzenden Menschen eine Gratwanderung: Die Betroffene muß immer wieder an ihre Selbstverantwortung erinnert und als Erwachsene behandelt werden, gleichzeitig aber braucht sie Hilfe in dieser Situation, um neue Wege zu finden, mit ihren inneren Konflikten zurechtzukommen und Zuwendung zu erhalten, ohne sich dafür schuldig fühlen zu müssen.

Die Selbstbeschädigung kann auch Ausdruck einer *Partnerschafts-problematik* sein:

Die 34jährige Agnes V. wurde aus einer medizinischen Klinik in die psychosomatische Klinik eingewiesen, nachdem sie den behandelnden Ärzten mit Selbstmord gedroht hatte. Agnes V. war seit zwei Jahren in immer kürzeren Abständen, schließlich fast das ganze Jahr über, wegen unklarer Fieberzustände im Krankenhaus gewesen. Wie bei diesen Erkrankungen üblich, waren zahllose eingreifende Untersuchungen durchgeführt worden, ohne daß eine Ursache für die Fieberzustände gefunden werden konnte. Aufgefallen war lediglich, daß sich die Patientin trotz erhöhter Körpertemperaturen von bis zu 41 Grad Celsius recht wohl fühlte. Dennoch hatte man vorgehabt, eine Thorakotomie (operative Eröffnung der Brusthöhle) durchzuführen, um Lungengewebe für weitere Untersuchungen zu entnehmen. Kurz davor kam Agnes V. in die psychosomatische Klinik. Zwei Tage nach Aufnahme fiel einer Krankenschwester beim Fiebermessen auf, daß Agnes V. vorbereitete Fieberthermometer ausgetauscht hatte. Möglicherweise hat Agnes V. die Aufdeckung dieser Manipulation selbst herbeigeführt. Trotz ihrer starken Schuldgefühle war es jetzt möglich, mit ihr über die vorangegangene Symptomatik zu sprechen. Sie zeigte sich durch das Angebot einer weiterführenden Psychotherapie entlastet.
Im Verlauf der psychotherapeutischen Behandlung wurde deutlich, daß es kurz nach ihrer Eheschließung zu den ersten Episoden der heimlichen Selbstbeschädigung gekommen war. Damals (vor zwölf Jahren) hatte sie zunächst vaginale Blutun-

gen und später wiederholt Harnwegsinfekte vorgetäuscht und künstlich erzeugt. Deutlich wurde, daß es chronische schwere Konflikte in der Ehe von Agnes V. gab. Unter anderem hatte sie große Probleme, mit ihrem Mann sexuellen Kontakt zu haben. Sie ertrug das nur, wenn sie sich betrank oder Tranquilizer zu sich nahm. Ihr Mann reagierte darauf mit Unverständnis und bestand auf seinen «ehelichen Rechten».

Agnes V. provozierte die Krankheitssymptome, um auf diese Weise der schwierigen Situation zu entgehen. Sie konnte nicht mit ihm über ihre Probleme sprechen, weil sie sich sehr beschämt und schuldig fühlte und weil ihr Mann seinerseits nie über Probleme sprach.

Im weiteren Verlauf der Therapie wurde der Ehemann regelmäßig durch Paargespräche in die Behandlung einbezogen. Anfänglich wurde nicht über die heimliche Selbstbeschädigung, sondern über die psychosomatische Ursache der Krankheit gesprochen. Nach und nach war es möglich, über die sexuelle Problematik zu reden. Auch der Ehemann zeigte sich entlastet, als er merkte, daß ihm ebenfalls Verständnis entgegengebracht wurde und daß er nun Gelegenheit hatte, über seine Probleme in der Partnerschaft und die Belastung angesichts der langen Krankheit von Agnes V. zu reden. Mit Unterstützung der weiteren Psychotherapie und der in größeren Abständen durchgeführten Paargespräche gelang es Agnes V., sich zu stabilisieren und sich wieder ihrer Familien- und Alltagssituation zu stellen.

Es kann in solchen Fällen sehr wichtig sein, den Angehörigen die Möglichkeit zu geben, über ihre Ängste und Gefühle in bezug auf die Selbstbeschädigung zu sprechen. Gleichzeitig ist es von Bedeutung, ihnen zu vermitteln, daß sie nicht als die Schuldigen hingestellt werden, sondern daß es sich hier um eine seelische Erkrankung handelt, die vielfältige Ursachen hat und die die ganze Familie betreffen kann.

Nicht selten stößt man aber auch auf Ablehnung, wie der folgende Fall zeigt.

*Die 20jährige Petra X. wurde aus der chirurgischen Klinik in die
psychiatrische Klinik überwiesen, nachdem sie bereits seit mehreren Monaten an einer immer wiederkehrenden massiven
Schwellung des linken Arms litt, die zu einer Unterbrechung ihrer Lehre geführt hatte. Im Verlauf der stationären Behandlung
stellte sich heraus, daß sich Petra X. den Oberarm mit Schnüren
abgebunden und auf diese Weise eine schwere Abflußstörung
der Lymphbahnen verursacht hatte, die mit der massiven
Schwellung einherging. Obwohl die Selbstbeschädigung offensichtlich war – eine Schwester hatte Petra X. nachts dabei
vorgefunden, und die behandelnde Ärztin mußte sie in diesem
Fall auch mit der Tatsache konfrontieren –, bestand die Patientin und stärker noch ihre Mutter darauf, daß Petra X. an einer
körperlichen Erkrankung litt und nichts in der «Irrenanstalt» zu
suchen habe! Trotz mehrerer Versuche, die Mutter über die Problematik und über die Ernsthaftigkeit der Erkrankung aufzuklären, bestand sie darauf, daß ihre Tochter aus der Klinik entlassen werde. Wir hatten in diesem Fall keinen Erfolg und mußten
tolerieren, daß Petra X. weiter ihren Arm strangulierte und möglicherweise bis heute von Arzt zu Arzt wandert.
Petra X. kam aus einer Familie mit insgesamt zwölf Geschwistern, die von sechs verschiedenen Vätern stammten. Petra X.
kannte ihren Vater nicht. Aggressive, gewaltsame Auseinandersetzungen waren innerhalb der Familie nicht unüblich. Welche Probleme zu der schweren Selbstbeschädigung bei Petra X.
geführt haben und warum die Mutter so vehement gegen eine
psychotherapeutische Behandlung war, können wir nur vermu-
ten. Petra X. wechselte die Hausärzte, so daß es auch hierüber
schwierig war, einen Zugang zu dieser Familie zu finden.*

Körperliche Krankheit ist auch für die Angehörigen meist einfacher
zu tolerieren, löst weniger Angst aus, ist gesellschaftlich toleriert und
anerkannt. Mit «Psychokram» möchte man nichts zu tun haben.
Meist steckt die Angst dahinter, daß unangenehme Familienpro-
bleme zur Sprache kommen oder daß nun in Familienangelegenhei-
ten «herumgeschnüffelt» werden soll.

Bei entsprechender Ansprache der Betroffenen und der Familienangehörigen kann man diese nach meiner Erfahrung in vielen Fällen

jedoch zu einer entsprechenden Behandlung motivieren. Oft sind sie für eine entsprechende Hilfe dankbar und zeigen sich, wenn sie merken, daß es nicht um Schuldzuweisungen und moralische Verurteilungen geht, über ein Therapieangebot entlastet.

Gestaltungstherapie *

Im folgenden Abschnitt wird ein gestaltungstherapeutischer Behandlungsansatz dargestellt. Die Gestaltungstherapie stellt einen therapeutischen Zugang dar, der zunächst nicht über die Sprache, sondern über gestalterische Mittel wie Malen, Zeichnen, Modellieren mit Ton und anderen Materialien, Holzarbeiten u. a. erfolgt. Die jeweiligen Arbeiten (Zeichnungen, Gemälde, Aquarelle, Tonplastiken) werden mit der Gestaltungstherapeutin besprochen. Es geht dabei um die Gefühle, Phantasien, Gedanken, die die Betreffende während der gestalterischen Tätigkeit hatte bzw. die durch die entstandene Arbeit in ihr ausgelöst werden.

Die Gestaltungstherapie erfolgt in Einzel- und/oder in Gruppenarbeit. In der Gruppe geht es auch darum, was die gemeinsame gestalterische Arbeit an Gefühlen, Gedanken, Schwierigkeiten etc. bei den jeweiligen Teilnehmern auslöst. Die Arbeiten werden gemeinsam besprochen.

Die Gestaltungstherapie erfolgt immer in Kombination mit einer psychoanalytisch orientierten Einzel- und Gruppentherapie. Die verschiedenen therapeutischen Ansätze wirken ineinander und werden aufeinander abgestimmt.

Menschen, die sich selbst beschädigen, können häufig zunächst nur schwer über ihre innere Befindlichkeit, ihre inneren Zustände, ihre Ängste, ihre Phantasien sprechen. Die Gestaltungstherapie kann

---

* Die Gestaltungstherapie wurde von Burgunde Heidemann, Mainz, durchgeführt.

eine Möglichkeit darstellen, ihnen den Zugang dazu zu erleichtern.

Im folgenden soll am Beispiel einer jungen Frau, die an einer heimlichen Selbstbeschädigung litt und an einer stationären psychotherapeutischen Behandlung teilgenommen hat, gezeigt werden, wie in der Gestaltungstherapie gearbeitet wird und was das für die Betroffene bedeuten kann. Es werden in chronologischer Reihenfolge verschiedene Arbeiten der jungen Frau gezeigt und beschrieben. Die Interpretationen der jeweiligen Arbeiten sind auf Gespräche zwischen der Gestaltungstherapeutin und der Betroffenen während der laufenden Gestaltungstherapie sowie auf ein Gespräch, das etwa zwei Monate nach der Entlassung aus der Klinik zwischen der Therapeutin, der Betroffenen und der Gestaltungstherapeutin erfolgte, zurückzuführen.

Nicole, eine 21jährige Krankenschwester, wurde zu einer stationären psychotherapeutischen Behandlung in die Klinik aufgenommen. Sie war wiederholt wegen einer Hauterkrankung ambulant und stationär behandelt worden. Bei einem dieser Klinikaufenthalte war der Verdacht auf eine heimliche Selbstbeschädigung aufgekommen. Der behandelnde Stationsarzt hatte einen Psychosomatiker hinzugezogen, der mit Nicole etwa drei Gespräche geführt hatte. Nachdem Nicole erklärt worden war, daß man annehme, ihre Erkrankung hänge mit seelischen Ursachen zusammen, und man ihr eine stationäre Psychotherapie empfohlen hatte, reagierte sie zunächst zögerlich. Schließlich fühlte sie sich aber durch dieses Angebot entlastet und entschloß sich zu der psychotherapeutischen Behandlung. Die stationäre Psychotherapie dauerte vier Monate. Nach der Entlassung setzte Nicole die Behandlung in Form einer ambulanten Psychotherapie fort. Nicole konnte schon bald – nach etwa vier bis sechs Wochen – über die heimliche Selbstbeschädigung reden:

«Wie eine Sucht war das! Sobald Schorf über den Wunden gewachsen war, verspürte ich einen großen Drang, die Wunden erneut aufzureißen. Ich schloß mich ein und gab mich diesen Selbstverletzungen völlig hin. Es mußte bis zu einem gewis-

sen Punkt vorangetrieben werden, sonst hatte ich das Gefühl, eine Versagerin zu sein. Manchmal mußte ich vorher aufhören, weil ich die Schmerzen nicht mehr aushalten konnte. Dann fühlte ich mich elend, schlecht, unzulänglich. Ich hatte ‹es› nicht gepackt. Am besten war es, wenn ich voller Eifer ‹dran› blieb. Mit der Zeit weitete es sich immer mehr aus. Schließlich war das ganze Gesicht betroffen. Ich war dann aber auch stolz, daß ich ‹es› getan hatte, daß ich mir solche Schmerzen zufügen konnte! Heute kommt mir das alles ganz unwirklich vor! Wie ein böser Traum, der lange her ist.»

Die heimliche Selbstbeschädigung hatte etwa ein Jahr vor der stationären psychotherapeutischen Behandlung begonnen und war in immer kürzer werdenden Abständen wiederholt aufgetreten.

Zusammenfassend kann man sagen, daß die Erkrankung bei Nicole zu einem Zeitpunkt ausgebrochen war, zu dem es um die Ablösung von den Eltern ging; um den Eintritt in das Leben einer erwachsenen Frau. Nicole war bereits mit Beginn der Pubertät in eine seelische Krise geraten. Sie beschreibt, daß ihr die Vorgänge, die da mit ihrem Körper vor sich gingen, sehr unheimlich waren. Sie hatte das Gefühl, ganz häßlich zu werden. Sie empfand besonders die weiblichen Teile ihres Körpers als bedrohlich und abstoßend. Sie konnte aber mit niemanden darüber reden, weil sie das Gefühl hatte, nicht verstanden zu werden, nicht wichtig zu sein, nicht ernst genommen zu werden. Sie zog sich immer mehr zurück.

In der Schule bekam sie zunehmende Schwierigkeiten; u. a. gab es auch Konflikte mit Lehrern, die ihr Verhalten (Rückzug) offenbar nicht als Ausdruck einer seelischen Krise verstehen konnten, sondern als Provokation ansahen. Nicole fiel immer mehr in ihren Leistungen ab.

Sie fühlte sich niedergedrückt, hatte zunehmende Angst vor anderen Menschen, war ängstlich und zog sich auch innerhalb ihrer Familie immer mehr zurück. Sie konnte es nicht ertragen, daß jemand ihren Körper sah, und verhüllte ihn deshalb durch weite Kleider. Schließlich trug sie auch im Sommer nur langärmelige, große Pullover und konnte in der Schule nicht mehr den Mantel ausziehen. Sie hatte das Gefühl, nicht richtig leben zu können und in einer Art innerem Gefängnis eingeschlossen zu sein.

Die Selbstbeschädigung trat in diesem Zusammenhang auf. Sie war erfüllt von einem Gewirr widersprüchlicher Gefühle, einem völligen Durcheinander in ihr; sie hatte das Gefühl, ihren Eltern überhaupt nicht auf andere Weise als der heimlichen Selbstbeschädigung bzw. über die von ihr hervorgerufenen Hautverletzungen vermitteln zu können, was da in ihr los war. Warum sie sich damals verletzen mußte, wußte sie selbst nicht. Aggressionen und Wut hatte sie damals nicht spüren können, solche Gefühle hatten mit ihr nichts zu tun.

In einem ihrer ersten Bilder (Abb. unten; etwa dritte Woche der Therapie) stellt sie dar, wie sie sich fühlt (rechts: die verwelkte Blume) und wie sie gerne wäre (links: die blühende Blume). Durch den dicken schwarzen Balken macht sie deutlich, daß es sich um zwei getrennte Welten handelt, und sie befürchtet, die andere Seite des Bildes nie erreichen zu können. Einzig ein lila Farbklecks in der verwelkten Blume zeigt einen kleinen Hoffnungsschimmer. Sie fühlt sich wie eine Blume, die

man am Blühen hindern will. Sie fühlt sich verdorrt und ver-
welkt.
In dem Gespräch, das nach der beendeten stationären Therapie
erfolgte, sagte sie, daß der Balken jetzt nicht mehr dahin passe.
Ihr Gefühl sei nun anders, und es gäbe eine Verbindung zwischen den beiden Welten.

Zu einem Zeitpunkt, zu dem sie noch nicht über die Selbstverletzung sprechen konnte und es ihr insgesamt noch schwerfiel, über
ihre inneren Probleme zu reden, gestaltet sie den «Wollknäuel»
(Abb. unten). Sie zeigt mit dieser Arbeit ohne Worte, daß ihre
Probleme, aber auch ihr Inneres, Verletzliches in einen Knäuel
verpackt sind, der nochmals – zur Sicherheit – verschnürt ist.
Später sagte sie darüber, sie habe damit ihrem Freund, den sie
kurz zuvor kennengelernt hatte, mitteilen wollen, daß er ihr Inneres, ihren inneren verletzlichen Raum vorsichtig und beschützend
behandeln müsse.

In einem anderen Bild (Abb. unten, etwa zur gleichen Zeit) stellt sie ihren Körper als bedrohliche, unheimliche, dunkle, breite Gestalt dar; die Gestalt hat keine Hände. Die Hände, mit denen sie sich selbst verletzt, mit denen sie auch andere verletzen könnte und mit denen sie «verbotene» Dinge tun könnte, sind abgeschnitten. Ihr Körper muß verhüllt werden. Die anderen dürfen ihn nicht sehen, weil er häßlich, ungestalt, eklig ist. Es bleibt unklar, ob er männlich oder weiblich ist. Es darf kein weiblicher Körper sein. Die Selbstverletzung begann mit der Pubertät, mit der Veränderung des Körpers. Nicole erlebte diese Veränderung als etwas Traumatisches. Sie ekelte sich vor dem Menstruationsblut und vor den wachsenden Brüsten und sich entwickelnden weiblichen Rundungen. Sie hatte das Gefühl, daß alle sie anstarrten, was nur eine Bestätigung ihrer Ekelhaftigkeit sein konnte. Sie wußte nicht, war das ihr Körper oder der Körper der Mutter? Die Mutter hatte einmal gesagt, daß ihr Körper einmal so werden würde wie ihrer. Aber sie wollte doch nicht sein wie die Mutter. Sie wollte sich lösen von der Mutter, hatte bis zuletzt

gehofft, daß sich ihr Körper in einen männlichen Körper verwandeln würde und sie somit sicher wäre, sich von der Mutter
ablösen zu können. Das Weibliche war in ihrer Phantasie verbunden mit etwas Erniedrigtem, Verletztem, Unheimlichem.

Im «Fabeltier» (Abb. linke Seite) drückt sie schließlich aus
(etwa 6. / 7. Woche), wie sie sich fühlt, und setzt sich nun zum
ersten Mal vor den Augen der anderen Gruppenteilnehmer und
der Gestaltungstherapeutin mit ihrer Selbstbeschädigung aktiv
auseinander: Stricke und Schlingen, die ein Teil des Fabeltieres
sind – also ein Teil ihres Selbst –, drohen das Fabeltier zu er-
drosseln, zu ersticken, zu durchbohren. Ein Teil dieser Stricke
trägt die Schnitte – die Spuren der Selbstverletzungen. Der übrige Körper des Fabeltieres bleibt unversehrt. Das deutet auf
ihre gesunden Selbstanteile hin. Ein Teil, der dennoch mit dem
Übrigen verbunden ist, wird abgespalten. Dieser düstere Teil
birgt in sich die dunklen, erschreckenden, unerträglichen Gefühle und Selbstanteile. Es steht gewissermaßen auf der Kippe,
ob dieser Teil geopfert werden muß und kann, um damit den
übrigen unversehrten Teil zu retten, oder ob er den gesunden
Teil zerstört, erstickt. Das Mißglücken drückt sich in der Selbstbeschädigung aus, die ja immer wieder wiederholt werden
muß und immer schlimmer wird und in letzter Konsequenz den
Tod des Ganzen bedeuten könnte.
Um von diesem mißglückten Selbstheilungsversuch zu einer
wirklichen Heilung zu kommen, muß sie versuchen, den abgespaltenen, bedrohlichen, unerwünschten Teil ihres Selbst in den
übrigen Teil einzubinden, zu integrieren. Ob ihr das gelingen
wird, ist zum Zeitpunkt der Entstehung des «Fabeltieres» noch
offen. Indem sich die junge Frau in Behandlung begeben und
sich auch auf das Behandlungsangebot einlassen konnte, versucht sie einen neuen Weg zu finden, der aus diesem selbstzerstörerischen Kreislauf herausführt. Dies kann allerdings nicht
geschehen, ohne daß sie den «schlechten, gefürchteten, dunklen Teil» anschaut, sich ihm stellt, und damit all den ängstigenden und verwirrenden Gefühlen.
Dies versucht sie jetzt aktiv, noch ohne Worte, aber vor den
Augen der anderen. In der Gestaltungstherapie kann sie über
das «Fabeltier» ihren, für sie zunächst noch unaussprechlichen,

verwirrenden inneren Gefühlen und Phantasien Ausdruck geben. Indem sie dies tut, hat sie den ersten Schritt zur Integration dieses abgespaltenen Selbstanteils vollzogen.

In einem Gespräch mit der Gestaltungstherapeutin und der Therapeutin, das zwei Monate nach ihrer Entlassung aus der stationären Behandlung stattfindet, berichtet sie über die Arbeit am Fabeltier:

«Das war für mich eigentlich die wichtigste Arbeit, weil ich da zum ersten Mal mit dem Thema ‹Selbstzerstörung› aus mir herausgegangen bin... ich weiß noch, daß ich danach fix und fertig war... ich habe das alles noch mal durchlebt, diese ganze Zeit damals... als ich die Schnitte in den Ton ritzte, tat mir das richtig weh... und auch das Durchstoßen des Fabeltieres, durch den Bauch, das hat mich dann richtig betrübt.»

Gestaltungstherapeutin (GT): «Sie haben damals auch gesagt, die Schnüre hier würden Ihnen die Luft zum Atmen nehmen, quasi als Symbol für die ganzen Probleme, die inneren Verwicklungen. Anfänglich waren Sie ganz gelassen und mit Lust an die Arbeit mit dem Ton herangegangen, und dann kippte das um, und Sie waren sehr betrübt, haben viel geweint.»

Nicole (N): «Ja, ich habe mich da hineingesteigert; je mehr ich daran gearbeitet habe, desto schlimmer wurde es.»

GT: «Sie sind richtig in den Ton versunken. Ist das ein ähnliches Gefühl gewesen, wenn Sie sich verletzt haben?»

N: «Ja, ich habe mich dann immer in meinem Zimmer eingeschlossen.»

GT: «Und was steckten da für Gefühle drin?»

N: «Verzweiflung, Hoffnungslosigkeit, große Angst, das immer wieder tun zu müssen, nicht mehr damit aufhören zu können. Aber auch große Traurigkeit, das Gefühl, völlig verlassen zu sein. Ich habe mich da hineingesteigert, wenn ich mich verletzte; fühlte mich von der ganzen Welt verlassen.»

Therapeutin (T): «War denn auch Ärger dabei?»

N: «Nein, das habe ich nicht empfunden.»

T: «Sie sind sehr aggressiv mit sich umgegangen. Das sieht man an dem Fabeltier. Es wird stranguliert, durchstoßen, gefesselt, geschnitten. War Ihnen das gar nicht bewußt?»

N: «Nein, ich habe mich auch immer dafür geschämt, daß das die einzige Möglichkeit für mich war, damit umzugehen. Ich kam mir schäbig vor, gemein gegenüber den anderen.»

T: «Aber Sie haben sich auch dafür bestraft. Die Selbstbestrafung steckt ja drin!»

N: «Das war mir aber in dem Moment nicht klar. Erst wenn ich manchmal abends im Bett lag und die Haut so brannte und ich mich kaum bewegen konnte, habe ich mich gefragt: ‹Warum tust du dir eigentlich so weh? Warum tust du dir das an?› Aber ich habe mich immer irgendwie gut gefühlt. Ein bißchen Stolz war vielleicht auch dabei. Daß ich's jedesmal aufs neue geschafft hab, mir solche Schmerzen zuzufügen.»

GT: «Wie geht's Ihnen heute mit der Figur? Freuen Sie sich, daß sie die Figur machen konnten, oder haben Sie auch schon mal damit gehadert, daß das dann rauskam mit der Selbstverletzung?»

N: «Für mich war das gut, daß ich das zum ersten Mal in Ton machen konnte. Daß ich das so darstellen konnte. Es war das erste Mal, daß ich davon etwas zeigen konnte, weil es mir damals unheimlich schwerfiel, darüber zu reden.»

GT: «Und nun wollen Sie die Figur mit nach Hause nehmen. Was soll sie Ihnen denn sagen?»

N: «Wenn's mir mal schlecht geht. Daß es nie wieder so weit kommen darf, wie's damals passiert ist! Daß das so 'ne gewisse Abschreckung für mich ist. Das Tier anzugucken ist jetzt auch total unwirklich für mich. So als ob das alles nie passiert wäre!»

Nicole bahnt sich, wenn auch mit viel Anstrengung, langsam ihren Weg. Diese Arbeit zeigt den Fortschritt ihrer inneren Entwicklung, die langsame, wenn auch mühevolle Befreiung von ihren inneren Konflikten, Ängsten und Hemmnissen (Abb. auf Seite 204).

Nicoles Beispiel zeigt, wie die Gestaltungstherapie den Betroffenen helfen kann, ihre inneren Befindlichkeiten und Phantasien ohne Worte zum Ausdruck zu bringen, und hierüber einen Zugang dazu zu finden, der dann eine weitere psychotherapeutische Bearbeitung ermöglichen kann.

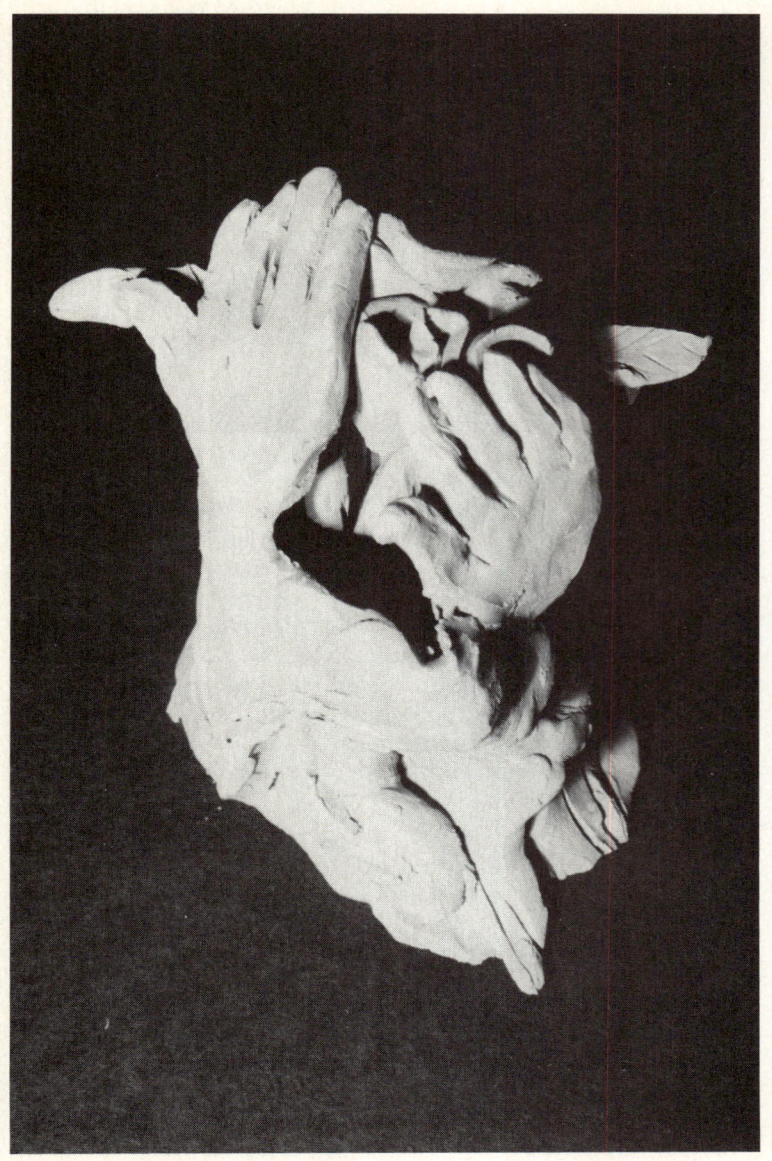

Körpertherapie

Störungen des Körpererlebens und des Körperbildes spielen eine wichtige Rolle bei selbstbeschädigenden Erkrankungen.

Im Vordergrund stehen Störungen der Körperwahrnehmung und Störungen der Fähigkeit, den eigenen Körper anzunehmen – bei Frauen geht es hier besonders um die weiblichen Anteile – und ins Selbstbild zu integrieren. Daher stellen körpertherapeutische Verfahren, d. h. psychotherapeutische Behandlungsmethoden, die unter Einbeziehung des Körpers, des Körpererlebens arbeiten, einen wichtigen Teil in der Behandlung selbstbeschädigender Patienten dar.

In der Körpertherapie geht es zunächst darum, mit dem Körper vertraut zu werden, ihn in seinen Funktionen, seinen verschiedenen Gefühls- und Empfindenszuständen wahrnehmen und annehmen zu lernen. Ein wichtiger Aspekt ist die Wahrnehmung der *Körpergrenzen*. Viele selbstbeschädigende Menschen leiden an einem fragmentierten (bruchstückhaften) Körperbild, d. h., einzelne Körperteile können nicht zu einem Gesamtbild verbunden werden. Besonders kommt das in den Entfremdungszuständen (Depersonalisationszuständen) zum Ausdruck (siehe Seite 116). In diesen Zuständen wird der ganze Körper oder Körperteile als abgespalten, wie tot, wie taub, viel dicker oder dünner als die übrigen Körperteile, viel kürzer oder länger etc. wahrgenommen. Die Körpergrenzen werden dann oft nicht mehr gespürt. Das Schmerzempfinden ist gestört. Auch unabhängig von diesen Entfremdungszuständen nehmen selbstbeschädigende Menschen einzelne Körperteile – oft die Körperteile, die beschädigt werden – als abgespalten, als nicht zum Körper gehörig wahr.

Viele Frauen können sich gar nicht anschauen, weil sie sich eklig und häßlich finden. Viele haben in ihrer Familie nie einen pflegenden, fürsorglichen Umgang mit dem Körper gelernt. Der Körper wurde vernachlässigt und mißbraucht. Er war ein lästiges Anhängsel.

In der Körpertherapie soll die Betroffene lernen, ihren Körper in seiner Begrenztheit, seiner Schwere, seiner Leichtigkeit wahrzunehmen. Das geschieht zum Beispiel durch Übungen, in denen der Körper umfahren wird. Mit einer Holzkugel wird an den Körpergrenzen entlanggefahren, oder Gewichte (kleine Sandsäckchen) werden auf verschiedene Körperteile gelegt, um den Kontakt und den Widerstand und somit die Körpergrenzen zu spüren. Der Körper soll in verschiedenen Zuständen, im Kontakt mit verschiedenen Materialien, mit Gegenständen, später auch im Kontakt mit Menschen, wahrgenommen werden. Es geht weiter darum, zu lernen, den Körper, wie er ist, anzunehmen.

Die Körpertherapie sollte anfänglich in Einzelarbeit erfolgen. Frauen, die sich selbst verletzen, sind mit einer Gruppenbehandlung, wo sie plötzlich mit körperlicher Nähe und körperlichem Kontakt zu mehreren Menschen konfrontiert sind, zunächst überfordert.

Eine weibliche Therapeutin ist für Frauen in vielen Fällen besser geeignet, weil die Angst vor einer gleichgeschlechtlichen Therapeutin geringer ist und die Betroffene sich mit der Art und Weise, in der die Therapeutin mit ihrem Körper umgeht, identifizieren kann.

Betroffene Personen – Frauen wie Männer – empfinden oft große Angst vor körperlichem Kontakt, weil sie diesen ja meist nur in zerstörerischer, eindringender, quälender Form erfahren haben. Der Zugang muß darum sehr vorsichtig erfolgen. Langsam sollte die Betreffende lernen, ihren Körper im Kontakt mit der Therapeutin zu erfahren und zu spüren. Sie sollte lernen, daß sie sich bzw. ihren Körper abgrenzen und die Art des Kontakts bestimmen kann.

Ein weiteres Ziel der Körpertherapie ist der Abbau der Schamgefühle: Es gilt zu lernen, den eigenen Körper allmählich ohne Ekel und Schamgefühle anzuschauen, anzunehmen und ihn auch anschauen zu lassen. Verzerrte Vorstellungen vom Körper oder von einzelnen Körperteilen müssen korrigiert werden, was beinhaltet, auch die beschädigten, vernarbten Teile des Körpers zu integrieren und anzunehmen. Gelegentlich geht es dabei um regelrechte Trauerarbeit, und zwar dann, wenn die Selbstbeschädigung im Verlauf der Therapie nachläßt und aufgegeben werden kann und der Verlust des heilen, nichtbeschädigten Körpers bewußt wird.

Ein Fernziel der Körpertherapie ist ein pfleglicher, fürsorglicher und schließlich auch lustvoller Umgang mit dem eigenen Körper. Das braucht viel Zeit und ist oft mit Schwierigkeiten verbunden, weil die Betroffenen lustvolle Körpergefühle als etwas Verbotenes, Schuldhaftes erleben. Wichtig ist hier eine enge Rückkopplung zwischen Psychotherapeutin und Körpertherapeutin. Das im positiven Sinn veränderte Körpererleben kann zunächst zu einer Verunsicherung der Patientin führen. Es kann als ein Verlust eines verinnerlichten – wenn auch schlechten – Mutterobjektes erlebt werden, der Angst- und Schuldgefühle verursacht.* Das muß in der begleitenden Psychotherapie erkannt und bearbeitet werden.

Durch Bewegung / Sport etc. können neue Möglichkeiten der Spannungsabfuhr erlernt werden, die keinen selbstzerstörerischen Charakter haben. Aber auch die Grenzen der körperlichen Belastbarkeit müssen wahr- und ernstgenommen werden. Das ist von besonderer Bedeutung, da Personen, die zu selbstbeschädigendem Verhalten neigen, über die extreme körperliche Verausgabung weiter in selbstschädigender Weise mit sich umgehen können, auch wenn sie sich nicht mehr aktiv selbst verletzen.

Entspannungsübungen können bei Menschen, die an schwerwiegenderen Störungen des Körpererlebens, wie einem fragmentierten Körpererleben, wiederholten Entfremdungsgefühlen, leiden, zu Angstgefühlen und erneuten oder sich verschlimmernden Entfremdungsgefühlen führen und sollten daher zunächst vermieden werden.

---

* Vgl.: Sachsse 1987

Verhaltenstherapie

In der Verhaltenstherapie geht es im Gegensatz zur psychoanalytischen oder tiefenpsychologischen Therapie nicht darum, unbewußte seelische Konflikte zu verstehen und mit der jeweiligen Lebensgeschichte in Bezug zu setzen, sondern darum, am Symptom zu arbeiten. Das heißt, es wird meist zunächst eine genaue «Verhaltensanalyse» durchgeführt, die aufdeckt, wann und wie und wo die Selbstbeschädigung auftritt. Dann wird versucht, mit verschiedenen Verfahren die Selbstbeschädigung abzutrainieren. Rationale Einsichten (und nicht unbewußte Ängste und Konflikte) stehen hier im Vordergrund.

Ich kann hier nur kurz auf dieses Verfahren eingehen, da ich selbst nicht verhaltenstherapeutisch arbeite und es auch nur vereinzelte und vor allem wenig ausführliche Berichte von verhaltenstherapeutischen Behandlungen mit selbstbeschädigenden Menschen gibt.

In Einzelfällen kann es eventuell sinnvoll sein, psychotherapeutisch-psychodynamische Verfahren mit verhaltenstherapeutischen Elementen zu kombinieren, z. B. wenn sich durch einen langen Krankheitsverlauf Verhaltensmechanismen eingestellt haben, die nichts mehr mit dem auslösenden psychischen Konflikt zu tun haben.

So wurde diskutiert, inwieweit durch die Selbstverletzungen körpereigene Endorphine ausgeschüttet werden, was Selbstverletzung immer wieder provoziert (siehe Seite 99 ff). Darüber hinaus gibt es sekundäre Effekte *, die das Verhalten festigen und unterstützen: Die Patienten bekommen durch die Selbstverletzung eine bestimmte Form von Zuwendung. Die Selbstverletzung hat das Leben oft über Monate bis Jahre bestimmt und die zwischenmenschlichen Kontakte reguliert. Die Betroffenen haben sich so Verhaltensweisen angewöhnt, die sie schwer wieder ablegen können. Einige Autoren propagieren aus diesen Gründen verhaltenstherapeutische Verfahren. **

---

* *Sekundärer Krankheitsgewinn:* Der Gewinn, den der Kranke aus den Symptomen zieht, weil sie ihm objektive (nicht subjektive) Vorteile verschaffen.
** Siehe auch: van Moffaert 1991

Behandlung mit Medikamenten

Fast alle Arten von Psychopharmaka sind bereits in der Behandlung der Selbstbeschädigungen angewendet worden. Keines hat einen ausgeprägten Effekt auf das selbstbeschädigende Verhalten (ausgenommen wenn es sich um Selbstverletzungen, die im Rahmen psychotischer Erkrankungen auftreten, handelt).

Die medikamentöse Behandlung hängt von den zugrundeliegenden seelischen Störungen ab. Eine symptomatische medikamentöse Behandlung von depressiven Zuständen, von starken Spannungszuständen und Schlafstörungen kann in jedem Falle sinnvoll sein. Bei vereinzelten Patienten können bestimmte Neuroleptika, bestimmte Antidepressiva und Carbamazepin erfolgreich sein.* Beruhigungsmittel vom Benzodiazepintyp («Tranquilizer») können einen enthemmenden Effekt haben und zu einer Verstärkung der selbstbeschädigenden Handlungen führen.

Wichtig ist zu bedenken, daß selbstbeschädigende Personen Medikamente für die Selbstbeschädigung einsetzen können. Es passiert oft, daß die Medikamente gesammelt werden und dann in überdosierter Menge eingenommen werden, um entsprechende Komplikationen hervorzurufen. Hinzu kommt, daß insbesondere Patienten mit schwereren seelischen Störungen eine hohe Tendenz haben, in einen Medikamentenmißbrauch bis hin zur Abhängigkeit zu geraten. Dann kann sich die direkte aktive Selbstbeschädigung zu einer indirekten Selbstbeschädigung durch Medikamentenmißbrauch entwickeln. Es kann oft schwierig sein, dies dann zu behandeln.

Eine kombinierte medikamentös-psychotherapeutische Behandlung kann sinnvoll sein, wenn depressive Zustände, Spannung und latent aggressive Anspannung vorherrschen. Dann kann der psychotherapeutische Zugang durch Medikamtente eventuell verbessert werden. Insbesondere wenn die Betroffenen an starken Schlafstö-

---

* van Moffaert 1991

rungen leiden und deshalb nachts zu verstärkten Selbstverletzungen neigen, ist es sinnvoll, diese Schlafstörungen medikamentös zu behandeln. Schlafmittel, die mit einer Suchtgefahr verbunden sind, sollten in jedem Fall vermieden werden.

 Zusammenfassung:

Bei Menschen mit selbstbeschädigenden Erkrankungen muß man bezüglich der *Therapiemotivation* zwischen offenen und heimlichen Selbstbeschädigern unterscheiden. Letztere sind, da sie zunächst die der Selbstbeschädigung zugrundeliegenden seelischen Konflikte verleugnen müssen, sehr viel schwieriger zu einer psychotherapeutischen Behandlung zu motivieren.
Die bisher am häufigsten beschriebenen Behandlungsverläufe sind psychoanalytische Verfahren.
Bei der *psychoanalytischen Behandlung* geht es darum, zunächst langsam und vorsichtig einen Zugang zu den inneren Befindlichkeiten der Betroffenen zu finden. Dabei ist es bei der heimlichen Selbstbeschädigung oft lange Zeit nicht möglich, über die Selbstbeschädigung zu sprechen. Das Ziel der Therapie ist es, das Handeln in Sprache zu übersetzen, eigene Bedürfnisse und Gefühle sprachlich ausdrücken zu lernen und entsprechend ausleben zu können. Es geht auch darum, die Selbstbeschädigung im Kontext der therapeutischen Beziehung zu verstehen und zu bearbeiten.
Die *verhaltenstherapeutischen Ansätze* sind bisher von geringerer Bedeutung.
In der *Körpertherapie* wird versucht, an den Störungen des Körperbildes und -erlebens zu arbeiten.
Die *Gestaltungstherapie* bietet die Möglichkeit, über ein anderes Medium als die Sprache innere Befindlichkeiten und Gefühle auszudrücken.

Die *Angehörigen* sollten je nach Situation in die Therapie einbezogen werden, weil die Selbstbeschädigung auch Ausdruck eines familiären oder partnerschaftlichen Konfliktes sein kann.

Befriedigende *medikamentöse Behandlungsmethoden* gibt es bislang nicht. Eine symptomatische medikamentöse Behandlung von Begleitsymptomen (Schlafstörungen, depressiven Zuständen, Spannungszuständen) kann sinnvoll sein.

Kapitel 7

Andere Erkrankungen, die mit selbstbeschädigendem Verhalten einhergehen

Im folgenden Kapitel werden Erkrankungen dargestellt, die mit selbstbeschädigendem Verhalten einhergehen oder in deren Verlauf es zur Selbstbeschädigung kommen kann.

Am bekanntesten sind die Eßstörungen (Magersucht, Freß-Brech-sucht, Fettsucht) und andere Suchtkrankheiten im engeren Sinn (Alkoholsucht, Medikamenten- und Drogensucht). Weniger bekannt ist das zwanghafte Haareausreißen (Trichotillomanie), starkes Nägel-kauen und Nagelbettreißen sowie zwanghafte Hautbeschädigungen. Außerdem sind Selbstbeschädigungen bei Gefängnisinsassen (u. a. «Metallschlucken») zu nennen.

Erkrankungen, in deren Folge es zu «indirekten» Selbstbeschädigungen kommt, z. B. durch vielfältige unnötige Operationen, sind die psychisch bedingte Unfallneigung, die wahnhafte Angst vor körperlicher Mißbildung, die Hypochondrie (die krankhafte Vorstellung, körperlich krank zu sein) und psychisch bedingte Schmerzzustände.

Bei bestimmten psychischen Krankheiten, den Psychosen, kommen oft im Rahmen von Wahnvorstellungen schwere Selbstbeschädigungen bis hin zu Selbstverstümmelungen vor. Auf diese Erkrankungen soll hier nur indirekt eingegangen werden (vgl. Kapitel 1), ansonsten sei auf Lehrbücher der Psychiatrie verwiesen.

Außerdem gibt es vielfältige, teilweise angeborene, teilweise erworbene organische Erkrankungen des Gehirns, die mit Selbstbeschädigungen einhergehen können. Sie werden im folgenden aufgeführt, aber nicht weiter beschrieben:

Angeborene Erkrankungen:
Bestimmte Formen von Epilepsie (Anfallsleiden)
Lesch-Nyhan-Syndrom
Cornelia de Lange-Syndrom
Rett-Syndrom
Familiale Dysautonomie
Gille de la Tourette-Syndrom
Verschiedene Chromosomenanomalien
u. a.

Erworbene Erkrankungen:
Chronische Enzephalitis (Hirnentzündung) verschiedener Ursache
Neurosyphilis (Endstadium der Syphilis, einer Geschlechtskrankheit)
Hirnschädigungen durch Drogen und andere schädigende Substanzen

Erkrankungen, die mit direkter Selbstbeschädigung einhergehen

Eßstörungen

Unter krankhaften Eßstörungen versteht man gegenwärtig die Magersucht (Anorexia nervosa), die Freß-Brechsucht (Bulimia nervosa), die Freß-Brechsucht, die mit Abmagerung einhergeht (atypische Bulimia nervosa) und die Fettsucht (Adipositas).

Bei der *Magersucht* sind vorwiegend junge Mädchen und Frauen betroffen, die sich plötzlich zu dick fühlen und dann anfangen zu hungern, bis sie völlig abgemagert sind und schließlich auch an der Erkrankung sterben können. Neben dem Hungern beginnen sie oft, sich extensiv zu bewegen, z. B. zu joggen, zu schwimmen etc., um zusätzlich an Gewicht zu verlieren. Bei der Magersucht kommt es zu vielfältigen Störungen des Körpers: von Hautstörungen über Störungen des Haar- und Nagelwuchses bis hin zu Schädigungen der inneren Organe und des Gehirns. Von besonderer Bedeutung ist aber die Störung des weiblichen Zyklus. Diese Frauen verlieren ihre Menstruationsblutung, so wie auch alle weiblichen Körperformen durch die extreme Abmagerung verschwinden.

Bei der *Bulimie* kommt es zu Freßattacken, die von anschließendem Erbrechen gefolgt sind. Das kann bei den extremen Formen bis zu 20- bis 30mal am Tag geschehen. Diese Frauen und Mädchen sind schließlich nur noch mit dem Essen und Kotzen beschäftigt. Während einer Freßattacke können sie unglaubliche Mengen an Kalorien/Nahrung zu sich nehmen. Schließlich verbrauchen sie Unmengen an Geld, um die Nahrungsmengen zu kaufen. Es kommt aufgrund des ständigen Erbrechens zu Störungen der Blutsalze, was zu verschiedenen körperlichen Symptomen, z. B. Herzrhythmusstörungen führen kann. Außerdem kommt es zu Schädigungen der Zähne und der Haut. Bei der Bulimie bleibt das Gewicht in der Regel normal, manche Betroffene können auch übergewichtig sein, während es bei den bulimarektischen Formen zur Abmagerung kommt und hier die Übergänge zur Magersucht sehr fließend sind.

Auf die psychodynamischen Hintergründe von Eßstörungen kann ich hier nur zusammenfassend eingehen (es existiert mittlerweile eine umfangreiche Literatur zum Thema). Die Selbstbeschädigung, die bei den Eßstörungen eine wichtige Rolle spielt, soll hier im Vordergrund stehen.

Die eßgestörten Mädchen und Frauen zerstören sukzessiv ihren Körper. Wenngleich im Gegensatz zu den heimlichen und offenen Selbstbeschädigungen die direkte Selbstbeschädigung zunächst nicht im Vordergrund steht, gibt es doch sehr viele Gemeinsamkeiten. Zunächst möchte die Magersüchtige / Freß-Brechsüchtige ja eigentlich einen schönen, schlanken Körper haben. Unbewußt soll der weibliche Körper aber vernichtet werden, denn das Mädchen möchte auf keinen Fall so werden wie die Mutter. Eine gestörte Mutter-Tochter-Beziehung und ausgeprägte Störungen der weiblichen psychosexuellen Entwicklung, die ja eng mit der Mutter-Tochter-Beziehung verknüpft sind, liegen den Eßstörungen zugrunde. Hier finden sich also deutliche Gemeinsamkeiten mit den selbstbeschädigenden Frauen.

Das wird auch daran deutlich, daß viele Frauen, die an heimlichen und offenen Selbstbeschädigungen leiden, im Verlauf der Erkrankung eine Eßstörung entwickeln oder parallel an einer Eßstörung leiden und daß umgekehrt Eßgestörte häufig an – meist offenen – Selbstverletzungen leiden. Nach meinen Erfahrungen können sich Eßstörung und Selbstverletzungen gegenseitig abwechseln. Einige Autoren weisen darauf hin, daß insbesondere bei der Bulimie häufig Selbstverletzungen vorkommen.[*] Vor allem eßgestörte Menschen, die Abführmittel mißbrauchen, neigen zusätzlich zu verstärkten Selbstverletzungen.[**]

Überschneidungen zwischen heimlicher Selbstbeschädigung und Eßstörungen ergeben sich bei der künstlich hervorgerufenen chronischen Durchfallerkrankung (Diarrhoea factitia). Diese Menschen rufen chronische Durchfälle durch heimlichen Abführmittelmißbrauch hervor. Es kommt zu zahllosen medizinischen Untersuchungen (siehe Kapitel 3) und zu massiver Gewichtsabnahme. Die Grenzen zwischen Diarrhoea factitia und Magersucht oder Freß-Brechsucht sind fließend. Oft geschieht die Abführmitteleinnahme nur halbbewußt. Sie wird in einer Art «Rauschzustand» ausgeführt und anschließend verleugnet, was die Diagnose zusätzlich erschwert.

Die *Heimlichkeit* spielt bei beiden Erkrankungen – den heimlichen Selbstbeschädigungen und den Eßstörungen – eine wesentliche

---

*   Siehe auch: Favazza et al. 1989, Cross 1993
** Mitchell et al. 1986, Favazza et al. 1989

Rolle. Die Eßgestörten streiten ab, daß sie nichts essen, daß sie erbrechen, Abführmittel einnehmen oder sich exzessiv bewegen, um Kalorien abzubauen. Sie werden wütend, wenn sie darauf angesprochen werden, und leugnen alles ab, auch wenn es offensichtlich ist (z. B. durch die starke Gewichtsabnahme). Es entsteht meist ein «schwieriges Gerangel» zwischen Therapeutin und eßgestörter Frau sowie zwischen ihr und ihrer Mutter. Ähnlich ist es bei den heimlichen Selbstbeschädigungen. Die Heimlichkeit und damit verbunden der Kampf um Macht, Kontrolle, Autonomie ist für beide Erkrankungen von wesentlicher Bedeutung (siehe auch Kapitel 4 und 5).

Ebenso sind die Störungen des Körperbildes und -erlebens ganz ähnlich. Bei beiden Störungen geht es um die Beherrschung, Unterwerfung und absolute Kontrolle des Körpers. Bei beiden spielt ein sadomasochistischer Umgang des Selbst mit dem Körper und des Selbst mit den anderen eine wesentliche Rolle. Eine gestörte weibliche Identität, ein fragmentiertes Körperbild, eine starke Beschäftigung mit dem «Innen und Außen» ist beiden Erkrankungen gemeinsam. In der jüngsten Zeit gibt es Untersuchungen, die angeben, daß Eßgestörte in ihrer Kindheit oft einen sexuellen Mißbrauch erlitten haben.[*] Die narzißtische Grandiosität (Phantasie, nicht wirklich sterben zu können, siehe Seite 154), das Schwanken zwischen narzißtischer Selbstgenügsamkeit und Zuständen von innerer Leere, Spannung, Depression und Entfremdung sind bei beiden Erkrankungen von zentraler Bedeutung.

Suchtkrankheiten

Unter Suchtkrankheiten im engeren Sinne versteht man die Alkoholsucht sowie die Medikamenten- und Drogensucht (auch zum Thema Suchterkrankungen existiert eine umfangreiche Literatur). Alle For-

---

[*] Cross 1993

men der Suchterkrankungen gehen mit starken selbstzerstörerischen Tendenzen einher. Sie gehören in den Grenzbereich der offenen und heimlichen Selbstbeschädigungen.

Aufgrund des chronischen Mißbrauchs von Alkohol, Medikamenten und Drogen kommt es zu teilweise schweren körperlichen Erkrankungen und Folgeschäden, bis hin zum Tod. Es entsteht eine körperliche und psychische Abhängigkeit von dem entsprechenden Suchtmittel, die stärker ist als alles andere. Der betroffenen Person ist die Zerstörung ihres Körpers schließlich egal, und sie muß sie auch verleugnen, so wie sie ihre Erkrankung verleugnen muß. Diese Problematik hat sich insbesondere für Drogenabhängige durch das Auftreten von Aids dramatisch verschärft. Der Drogenabhängige nimmt in Kauf, sich an verunreinigten Spritzen mit Aids zu infizieren. Hierin steckt eine fatale selbstzerstörerische Kraft.

Zwanghaftes Haareausreißen

Bei der Trichotillomanie kommt es zum zwanghaften Ausreißen der eigenen Haare; häufig werden die Haare anschließend gegessen. Meist werden sie einzeln und nicht büschelweise ausgerissen. In der Folge entstehen begrenzte kahle Stellen im Bereich des Kopfes, der Augenbrauen, der Wimpern und des Bartes. Seltener ist der übrige Körper, insbesondere das Schamhaar und die Achselhöhlen, betroffen. Häufig leiden diese Menschen gleichzeitig an anderen selbstbeschädigenden Verhaltensweisen wie Nägelkauen oder Kratzen und Quetschen der Haut.

Oft werden die Betroffenen über längere Zeit medizinisch behandelt – es werden «Vitaminkuren», Bestrahlungen mit UV-Licht, verschiedene Diätbehandlungen, Medikamente und auch Kortisonbehandlungen durchgeführt –, bis erkannt wird, daß es sich um eine seelische Erkrankung handelt.

Über die Häufigkeit dieser Erkrankung existieren keine genauen Zahlenangaben, da diese Krankheit, ähnlich wie heimliche und offene

Selbstbeschädigungen, soweit möglich, verheimlicht wird. Nach einer Umfrage in den USA leiden etwa 8 Millionen Amerikaner an Trichotillomanie. Bei Kindern ist sie etwa siebenmal so häufig wie bei Erwachsenen. Zu 70 Prozent sind Frauen bzw. Mädchen betroffen. Die Erkrankung beginnt meist in der Kindheit und kann bis ins hohe Erwachsenenalter anhalten.

Das Haareausreißen erfolgt in Spannungszuständen und Streßsituationen. Die Betroffenen können nicht sagen, warum sie das tun müssen. Es wird meist in ritualisierter Form ausgeführt: Ein Haar, das «nicht in Ordnung ist», das sich «komisch anfühlt», wird gesucht und ausgerissen. Dann wird es untersucht, manchmal gegessen, oder mehrere Haare werden angehäuft und dann weggeworfen. Das kann in kurzen Episoden, dann meist mehrmals am Tage oder auch in regelrechten stundenlangen Sitzungen geschehen.

Man unterscheidet zwei Formen: eine, die zwischen dem zweiten und sechsten Lebensjahr auftritt und meist gutartig verläuft, d. h. sich spontan wieder zurückbildet, und eine, die in der Adoleszenz beginnt und mit schwereren seelischen Störungen (Ängsten, Depressionen, Eßstörungen, Zwangsstörungen) verbunden ist.

Das Haar kann als ein symbolisches mütterliches Objekt angesehen werden, und die oben beschriebene Symptomatik des Haareausreißens und -aufessens kann unbewußt die Bedeutung haben, die Trennung von der Mutter zu erreichen und gleichzeitig ungeschehen zu machen (z. B. durch das Aufessen der Haare).

Das Haar hat auch die symbolische Bedeutung von männlicher Stärke und Energie. Es wird als Symbol für Reinheit und für Heiliges betrachtet. In hinduistischen Regionen Indonesiens, insbesondere in Bali war und ist es bis heute eine große Beleidigung, wenn das Haar eines Mannes berührt wird. Das konnte früher strengste Bestrafungen bis hin zum Tod nach sich ziehen. Hier geht es allerdings auch darum, daß das Haar dem Kopf, der die Seele beinhaltet, so nah ist.

Exkurs: Das Haar

Nach Buxbaum* kann das Haar als ein Symbol der mütterlichen Wärme und Geborgenheit («das weiche Haar») aufgefaßt werden. Säuglinge und kleine Kinder spielen oft mit dem Haar der Mutter. Auch mit dem eigenen Haar wird oft, bis ins Erwachsenenalter, gespielt. Stofftiere sind behaart und weich. Der Psychoanalytiker Imre Hermann** weist auf das Anklammerungsverhalten (siehe Seite 98) kleiner Affen hin, die sich in den ersten Lebensmonaten im Fell der Mutter festkrallen («grooming» im dt. fälschlich als «Lausen» übersetzt).

Das Haar hat in der Wechselbeziehung zwischen Anklammern und Loslösen des Kindes von der Mutter eine wichtige symbolische Bedeutung, die auf solche Wurzeln zurückgeht. Bei den Indonesiern gibt es eine Sitte, die beinhaltet, daß sich der Mann während der Schwangerschaft seiner Frau und 40 Tage nach der Geburt des Kindes nicht die Haare schneiden darf. Das Abschneiden der Haare symbolisiert Trennung und könnte daher die Schwangerschaft und die frühe notwendigerweise sehr enge Beziehung zwischen Mutter und Kind gefährden. Bei den Inkas und auch bei bestimmten indonesischen Volksstämmen*** dürfen den Kindern bis etwa zum 3. Lebensjahr, also bis zum Abschluß der Säuglings- und Kleinkindzeit, aus den gleichen Gründen nicht die Haare geschnitten werden. Die erste Haarschur bedeutet symbolisch die Trennung von der Mutter.

---

*   Buxbaum 1960
**   1977
*** Eigene Beobachtung auf dem Dieng-Plateau in Java 1992

Die Trichotillomanie kann auch, insbesondere wenn die Schamhaare betroffen sind, eine unbewußte sexuelle Bedeutung haben. Hermann* berichtet von einem Mädchen, das, während es sich selbst befriedigte, phantasierte, daß die Schamhaare ausgerissen würden. Hier geht es um «verschobene Kastrationsphantasien»: Das Haar, die Nägel, die Zähne als Körperanhangsgebilde können die symbolische Bedeutung des männlichen Gliedes erhalten.

Für Frauen hat das Haar eine wichtige Bedeutung im Zusammenhang mit der Weiblichkeit. Man denke hier auch an die im Mittelalter und noch in der späteren Zeit – in manchen Kulturen bis in die Gegenwart – übliche Maßnahme, weiblichen Strafgefangenen die Haare zu scheren, sie gewissermaßen symbolisch zu kastrieren, d. h., ihre Unabhängigkeit und Selbstsicherheit durch die Beschädigung der weiblichen Teile des Körpers und die damit verbundene Erniedrigung und Kränkung zu unterdrücken. Hexen wurde vor der Folterung das Haar geschoren, da man dachte, daß die langen Haare ihnen böse Kräfte und Fähigkeiten verleihen würden. Erwähnt sei auch die in vielen Religionen übliche Sitte, daß die Frauen ihre Haare verbergen müssen, weil das Haar weibliche Sexualität und Anziehungskraft auf Männer symbolisiert (insbesondere im Islam üblich). Bei Nonnen dient die Zeremonie des Haareabschneidens der symbolischen Darstellung der geistigen Verehelichung mit Gott und des Gehorsams gegenüber der Kirche.**

Wenn eine Störung der weiblichen Identität vorliegt, kann das Haar als bedrohliches Symbol der Weiblichkeit erlebt werden, ähnlich wie die Menstruation, die Brust, die Geschlechtsorgane. Dabei geht es wieder um die gestörte Beziehung zur Mutter. Die unbewußte Phantasie, auf keinen Fall so werden zu dürfen wie die Mutter, spielt hier, ähnlich wie bei den heimlichen und offenen Selbstbeschädigungen und bei den Eßstörungen, eine wesentliche Rolle.

---

*   Hermann 1977 (1936)
** Vgl. auch: Kaplan 1991

Louise J. Kaplan weist darauf hin, daß sich Konflikte, die die Geschlechtsidentität betreffen, in der Trichotillomanie ausdrücken. Wünsche nach weiblichen und männlichen Zügen werden deutlich. Durch das Haareausreißen erreiche das Mädchen die Beachtung und das Interesse der Mutter und demonstriere sich als mächtiger, phallischer Mann. Gleichzeitig wende es durch die ästhetische Selbstverstümmelung die Rache der Mutter ab und zeige ihr, daß es eigentlich in der Konkurrenz um den Vater ein machtloses kastriertes Geschöpf sei, welches sich in bezug auf Weiblichkeit, Sexualität und Fortpflanzung niemals mit ihr messen könne.

Nägelkauen und Nagelbettreißen

Starkes Kauen an den Fingernägeln kann man häufig beobachten. Bei manchen Menschen sind die Nägel völlig abgekaut oder werden abgerissen, bis es blutet.

Bei dem «habituellen Nagelbettreißen» wird die Haut des Nagelfalzes und des Nagelbettes aufgerissen, aufgeknibbelt und eingerissen. Manchmal werden Scheren dazu benutzt, mit denen so lange an der Haut herumgeschnippelt wird, bis es zu Verletzungen kommt. Die vernarbte Haut wird dann meist erneut abgerissen, oder es wird daran herummanipuliert. Manchmal werden auch Hautstückchen verschluckt. Oft kommt es als Folge dieser Manipulationen zu Entzündungen des Nagelbettes (Panaritium), die dann gelegentlich auch operativ behandelt werden müssen.

Auch bei dieser Form der Selbstbeschädigung überwiegt das weibliche Geschlecht deutlich.[*] Auslösesituationen sind meist Spannungs- und Streßsituationen, aber auch Spannungszustände, die im Zusammenhang mit Trennungssituationen, Einsamkeits- und Verlassenheitsgefühlen stehen.

---

[*] Hirsch 1991

Bei dem Symptom des Nägelkauens und Nagelbettreißens ist der Aspekt der Selbstzerstörung von wichtiger Bedeutung. Durch das Beißen, Kauen und Verschlucken zeigt sich eine oral-kannibalistische Aggression, die nach außen hin oft gehemmt ist. Außerdem wird ein potentiell aggressives, zerstörerisches Organ (der Nagel, die Kralle) zerstört. Im Verschlucken kann auch ein reparativer Aspekt enthalten sein. Die Mutter-Kind-Beziehung wird symbolisch in den Körper aufgenommen, verinnerlicht.*

Zwanghafte Hautbeschädigungen

Unter neurotischen Exkoriationen versteht man das Kratzen an der Haut und das Aufkratzen von verschorften Wunden. Bei der *Acne excoriée* manipulieren Menschen, die an Akne der Haut leiden, im Gegensatz zu anderen Betroffenen ständig daran herum. Sie stehen stundenlang vor dem Spiegel und «drücken Mitesser und Pickel aus», so daß es häufig zu Entzündungen und schließlich zu entstellenden Narben kommt. Dieses Manipulieren an der Haut hat «zwanghaften Charakter», d. h., sie können nicht damit aufhören, sie müssen es tun. Meist geschieht dies in Spannungs- und Streßsituationen oder im Zusammenhang mit Verlassenheits- und Einsamkeitsgefühlen.

In diesem Zusammenhang muß auch das Beißen an der Lippen- und Mundschleimhaut (lat.: *Morsicatio buccarum*) erwähnt werden, was meist bei Kindern, aber auch manchmal bei Erwachsenen auftritt. Im gleichen Kontext zu nennen ist auch das zwanghafte Lecken der Haut in der Umgebung des Mundes, bis es zu Reizungen und Entzündungsreaktionen kommt.

---

* Hirsch 1991

Selbstbeschädigendes Verhalten kommt bei Menschen, die sich in Haft befinden, häufig vor. Nach einer Untersuchung an 74 weiblichen Gefangenen litten acht Prozent in der akuten Haftsituation an selbstverletzendem Verhalten.* 69 Frauen gaben an, daß sie sich auch außerhalb des Gefängnisses verletzten. Am häufigsten kamen selbstbeigefügte Schnittverletzungen vor, aber auch Selbstschlagen, Verbrennungen der Haut, Einführen von Gegenständen in verschiedene Körperöffnungen, Schlucken von Gegenständen sowie Wundheilungsstörungen durch Aufreißen und Verschmutzen von Wunden.

Die inneren Zustände, die den Selbstverletzungen vorangingen, unterscheiden sich nicht von denen anderer Menschen, die sich selbst verletzen. Die Frauen beschreiben eine Mischung aus innerer Spannung, Angst, Depression, Wut und innerer Leere. Häufig werden Entfremdungsgefühle (Depersonalisation und Derealisation) beschrieben, welche als sehr quälend und ängstigend erlebt werden. 70 Prozent der Betroffenen geben an, daß sie während der Selbstverletzung keinerlei Schmerz empfinden, und häufig kommt das Schmerzempfinden erst nach etwa einer Stunde oder längerer Zeit zurück.

Eine Hypothese für die Ursache der Selbstbeschädigung ist die spezifische Haftsituation, die mit Deprivation, Verlassenheitsgefühlen, Einsamkeitsgefühlen, Ausgeliefertsein, sich schuldig fühlen etc. einhergeht und insbesondere mit einer mangelnden Anregung durch Außenreize verbunden ist (siehe auch Kapitel 5).

Die betroffenen Frauen beschreiben, daß durch die Selbstbeschädigung eine Entspannung auftritt, daß sich die Angst, die innere Leere etc. bessere. Viele geben ein Gefühl von Erleichterung, Wärme und Geborgenheit an, wenn sie ihr Blut sehen. Einige geben an, daß sie sich dann wieder als existent/lebendig erleben können. Entfremdungsgefühle können durch die Selbstverletzung beendet werden.

---

* Wilkins/Coid 1991, Coid et al. 1992

Wesentlich ist aber die Vorgeschichte dieser Frauen. Sie kommen aus schwer gestörten Familiensystemen, haben meist eine chaotische Kindheit, die von körperlichem und sexuellem Mißbrauch, Vernachlässigung, hoher Gewalt innerhalb der Familien und schließlich frühen Erlebnissen in Institutionen und Gefängnissen geprägt ist (siehe auch Kapitel 5).

Das «Metallschlucken»

Bei männlichen Häftlingen wird besonders häufig eine spezielle Form der Selbstbeschädigung beschrieben: das sogenannte «Metallschlukken». Es werden verschiedene Gegenstände verschluckt (Eßbestecke, Nägel, Rasierklingen, Drahtstücke u. a.), die manchmal auf bestimmte Weise vorbereitet werden (z. B. in Brotteig eingewickelt, mit Bindfäden oder nassem Papier umwickelt).

Häufig wird angenommen, daß es sich hier um ein zweckgerichtetes Verhalten handelt, d. h., daß die Betroffenen bestimmte Haftvorteile erzielen möchten. Dies kann aber nicht die wesentliche Erklärung dafür sein, denn die Betroffenen bringen sich nicht selten in ernste körperliche Gefahr; häufig müssen die Gegenstände operativ entfernt werden. Oder es entstehen innere Verletzungen, die dann operativ behandelt werden müssen.

Eine spezifische Interaktion zwischen den Gefangenen und dem Gefängnispersonal, wobei es u. a. um Macht und Kontrolle geht, ist typisch.* Tacke** fand nach einer Untersuchung an 53 «Metallschluckern», daß die Betroffenen im Vergleich zu «Nichtschluckern» in deutlich stärkerem Maße an schweren seelischen Erkrankungen litten.

---

* B. Scharf: Vortrag vor der Arbeitsgruppe «Artifizielle Störungen» des Deutschen Kollegiums für Psychosomatische Medizin, Heidelberg 1991
** 1975

Erkrankungen, die mit indirekter Selbstbeschädigung einhergehen

Psychisch bedingte Unfallneigung *

Es gibt Menschen, die auffallend häufig und deutlich häufiger als andere Menschen Unfälle erleiden. Man nimmt an, daß hier unbewußte seelische Faktoren eine Rolle spielen. Diese Menschen begeben sich in bestimmten Gefühlszuständen in risikoreiche Situationen. Aufgrund von Fehlleistungen kann es in Lebenssituationen, die für jeden Menschen mit Risiken behaftet sind, bei ihnen häufiger zu Unfällen kommen.

Sie «passen gewissermaßen nicht richtig auf sich auf». Solche Menschen schaffen unbewußt immer wieder gefährliche Situationen, in denen dann der Übergang zu einem Unfall nur noch gering ist. Die Schädigung, die dann für sie entsteht, wird nicht durch sie selbst kontrolliert, sondern wird verschiedenen Faktoren und Umständen «überlassen».

Anders als bei der offenen und heimlichen Selbstbeschädigung und als bei den oben beschriebenen verschiedenen Erkrankungen, muß man davon ausgehen, daß der Selbstbeschädigungswunsch und die Handlung (Fehlleistung), die den Unfall schließlich verursacht, völlig unbewußt ist. Die Selbstfürsorge, das Gefühl der Verantwortung für das eigene Wohlergehen, ist gestört. Das kann auch im Zusammenhang mit depressiven Zuständen der Fall sein.

Willenberg weist darauf hin, daß Patienten mit Unfallneigung in ihrer Biographie in erhöhtem Maße Erlebnisse von Deprivation (Vernachlässigung), Mißhandlungen und Unerwünschtheit aufweisen.

Psychodynamisch kann eine Identifizierung mit den Mißhandlern

---

* Nach: Willenberg 1989

und vernachlässigenden Menschen (meist Eltern) bestehen. Die Betroffenen haben unbewußt die Überzeugung, nicht liebenswert zu sein. Die erhöhte Unfallneigung kann dann die unbewußte seelische Bedeutung einer Selbstbestrafung haben.

Hier finden sich deutliche Gemeinsamkeiten mit den Selbstbeschädigungen im engeren Sinn. Auch die Biographien der Betroffenen weisen Parallelen auf (siehe Kapitel 5). Fließende Übergänge gibt es zu Personen, die sich im Rahmen von «sportlichen Aktivitäten» ganz bewußt in gefährliche Situationen begeben (siehe Kapitel 1).

Wahnhafte Angst vor körperlicher Mißbildung

Die *Dysmorphophobie* ist eine seelische Erkrankung, die oft in der Pubertät/Adoleszenz auftritt oder beginnt, aber auch im Erwachsenenalter vorkommen kann. Im Vordergrund steht die wahnhafte Angst, mißgebildete, zu kleine oder zu große Sexualorgane zu haben. Die Angst kann sich auch auf andere Körperteile beziehen, die symbolisch eine sexuelle Bedeutung haben, wie z. B. die Nase, die Ohren, das Kinn, die Haare oder leichte Hautunregelmäßigkeiten. Bei Jugendlichen führt das zu einer ständigen ängstlichen Beobachtung der Bartbehaarung, der Schambehaarung und der Entwicklung der Geschlechtsorgane, wie der Brüste, der Klitoris oder des Penis.

Verbunden ist diese Angst mit der Befürchtung und teilweise wahnhaften Überzeugung, von anderen Menschen beobachtet und von ihnen als mißgestaltet empfunden zu werden. Dies hat oft den völligen sozialen Rückzug und schließlich die völlige soziale Isolierung zur Folge. Im weiteren Verlauf kommt es oft zu schweren depressiven Verstimmungen. Diese Menschen möchten dann in vielen Fällen operative Korrekturen ihres Körpers vornehmen lassen. Es gelingt ihnen leider nicht selten, Ärzte zu solchen Eingriffen zu bewegen.

Die Übergänge zur Schönheitschirurgie sind fließend. Bei etwa zwei

Prozent der Menschen, die sich kosmetischen Operationen unterziehen, liegt eine Dysmorphophobie zugrunde.*

In einer großen Untersuchung an amerikanischen Collegestudenten waren 70 Prozent mit einigen Aspekten ihres Körpers unzufrieden, und 46 Prozent waren in «übermäßiger Weise mit diesen körperlichen Aspekten beschäftigt». Frauen waren dabei in sehr viel größerem Maße betroffen.**

Auch bei Bodybuildern wird es in einigen Fällen solche Hintergründe geben (siehe Kapitel 1). Wenn dann operative Korrekturen durchgeführt werden, ist die Betroffene meist nicht mit dem Ergebnis zufrieden und möchte immer neue operative Korrekturen durchführen lassen. Das kann zu regelrechten Verstümmelungen führen. Die Dynamik der Arzt-Patientin-Beziehung gestaltet sich ganz ähnlich wie bei den heimlichen Selbstbeschädigungen (siehe Kapitel 3).

Die Dysmorphophobie kann zum einen in der Adoleszenz, also etwa zwischen dem 17. und dem 25. Lebensjahr, auftreten, zum anderen kommt sie im höheren Lebensalter, zwischen dem 40. und 50. Lebensjahr, vor. In beiden Fällen handelt es sich um Lebensabschnitte, in denen sich der Körper und das Leben verändern: die Pubertät und die Wechseljahre (nicht nur für die Frauen).

Wenn Männer betroffen sind, liegt dem meist eine schwerere seelische Störung zugrunde als bei Frauen; ganz ähnlich ist es bei der Magersucht.

Die sehr große Angst vor körperlicher Mißbildung hat etwas mit der Entwicklung der Geschlechtsidentität zu tun. Sexuelle Wünsche, die mit der Reifung des Körpers auftreten, führen zu starken Ängsten und Konflikten. Schamgefühle können dabei eng mit exhibitionistischen Bestrebungen (Exhibitionismus: Lust, sich, insbesondere die

---

* Hollander et al. 1992
** Fitts et al. 1989

eigenen Geschlechtsteile, zu zeigen) verbunden sein. Diese exhibitionistischen Bestrebungen kommen in dem Wunsch zum Ausdruck, den vermeintlich mißgebildeten Körperteil immer wieder Ärzten zu zeigen, ihn von Ärzten beurteilen und schließlich verändern/operieren zu lassen. Gleichzeitig ist hier der unbewußte Wunsch nach einer masochistischen Unterwerfung enthalten: Der Körper wird dem Arzt dargeboten, damit er an ihm herumschneiden kann.

Mit der Übernahme der Geschlechtsidentität «vom Mädchen zur Frau», «vom Jungen zum Mann» ist, wie bereits in Kapitel 5 ausgeführt wurde, auch die Übernahme von Verantwortung und die Trennung vom Elternhaus, die Trennung von der Kindheit, vom Versorgtwerden notwendigerweise verbunden. Dies macht aufgrund der ausgeprägten Selbstwertproblematik, der starken Selbstunsicherheit der Betroffenen große Angst. Die Phantasie, die der Dysmorphophobie zugrunde liegt, ist, daß sich alle Probleme lösen würden, wenn nur der mißgestaltete Körperteil verändert werden könnte. Da sich dahinter die genannten anderen Probleme verbergen, kann dies natürlich nicht der Fall sein.

Nicht selten leiden die Mädchen und Frauen, die sich die Brust verkleinern lassen wollen, auch unter Eßstörungen. Wiederum wird deutlich, daß es sich bei diesen Erkrankungen um ähnliche Störungen, meist der weiblichen Geschlechtsidentität, handelt. Die Übergänge sind fließend, nicht nur zwischen den verschiedenen Erkrankungen, sondern auch zwischen sogenannten «normalen» Phänomenen wie Face-Lifting, schönheitschirurgischen Eingriffen, Fettabsaugungen, extremen Diätformen, Bodybuilding, extremen «Moderichtungen» u. v. a. m. (siehe Kapitel 1).

Hypochondrie

Unter der Bezeichnung «Hypochondrie» versteht man eine Erkrankung, deren Symptom zunächst darin besteht, daß der Betroffene glaubt, an einer körperlichen Erkrankung zu leiden, obwohl er körperlich völlig gesund ist. Manchmal werden auch geringfügige körperliche Störungen überbewertet und als Beweis für die doch vorhandene schwere körperliche Krankheit angesehen.

Leichte hypochondrische Gedanken kennen viele Menschen, insbesondere in Streßsituationen. Diese Phänomene müssen keinen Krankheitswert haben, sondern können als «normalpsychologische Phänomene»* verstanden werden.

Leichtere Formen der Hypochondrie können schon sehr quälend sein; die betroffenen Menschen lassen sich aber immer wieder beruhigen, können sich von ihren Vorstellungen distanzieren und merken, daß sie eigentlich an einer seelischen Störung leiden. Sie sind einer psychotherapeutischen Behandlung gegenüber aufgeschlossen, auch wenn es zwischendurch immer wieder Phasen geben kann, in denen sie sehr unsicher werden und auf erneute medizinische Untersuchungen drängen können.

Bei den schwereren Formen der hypochondrischen Störungen ist das ganz anders. Diese Menschen sind gequält von den Gedanken, ernsthaft krank zu sein. Sie rennen von Arzt zu Arzt und lassen zahlreiche medizinische Untersuchungen durchführen. Aber auch wenn die Untersuchungen völlig normale Befunde ergeben, sind sie nicht beruhigt. Sie möchten die Untersuchungen immer wieder durchführen lassen, weil sie plötzlich glauben, der Apparat sei kaputt gewesen oder der Arzt habe sich getäuscht, habe doch etwas übersehen. Bei manchen kann das zu einer wahnhaften Vorstellung werden. Sie können sich gar nicht mehr von ihrer hypochondrischen Angst distanzieren; die Vorstellung, schwer erkrankt zu sein, wird zur unumstößlichen Gewißheit! Sie nimmt schließlich den ganzen Lebensraum ein.

Die Betroffenen können Schäden durch die eigentlich nicht notwendigen Eingriffe davontragen. Die Interaktion zwischen Arzt und Patient zeigt Ähnlichkeiten mit der Dynamik der Arzt-Patienten-Be-

---

* *Normalpsychologische Phänomene:* Erscheinungen, Verhaltensweisen, Phantasien, Ängste, die bei allen Menschen auftreten.

ziehung bei der heimlichen Selbstbeschädigung. Es kommt zu gegenseitigem Ärger und zu gegenseitiger Enttäuschung: Der Arzt ist irgendwann «völlig entnervt», weil der Patient nie zufrieden ist, immer wieder mit neuen Symptomen kommt, und der Patient ist enttäuscht, weil der Arzt nicht auf seine Wünsche nach ständigen neuen Untersuchungen eingeht und weil er sich von ihm mit seiner Angst nicht ernst genommen fühlt.

Hypochondrische Störungen können im Rahmen verschiedener seelischer Erkrankungen vorkommen. Das Spektrum reicht von neurotischen Erkrankungen, Depressionen bis hin zu den Psychosen.

Psychodynamisch ist zunächst von großer Bedeutung, daß die Aufmerksamkeit und das Interesse des Erkrankten zunehmend auf den Körper und die gefürchteten Krankheitssymptome gerichtet und entsprechend von innerseelischen Konflikten abgezogen wird. Nach psychoanalytischer Auffassung liegt der hypochondrischen Störung meist ein seelischer Konflikt zugrunde, der zunächst nicht gelöst werden kann. Das hypochondrische Symptom kann als ein Abwehrversuch der mit diesen Konflikten verbundenen Ängste, Bedrohungen und Kränkungen verstanden werden. Die Kommunikation mit der Umwelt erfolgt, wie auch bei der heimlichen Selbstbeschädigung, über das körperliche Symptom. Hierüber wird die seelische Not zum Ausdruck gebracht.

Die Beschädigung, die bei der Hypochondrie aufgrund unnötiger medizinischer Eingriffe eintreten kann, ist vom Betroffenen nicht bewußt beabsichtigt. Der Selbstbeschädigungsaspekt ist insofern ein ganz anderer als bei den eigentlichen Selbstbeschädigungen.

Psychisch bedingte Schmerzzustände

Es gibt vielfältige psychisch bedingte Schmerzzustände. Bei den schwereren Formen kann es zu schweren chronischen psychogenen Schmerzen kommen, die zu einer völligen Einschränkung der Lebensqualität des Betroffenen führen. Dahinter stehen verschiedene seelische Störungen, auf die ich an dieser Stelle nicht näher eingehen möchte.*

Erwähnt werden soll diese Krankheitsgruppe, weil sie vom Krankheitsverlauf her Ähnlichkeiten mit dem Verlauf der heimlichen Selbstbeschädigung aufweisen kann. Es kommt auch hier häufig zu unnötigen medizinischen Eingriffen und oft zu vielfachen Operationen, die dann ihrerseits zu Folgeschäden, bis hin zu regelrechten Verstümmelungen führen können.

Die Betroffenen glauben, körperlich krank zu sein, weil sie ja Schmerzen haben. Die Ärzte nehmen zunächst meist auch eine körperliche Ursache der Schmerzen an und führen vielfältige Untersuchungen durch. Oft werden dann geringfügige körperliche Störungen, z. B. bestimmte Abnutzungserscheinungen der Wirbelsäule, welche in unserer Gesellschaft viele Menschen ab einem gewissen Alter aufweisen, als Ursache für die Schmerzen angesehen, und nicht selten führt das dann zu unnötigen operativen Eingriffen. Je mehr medizinische Eingriffe durchgeführt werden, desto mehr ist der Patient davon überzeugt, daß er körperlich krank ist. Die Vorstellung, daß Schmerzen seelisch bedingt sein können bzw. daß es Rückkopplungen zwischen Körper und Seele gibt, erscheint noch immer vielen Menschen unvorstellbar.

---

* Siehe hierzu: Egle, U. T. / Hoffmann, S. O. (Hg.): Der Schmerzkranke. Stuttgart 1993

Zusammenfassung

Es gibt vielfältige seelische Erkrankungen, die mit direkten und indirekten Selbstbeschädigungen einhergehen. Zu den ersteren gehören die Eßstörungen, die Suchterkrankungen, das zwanghafte Haarausreißen (Trichotillomanie), das exzessive Nägelkauen, zwanghafte Hautbeschädigungen sowie die Selbstbeschädigung bei Häftlingen. Zu den letzteren gehören psychisch bedingte Unfallneigung, die sehr große Angst vor körperlicher Mißbildung, die Hypochondrie und das psychogene Schmerzsyndrom.
Die Übergänge sind oft fließend, und die zugrundeliegenden unbewußten seelischen Konflikte weisen vielfach Ähnlichkeiten auf. In hohem Maße sind Frauen betroffen, was auf eine spezifische Störung der weiblichen Geschlechtsidentität und auf kulturelle und gesellschaftliche Faktoren hinweist. Die Arzt-Patientin-Beziehung gestaltet sich bei diesen Erkrankungen sehr ähnlich wie bei den heimlichen Selbstbeschädigungen.

Ausblick

Wenngleich sich innerhalb der letzten zehn bis fünfzehn Jahre viel auf dem Gebiet der selbstbeschädigenden Erkrankungen, d. h. des Verständnisses und der Behandlungsmöglichkeiten dieser Erkrankungen, entwickelt hat, ist in vieler Hinsicht noch immer von einer «Anfangsphase» zu sprechen.

In der Medizin – auch in den Spezialdisziplinen der psychosomatischen Medizin und der Psychiatrie – stellt diese Erkrankungsgruppe im Vergleich zu anderen Erkrankungen eine Randgruppe dar. Hinzu kommt, daß es sich um eine sehr schwierige Störung handelt, die besondere Behandlungsprobleme aufwirft. Die Therapie erfordert viel Geduld und Einfühlungsvermögen von seiten der Behandler und auch viel Geduld von seiten der Betroffenen. Schnelle und stabile Erfolge sind zunächst meist nicht zu erwarten. Besonders Menschen, die an heimlichen Selbstbeschädigungen leiden, sind zunächst schwer zu einer Behandlung zu motivieren und lösen in den Therapeuten häufig Gefühle von Hilflosigkeit, Resignation und Wut aus.

Da die Medizin immer mehr auf Effizienz, schnelle Erfolge, Wirtschaftlichkeit und die Angepaßtheit von Patienten hin ausgerichtet ist und die intensive Beschäftigung mit dem einzelnen Menschen und insbesondere mit dessen psychischem Befinden in Großkliniken und Spezialambulanzen mit ihrer computerisierten, chromblitzenden Technik immer weniger Platz hat, sind Menschen mit selbstbeschädigenden Erkrankungen eher unliebsame Patienten.

Umgekehrt bemühen sich die Betroffenen erst spät oder gar nicht um psychotherapeutische Hilfe, weil sie an starken Scham- und Schuldgefühlen leiden und weil ihnen die psychischen Probleme, die hinter der Selbstbeschädigung stecken, oft gar nicht bewußt sind. Sie suchen Hilfe über die Erzeugung körperlicher Symptome oder Verletzungen; das ist immer noch tolerierter, anerkannter, unverdächtiger als seelisches Leid.

Daher gehen die bisherigen Therapieansätze auf Erfahrungen mit einer relativ kleinen Zahl von Betroffenen zurück (im Vergleich zu anderen seelischen Störungen). Ausführliche und gut dokumentierte Beschreibungen von längeren Behandlungsverläufen existieren nur vereinzelt. Um wirklich zu einem tiefgreifenderen Verständnis der zugrundeliegenden seelischen Störung gelangen zu können, ist aber eine detaillierte und eingehende Beschäftigung mit einzelnen Betroffenen unerläßlich. Weitere Forschung ist dringend nötig.

Aber die Möglichkeiten der Behandlung sollten nicht so pessimistisch eingeschätzt werden, wie es teilweise noch immer in der Literatur geschieht.

Dieses Buch will dazu beitragen, den Betroffenen aus ihrer Isolation herauszuhelfen und sie zur Inanspruchnahme therapeutischer Hilfe zu ermutigen.

Am Beispiel der Eßstörungen, die vor fünfzehn bis zwanzig Jahren noch relativ unbekannt waren und zu den tabuisierten Erkrankungen gehörten, wird deutlich, wie wichtig es ist, daß über solche Erkrankungen auch in der nicht-medizinischen, nicht-wissenschaftlichen Literatur geschrieben wird und Hilfsmöglichkeiten aufgezeigt werden.

Anhand der vielen Grenzformen der selbstbeschädigenden Erkrankungen und der vielen gesellschaftlich tolerierten selbstbeschädigenden Verhaltensweisen wird außerdem deutlich, daß es sich gar nicht um ein so randständiges Phänomen handelt, wie man auf den ersten Blick meinen könnte.

Da es sich bei den Betroffenen, um die es in diesem Buch geht, wie auch bei den eßgestörten Menschen in etwa 80 Prozent um Frauen handelt, ist die Erforschung der weiblichen psychosexuellen Entwicklung und Sozialisation eng mit der Erforschung der Hintergründe selbstbeschädigenden Verhaltens verbunden.

In den letzten Jahren hat sich in der Psychoanalyse, die lange Zeit die Frau im Vergleich zum Mann eher als ein «Mangelwesen» verstand, viel entwickelt. Ganz vereinfacht gesagt, gibt es immer mehr psychoanalytische Autoren, die die Frau von «dem, was sie hat» her verstehen und die Besonderheiten weiblicher psychosexueller Entwicklung und weiblichen Körpererlebens herausarbeiten. Diese theoretische Diskussion und Entwicklung zum Thema «Weiblichkeit» in der Psychoanalyse wird auch das Verständnis des selbstbeschädigenden Verhaltens von Frauen vorantreiben und verbessern.

Anhang

Quellen

Aiosa-Karpas, C. J. / Karpas, R. / Pelcovitz, D. / Kaplan, S.: Gender Identification and Sex Role Attribution in Sexually Abused Adolescent Females. *J. Am. Acad. Child. Adolesc. Psychiatry* 30 (2)/91: 266–271.

Alpert, J.: Psychoanalyse der Frau jenseits von Freud. Berlin 1992.

Amman-Gainotti, M.: Vorstellungen vom Körperinneren in der Adoleszenz. Das Beispiel der Menstruation. *Acta Paedopsychiatrica* 52/89: 143–149.

Barker, J. C. / Lucas, S.: An investigation of a case of Munchausen-Syndrome under deep hypnosis. *Am. J. of Hypnosis* 8/1965: 128.

Beitchmann, J. H.: A Review Of Long-Term Effects Of Child Sexual Abuse. *Child Abuse & Neglect* 16/92: 101–118.

Bell, K.: Aspekte einer weiblichen Entwicklung. *Forum Psychoanal.* 7/91: 111–116.

Benjamin, J.: Die Fesseln der Liebe. Basel 1990.

Bock, K. D. / Overkamp, F.: Vorgetäuschte Krankheit. *Klin. Wschr.* 64/1986: 149.

Brigitte Dossier: Schönheitsoperation: Der große Eingriff. *Brigitte* 5/93: 91–106.

Buxbaum, E.: Hair pulling and fetishism. *Psychoanal. Study Child* 15/60: 243–260.

Carroll, J. / Schaffer, C. / Spensley, J. / Abramowitz S. I.: Family Experience of Self-Mutilating Patients. *Am. J. Pschiat.* 137 (7)/80: 852–853.

Coid, J. / Wilkins, J. / Coid, B. / Everitt, B.: Self-mutilation in female remanded prisoners: II. A Cluster Analytic approach towards identification of a behavioural syndrome. *Crim. Behav. Ment. Health* 2/92: 1–14.

Cross, L. W.: Body and self in feminine development: implications for eating disorders and delicate self-mutilation. *Bull. Menninger Clinic* Vol. 57 (1)/93.

Daw, E.: «Pseudocyesis». *Br. J. Clin. Pract.* 27 (5)/1973: 181.

Diagnostisches und Statistisches Manual psychischer Störungen (1989): Wittchen, H. U. / Saß, H. / Zaudig, M. / Koehler, K. (Hg.): Diagnostisches und statistisches Manual psychischer Störungen, DSM-III-R, Revision. Weinheim 1989.

Dornes, M.: Der kompetente Säugling. Frankfurt/M. 1993.

Eckhardt, A.: Die Dynamik der Arzt-Patient-Beziehung bei der vorgetäuschten Störung (heimlichen Artefaktkrankheit). *Psychother. med. Psychol.* 38/88: 352–358.

Eckhardt, A.: Das Münchhausen-Syndrom. München–Wien–Baltimore 1989

Eckhardt, A.: Artifizielle Krankheiten, *Nervenarzt* 63 (7)/92: 409–415.

Edgerton, M. T./Webb, W. L./Slaughter, R., et al.: Surgical results and psychosocial changes following rhytidectomiy: an evaluation of face-lifting. *Plast. Reconstr. Surg.* 33/64: 503–521.

Eicke-Spengler, M.: Über Schuld- und Schamgefühle bei Frauen. *Zeitschr. f. M bei Frauen. Zeitschr. f. psychoanal. Theorie u. Praxis* III (1)/88: 77–93.

Erdheim, M.: Die gesellschaftliche Produktion von Unbewußtheit. Frankfurt/Main 1984.

Eviade, M.: Shamanism. Princeton 1974.

Ewe, K./Karbach, V.: Factitious Diarrhoea. *Clin. Gastroenterol.* 15 (3)/1986: 723–740.

Favazza, A. R.: Normal and Deviant Self-Mutilation. *Transcult. Psychiatr. Res. Rev.* 26/89: 113–127.

Favazza, A. R./DeRosear, L./Conterio, K.: Self-Mutilation And Eating Disorders. *Suicide and Life-Threatening Behaviour* 19 (4)/89: 352–361.

Favazza, A. R: Bodies Under Siege-Self-Mutilation In Culture And Psychiatry. London–Baltimore 1992.

Feldman, M. D.: The Challenge of Self-Mutilation. *Compr. Psychiat.* 29 (3)/88: 252–269.

Finkelhor, D.: Early And Long-Term Effects Of Child Sexual Abuse: An Update. Prof. Psychol.: Res. Pract., 21 (5)/90: 325–330.

Fitts, S. N./Gobson, P./Redding, C. A., et al.: Body dysmorphic disorder: implications for its validity as a DSM-III-R clinical syndrome. *Psychol. Rep.* 64/89: 655–658.

Flaake, K./King, V. (Hg.): Weibliche Adoleszenz. Frankfurt/Main 1992.

Franck, L.: Exposure and Gender Effects in the Social Perception of Women Bodybuilders. *J. Sport Psychology* 6/84: 339–245.

Freud, A.: Das Ich und die Abwehrmechanismen. Frankfurt/Main 1984.

Freud, A.: Wege und Irrwege in der Kinderentwicklung. Stuttgart 1968/1988.

Freud, A.: The Role Of Bodily Illness in the Mental Life of Children. *Psychoanal. Stud. Child* 7/52: 69–81.

Friedman, M./Glasser, M./Laufer, E./Laufer, M./Wohl, M.: Attempted Suicide And Self-Mutilation In Adolescence: Some Observations From A Psychoanalytic Research Project. *Int. J. Psycho-Anal.* 53/72: 179–183.

Gardner, R. M./Gardner, E. A./Morell, J. A.: Body Image Of Sexually And Physically Abused Children. *J. Psychiat. Res.* 24 (4)/90: 313–321.

Goin, M. K. / Burgoyne, R. W. / Goin, J. M., et al.: A prospective psychological study of 50 female face-lift patients. *Plast. Reconstr. Surg.* 65/80: 436–442.

Green, A.: Self-Destructive Behaviour in Battered Children. *Am. J. Psychiatry* 135/78: 579–583.

Greenspan, G. S. / Samuel, S. E.: Self-Cutting After Rape. *Am. J. Psychiatry* 6/89: 789–790.

Harlow, A. / Zimmermann, R.: Affectional Responses in the Infant Monkey. *Science*, 130/59: 421–425.

Harlow, H. / Suomi, S.: Induced Depression in Monkeys. *Behavioural Biology*, 12/74: 273–277.

Hermann, I.: Sich-Anklammern – Auf Suche-Gehen, in: Grunert, J. (Hg.): Körperbild und Selbstverständnis. München 1977.

Herman, J. L. / Perry, C. / Vander Kolk, B. A.: Childhood Trauma In Borderline Personality Disorder. *Am. J. Psychiat.* 146 (4)/89: 490–495.

Hirsch, M.: Realer Inzest. Berlin 1987.

Hirsch, M. (Hg.): Der eigene Körper als Objekt. Berlin 1989.

Hirsch, M.: Perionychomanie und Perionychophagie oder «habituelles Nagelbettreißen». *Forum Psychoanal.* 7/91: 127–135.

Hoffmann, S. O. / Hochapfel, G.: Einführung in die Neurosenlehre und Psychosomatische Medizin. Stuttgart 1991.

Hollander, E. / Neville, D. / Frenkel, M. / Josephson, S. / Liebowitz, M. R.: Body Dysmorphic Disorder. *Psychosomatics* 33 (2)/92: 156–165.

Honer, A.: Bodybuilding als Sinnsystem. *Sportwissenschaft* 15 (2)/85: 155–169.

Hontschik, B.: Fehlindizierte Appendektomien bei jungen Frauen. *Z. Sexualforsch.* 1/88: 313–326.

Jacobson, W. E. / Edgerton, M. T. / Meyer, E., et al.: Psychiatric evaluation of male patients seeking cosmetic surgery. *Plast. Reconstr. Surg.* 26/60: 356–372.

Jones, I. H. / Congiu, L. / Stevenson, J. / Strauss, N. / Frei, D. Z.: A Biological Approach to Two Forms of Human Self-Injury. *J. Nerv. Ment. Dis.* 167 (2)/79: 74–78.

Kafka, J. S.: The body as transitional object: a psychoanalytic study of a selfmutilating patient. *Br. J. med. Psychol.* 42/69: 207–212.

Kaplan, L. J.: Weibliche Perversionen. Hamburg 1991.

Khan, M. M. R.: The Privacy Of The Self. London 1974.

King, V.: Geburtswehen der Weiblichkeit – verkehrte Entbindungen, in: Flaake, K. / King, V. (Hg.): Weibliche Adoleszenz. Frankfurt / Main 1992.

Kiser, L. J. / Heston, J. / Millsap, P. / Pruitt, D. B.: Physical And Sexual Abuse In Childhood: Relationship with Post-traumatic Stress Disorder. *J. Am. Acad. Child, Adolesc. Psychiat.* 30 (5)/91.

Kirchhoff, B.: Body-Building. Versuch über den Mangel. Kursbuch 52, Berlin 1978.

Kirmayer, L. J. / Carroll, J.: A Neurobiological Hypothesis on the Nature of Chronic Self-Mutilation. *Integr. Psychiatry.* 5/87: 212–213.

Knisel, W. / Seif F. J. / Müller P. H. / Eggstein M.: Hypoglycaemia factitia – eine Form des Münchhausen-Syndroms. *Med. Klin.* 83, 10/1988: 317.

Kourouma, A.: Der schwarze Fürst. Wuppertal 1980.

Kramer Richards, A.: The Influence of Sphincter Control And Genital Sensation On Body Image And Gender Identity In Women. *Psychoanal. Quart.* LXI/92: 331–351.

Küchenhoff, J.: Dysmorphophobie. *Nervenarzt* 55/84: 122–123.

Küchenhoff, J.: Das hypochondrische Syndrom. *Nervenarzt* 56/85: 225–230.

Laufer, M. / Laufer, M. E.: Adoleszenz und Entwicklungskrise. Stuttgart 1989.

Lloyd Mayer, E.: «Everybody Must Be Just Like Me»: Observations On Female Castration Anxiety. *Int. J. Psycho-Anal.* 66/85: 331–346.

Mahler, M. S. / Pine, F. / Bergman, A.: Die psychische Geburt des Menschen. Frankfurt/Main 1978.

Menninger, K.: Selbstzerstörung. Frankfurt/Main 1938/1978.

Mertens, W.: Entwicklung der Psychosexualität und der Geschlechtsidentität. Bd. 1. Stuttgart 1992.

Minker, M. / Scholz, R.: Alles über Schönheitsoperationen. München 1992.

Moffaert, M. van: Integration of Medical and Psychiatric Management in Self-Mutilation. *Gen. Hosp. Psychiatry* 13/91: 59–67.

Mullen, P. E. / Martin, J. L. / Anderson, J. C. / Romons, S. E. / Herbison, G. P.: Childhood Sexual Abuse and Mental Health in Adult Life. *British Journal of Psychiatry* 163/93: 721–732.

Paar, G. / Eckhardt, A.: Chronisch vorgetäuschte Störungen mit körperlichen Symptomen – eine Literaturübersicht. *Psychother. med. Psychol.* 37/87: 197–204.

Pao, P.: The syndrome of delicate self-cutting. *Br. J. med. Psychol.* 42/69: 195–206.

Pines, D.: Wozu Frauen ihren Körper unbewußt benutzen. *Zeitschr. f. psychoanal. Theorie u. Praxis* III (1)/88: 94–122.

Plassmann, R.: Der Arzt, der Artefakt-Patient und der Körper. *Psyche* 10/87: 883–895.

Plassmann, R.: Grundrisse einer analytischen Körperpsychologie. *Psyche* 3/93: 261–282.

Poluda-Korte, E. S.: Identität im Fluß. Zur Psychoanalyse weiblicher Adoleszenz im Spiegel des Menstruationserlebens. In: Flaake, K. / King, V. (Hg.): Weibliche Adoleszenz. Frankfurt/Main 1992.

Reich, J.: Factors influencing patients satisfaction with the results of esthetic surgery. *Plast. Reconstr. Surg.* 55/75: 5–13.

Rijnaarts, J.: Lots Töchter. Über den Vater-Tochter Inzest. Düsseldorf 1988.

Rohde-Dachser, C.: Über töchterliche Existenz. *Ztschr. Psychoanal. Psychosom. Med.* 36/90: 303–315.

Rosenthal, R. J. / Rinzler, C. / Wallsh, R. / Klausner, E.: Wrist-Cutting Syndrome: The Meaning of a Gesture. *Amer. J. Psychiat.* 128 (11)/72: 47–52.

Sachsse, U.: Selbstbeschädigung als Selbstfürsorge. *Forum Psychoanal.* 3/87: 51–65.

Sachsse, U.: «Blut tut gut» – Genese, Psychodynamik und Psychotherapie offener Selbstbeschädigungen der Haut. In: Hirsch, M. (Hg.): Der eigene Körper als Objekt. Zur Psychodynamik selbstdestruktiven Körperagierens. Heidelberg u. a. O. 1989.

Sachsse, U.: Selbstverletzendes Verhalten. Göttingen, Zürich 1994 (1994)

Schreber, D. P.: Denkwürdigkeiten eines Nervenkranken in: Bürgerliche Wohnwelt um 1900, hg. von Heiligenthal, P. / Volk, R., o. O. und J.

Schwarzenegger, A.: Karriere eines Bodybuilders. München 1986.

Shah K. / Mitchell D.: Munchausens Syndrome and Cardiac Catheterization. *JAMA* 248, 22/1982.

Shengold, L.: Soul Murder. The Effects of Childhood Abuse and Deprivation. New York 1989.

Spitz, R. A.: Vom Säugling zum Kleinkind. Stuttgart 1985.

Stein, B. von der / Podoll, K. / Greve, B. / Heinrich, K.: Kumulatives Trauma durch fortgesetzte sadistische Kindesmißhandlung bei einer Patientin mit chronischer Artefakt-Krankheit. *Fortschr. Neurol. Psychiat.* 60/92: 119–125.

Steinhage, R.: Sexueller Mißbrauch an Mädchen. Ein Handbuch für Beratung und Therapie. Reinbek 1989.

Stern, D. N.: Die Lebenserfahrung des Säuglings. Stuttgart 1992.

Swedo, S. E. / Rapoport, J. L.: Annotation: Trichotillomania. *J. Child Psychol. Psychiat.* 32 (3)/91: 401–409.

Tacke, B. / Hanisch, A. / Knaack, M. / Rohde, I.: Untersuchungen psychiatrischer und psychologischer Faktoren, welche für Selbstbeschädigungen (das sog. Metallschlucken) von Häftlingen in Strafanstalten bestimmend sind. *Forschungsberichte des Landes Nordrhein-Westfalen* Nr. 2465/75.

Takeuchi, T. / Koizumi, J. / Kotsuki, H. / Shimazaki, M. / Myamoto, M. / Sumazaki, K.: A Clinical Study of 30 Wrist Cutters. *The Jap. J. Psychiat.* 40 (4)/86: 571–581.

Wilkins, J. / Coid, J.: Self-mutilation in female remanded prisoners: I An indicator of severe psychopathology. *Crim. Behav. Ment. Health.* 1/91: 247–267.

Willenberg, H.: «Corriger le malheur». Die Schädigung des Körpers durch Unfallneigung und selbstinduzierte chirurgische Viktimisierungen, in: Hirsch, M. (Hg.): Der eigene Körper als Objekt. Berlin 1989.

Winnicott, D.: Übergangsobjekte und Übergangsphänomene, in: Von der Kinderheilkunde zur Psychoanalyse. Frankfurt/Main 1951/1983.

Wirtz, U.: Seelenmord. Zürich 1992.

Würzberg, G.: Muskelmänner. Reinbek 1987.

Wurmser, L.: Die schwere Last von tausend unbarmherzigen Augen. Zur

Psychoanalyse der Scham und Schuldkonflikte. *Forum Psychoanal.* 2/86: 11–133.

Wurmser, L.: Die Maske der Scham. Die Psychoanalyse von Schamaffekten und Schamkonflikten. Heidelberg–New York 1990.

Wurmser, L.: Das Rätsel des Masochismus. Heidelberg–New York 1993.

Yates, A.: Differentiating Hypererotic States in the Evaluation of Sexual Abuse. *J. Am. Acad. Child Adolesc. Psychiatry* 30 (5)/91: 791–795.

Literatur zum Weiterlesen

Selbstbeschädigung:

Hirsch, M. (Hg.): Der eigene Körper als Objekt. Zur Psychodynamik selbstde-struktiven Körperagierens. Heidelberg–New York 1989
(Ein Buch mit Beiträgen verschiedener Autoren, die sich aus psychoanalytischer Sicht mit verschiedenen selbstbeschädigenden Verhaltensweisen – offene und heimliche Selbstbeschädigung, psychisch bedingte Unfallneigung, Hypochon-drie und Dysmorphophobie und Eßstörungen – auseinandersetzen. Enthält zusätzlich noch einige Artikel zum Thema Weiblichkeit und zum Thema Kör-pererleben. Insgesamt sehr interessante und wichtige Beiträge zur Thematik. Psychoanalytisches Verständnis wird vorausgesetzt.)

Kaplan, J. L.: Weibliche Perversionen. Hamburg 1991
(Enthält u. a. auch ein längeres Kapitel über offene Selbstbeschädigungen und ein Kapitel über Trichotillomanie. In gut verständlicher Sprache geschrieben; erfordert nicht so viele psychoanalytische Vorkenntnisse.)

Sachsse, U.: Selbstverletzendes Verhalten. Psychodynamik – Psychotherapie. Göttingen – Zürich 1994
(Ein sehr gutes Buch, das insbesondere auf die psychotherapeutische Behand-lung der offenen Selbstbeschädigung eingeht und anhand vieler klinischer Bei-spiele darstellt. Eher für Psychiater und Psychotherapeuten.)

Weiblichkeit:

Flaake, K. / King, V.: Weibliche Adoleszenz. Zur Sozialisation junger Frauen. Stuttgart–New York 1992
(Enthält Beiträge unterschiedlicher Autorinnen, die aus unterschiedlichen Rich-tungen [Pädagogik, Soziologie, Psychologie, Psychoanalyse] kommen. Die Bei-träge beschäftigen sich mit verschiedenen wichtigen Themen der weiblichen Adoleszenz, wie Berufsfindung, psychosexuelle Entwicklung, Körpererleben, Mutter-Tochter-Beziehung, Sexualität, Bindung und Trennung und Eßstörun-gen. Insgesamt ein sehr interessantes und wichtiges Buch zum Thema!)

Sexueller Mißbrauch/Inzest:

Hirsch, M.: Realer Inzest – Psychodynamik des sexuellen Mißbrauchs in der Familie. Heidelberg 1987/1990
(Ein wichtiges Buch zum Thema, das neben vielen Fakten und Informationen insbesondere familiendynamische Strukturen beschreibt.)

Wirtz, U.: Seelenmord. Inzest und Therapie. Zürich 1989
(Ein interessantes, gut verständlich und sensibel geschriebenes Buch. Enthält Hinweise zur Therapie; die Autorin kommt aus der Jungschen Richtung der Psychoanalyse.)

Steinhage, R.: Sexueller Mißbrauch an Mädchen. Ein Handbuch für Beratung und Therapie. Reinbek 1989
(Ein hilfreiches Buch für Menschen, die mit sexuell mißbrauchten Mädchen arbeiten.)

Wassmo, H.: Tora. Roman. München–Leipzig 1993
(Ein eindrucksvoller, aber auch sehr bedrückender Roman, der die Geschichte eines sexuell mißbrauchten Mädchens erzählt. Die Problematik der Depersonalisation, der Scham und der möglichen schweren seelischen Beschädigung wird auf sehr sensible Weise aus der Sicht des Mädchens beschrieben.)

Brockhaus, U./Kolshorn M.: Sexuelle Gewalt gegen Mädchen und Jungen. Mythen, Fakten, Theorien. Frankfurt/Main 1993

Eßstörungen:

Bruch, H.: Der goldene Käfig. Frankfurt/Main 1980
(Ein für Laien geschriebenes, gut verständliches Buch. Die Autorin ist Psychoanalytikerin und gehört zu denjenigen, die sich schon frühzeitig mit der Psychoanalyse der Eßstörungen beschäftigt haben. Sie hat viel Erfahrung in der klinischen Behandlung dieser Erkrankungen.)

Bruch, H.: Eßstörungen. Frankfurt/Main 1991
(Ein stärker für Psychotherapeuten und Psychiater geschriebenes Buch, das viele Informationen und klinische Beispiele enthält.)

Autobiographische Berichte von eßgestörten Mädchen und Frauen:
Valere, V.: Das Haus der verrückten Kinder. Frankfurt/Main 1982

Erlenberger, M.: Der Hunger nach Wahnsinn. Reinbek 1977

Havekamp, K.: ... und Liebe eimerweise! München 1977

Bodybuilding:

Würzburg, G.: Muskelmänner. In den Maschinenhallen der neuen Körperkultur. Reinbek 1987

Adressen

Prof. Dr. med. R. Plassmann
Burg-Klinik
Burgstraße 19
36457 Stadtlengsfeld

Dr. U. Sachsse
Niedersächsisches Landeskrankenhaus
Göttingen, Abteilung für Psychotherapie und
Medizinische Rehabilitation
Rosdorfer Weg 70
37081 Göttingen

Dr. med. G. H. Paar
Gelderland Klinik
Fachklinik für Psychotherapie und
Psychosomatische Medizin
Clemensstraße
47608 Geldern 1

Dr. med. Annegret Eckhardt
Universitätsklinik für Psychosomatische
Medizin und Psychotherapie
Untere Zahlbacher Straße 8
55131 Mainz

Sachregister

Eßstörungen, die auffälligerweise hauptsächlich bei Frauen auftreten, haben in verschiedenen Ausprägungen – Magersucht (Anorexie Nervosa), Eß- Brechsucht (Bulimie Nervosa) und Eßsucht – in unserer Gesellschaft beängstigende Ausmaße angenommen. Bücher zum Thema:

Kuni Becker
Die perfekte Frau und ihr Geheimnis *Eß- und Brechsucht: Hilfe für Betroffene und Angehörige*
(rororo sachbuch 9576)

Renate Göckel
Eßsucht oder die Scheu vor dem Leben *Eine exemplarische Therapie*
(rororo sachbuch 8444)

Geneen Roth
Essen als Ersatz *Wie man den Teufelskreis durchbricht*
(rororo sachbuch 8493)
Das Buch ist ein praktischer, einfühlsamer, auch humorvoller Ratgeber für alle, die Essen in mehr oder weniger ausgeprägtem Maße als Ersatz benutzen – als Ersatz für andere, vermeintlich nicht zu befriedigende Bedürfnisse .

Marilyn Lawrence
«Ich stimme nicht» *Identitätskrise und Magersucht*
(rororo sachbuch 7965)
Mit dem Bericht einer praktizierenden Magersucht–Therapeutin und vielen Adressen- und Literaturangaben.

Satt aber hungrig *Frauen und Eßstörungen*
(rororo sachbuch 8511)
Texte zum Thema Eßstörungen von Therapeutinnen, Feministinnen, Wissenschaftlerinnen und Betroffenen, ausgewählt von Marilyn Lawrence, berichten aus unterschiedlichen Perspektiven und mit unterschiedlichen Schwerpunkten über weibliche Erfahrungen zum Thema Eßstörungen.

Brett Valette
Suppenkasper und Nimmersatt *Eßstörungen bei Kindern und Jugendlichen*
(rororo sachbuch 8755)
Eine erste, bislang in der Bundesrepublik einzigartige Orientierungshilfe für Eltern, die Eßstörungen bei ihren Kindern entgegenwirken oder vorbeugen wo

Sämtliche Bücher und Taschenbücher zum Thema finden Sie in der *Rowohlt Revue.* Jedes Vierteljahr neu. Kostenlos in Ihrer Buchhandlung.

Heidi Hassenmüller
Gute Nacht, Zuckerpüppchen
(rororo rotfuchs 614)

Margret Steenfatt
Nele *Ein Mädchen ist nicht
zu gebrauchen*
(rororo rotfuchs 437)

Wendy Maltz
Sexual Healing *Ein sexuelles
Trauma überwinden*
(rororo zu zweit 9326)

Deborah Moggach
Rot vor Scham *Geschichte
einer zerstörten Unschuld*
(rororo 5559)

Barbara Kavemann / Ingrid
Lohstöter
Väter als Täter *Sexuelle
Gewalt gegen Mädchen
«Erinnerungen sind wie eine
Zeitbombe»*
(rororo aktuell 5250)

Caren Adams / Jennifer Fay
Ohne falsche Scham *Wie Sie Ihr
Kind vor sexuellem Miß-
brauch schützen können*
(mit kindern leben 8498)
Die meisten Fälle von sexuellem Mißbrauch finden im
Bekannten- und Familienkreis
eines Kindes statt. Diesen
Realitäten können Eltern an-
gemessen dadurch begegnen,
indem sie eigene Hemmungen
abbauen und durch offene
Gespräche das Selbstbewußtsein und die Fähigkeit, «nein»
zu sagen, bei ihren Kindern
stärken. - Ein aufklärender
und sensibler Ratgeber für
Eltern.

Betsy Petersen
Meines Vaters Tochter *Analyse
eines Mißbrauchs*
208 Seiten. Broschiert

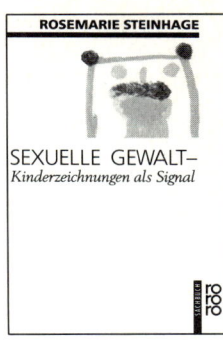

ROSEMARIE STEINHAGE

SEXUELLE GEWALT–
Kinderzeichnungen als Signal

Rosemarie Steinhage
Sexuelle Gewalt - *Kinderzeichnungen als Signal*
(rororo sachbuch 9158)
Die Autorin erläutert anhand
von mehr als 120 Zeichnungen, die über mehrere Jahre
hinweg aus ganz Deutsch-
land zusammengetragen
wurden, wie der sexuelle
Mißbrauch und seine Folgen
in den Zeichnungen von
Mädchen und Jungen sichtbar
werden.
Sexueller Missbrauch an Mädchen
*Ein Handbuch für Beratung
und Therapie*
(rororo sachbuch 8582)
Das Buch richtet sich an alle,
die mit von sexuellem Mißbrauch betroffenen Mädchen
und Frauen konfrontiert sind:
soziale, pädagogische, psychologische, medizinische oder
juristische Fachkräfte, sowie
Familieangehörige, Freunde
und Bekannte.

Unser Körper – Unser Leben
Ein Handbuch von Frauen für Frauen. Überarbeitete und erweiterte Neuausgabe
(2 Bände: rororo sachbuch 8408 und 8409)
Ein Standardwerk der weiblichen Gesundheit, das in dem Bücherschrank keiner Frau fehlen sollte. Entsprechend der neuen amerikanischen Ausgabe von "Our bodies, Ourselves" wurde auch die deutsche Ausgabe vollständig aktualsiert.
Aus dem Inhalt: Körperbild · Ernährung · Frauen in Bewegung · Gesundheit und Umwelt · Liebesbeziehungen · Frauenliebe · Sexualität · Neue Fortpflanzungstechniken · Schwangerschaft · Geburt und Geburtsvorbereitung · Die Zeit nach der Geburt · Frauen werden älter · Frauenspezifische Krankheiten und Beschwerden · Frauen im Gesundheitswesen

Ruth Bell (Hg.)
Wie wir werden - Was wir fühlen
Ein Handbuch für Jugendliche über Körper, Sexualität, Beziehungen. Überarbeitete und erweiterte Neuausgabe
(rororo sachbuch 8823)
Fakten, Berichte, Bekenntnisse und Informationen zu allen Themen, die das Leben zwischen 12 und 20 so aufregend, irritierend, schwierig und schön machen.
Aus dem Inhalt: Mein Körper verändert sich · Meine Beziehung zu meinen Eltern und Freunden verändern sich · Ich fühle mich gut, ich fühle mich schlecht · Alkohol und andere Drogen · Ich gehe zum Arzt · Abtreibung · Sexuell übertragbare Krankheiten

Unser Körper – Unser Leben
Über das Älterwerden *Ein Handbuch für Frauen*
(rororo sachbuch 8841)
Wie *Unser Körper – Unser Leben* ist dieses Buch ein Gemeinschaftsprojekt und beruht auf den Erfahrungen vieler Frauen. Es richtet sich an alle, die ihr Leben und ihr Älterwerden selbst in die Hand nehmen wollen. Denn: Niemand wacht auf und ist plötzlich siebzig, und unser Wohlbefinden hängt weniger von den Jahren ab, die wir schon gelebt haben, als davon, wie wir mit uns selbst umgegangen sind.

Sämtliche Bücher und Taschenbücher zum Thema finden Sie in der *Rowohlt Revue*. Jedes Vierteljahr neu. Kostenlos in Ihrer Buchhandlung.